Hans-Peter Dürr

Warum es ums Ganze geht

Neues Denken für eine Welt
im Umbruch

Herausgegeben
von Dietlind Klemm und
Frauke Liesenborghs

Fischer Taschenbuch Verlag

Veröffentlicht im Fischer Taschenbuch Verlag,
einem Unternehmen der S. Fischer Verlag GmbH,
Frankfurt am Main, Dezember 2011

© S. Fischer Verlag GmbH, Frankfurt am Main 2011
Für die Originalausgabe:
© oekom Verlag, München 2009
Lektorat: Dr. Manuel Schneider
Visuelle Gestaltung und Satz: Ines Swoboda
Titelbild: Peter Ludwig
Druck und Bindung: Druckerei C.H. Beck, Nördlingen
Printed in Germany
ISBN 978-3-596-19276-2

Vorwort 9

KAPITEL I
Warum wir Verantwortung übernehmen müssen

Eine Welt in Trümmern – Zusammenhalten und Kooperieren 15
Schrecken des Krieges 17 | Rette sich, wer kann 19

Wissen als Macht – Edward Teller und die Bombe 22
Edward Teller und die nukleare Bedrohung 23 | Teufel und
Engel – Der Konflikt zwischen Teller und Oppenheimer 29

Verdrängung und Schuld – Hannah Arendt und 31
der Weg in die Verantwortung
Schuld – eine Frage der Perspektive 32 |
Kulturelle Vielfalt und Zuversicht 34

Der Auszug aus dem Elfenbeinturm – 37
die »Göttinger Erklärung«
Aufmüpfige Wissenschaftler – empörte Politiker 38

KAPITEL II
Warum Wissenschaft nicht wertfrei ist

Werner Heisenberg – philosophischer Physiker und Vorbild 43
Arbeitsalltag mit Werner Heisenberg 44 | Heisenberg
und die Entwicklung der »Uranmaschine« 47 |
Kopenhagen 1941 – Das Treffen mit Niels Bohr 49

Die Welt im Umbruch – Kalter Krieg, 54
Kernenergie und Friedensbewegung
Krieg der Sterne – Amerika in den 1980er-Jahren 58 |
Gorbatschow und der Mut zum Frieden 61

Die Stärke des Schwachen – Krieg und
eine neue Kultur des Friedens   65
Krieg als Ultima Ratio? 68 | Für eine Kultur des Friedens 70

Wissen als Wertung –
Meine Verantwortung als Wissenschaftler   72
Wissen ohne Wertung? 75 | Pflicht zur Mitnatürlichkeit 78

KAPITEL III
Wie das Unlebendige lebendig wird

Altes Weltbild, neues Denken – Revolution in der Physik   85
Die Umkehrung des alten Weltbildes 85 | Werner Heisenberg
und das neue Weltbild 89 | Materie, Form, Gestalt 94

Welt als Beziehung – eine neue Sichtweise   98
Ordnung des Lebendigen 101 | Grenzen des Wissens 107

Physik und Alltagserfahrung – Versuch einer Annäherung   109
Neues Denken – alte Sprache 111 |
Naturprozesse nachhaltig nutzen 113

Kommunikation und Dialogfähigkeit –   116
die Rolle der Zivilgesellschaft
Glauben, Verstehen und Begreifen – die vergessene
Transzendenz 117 | Umsteuern, aber wie? 121 |
Die dritte globale Kraft 124 | Global denken –
vernetzt handeln 128

KAPITEL IV
Wie das neue Denken zum Handeln führt

Schmetterling und Pendel – Die Kreativität der Instabilität   137
Chaos und Leben 138 | Die ordnende Hand 144

Die Diät der Energiesklaven – Lebensstil
und Verantwortung   147
Spitze des Eisbergs 151 | Neue Lebensstile 152 |
Was tun? 156

Die Suche nach der Wahrheit – Religion und Wissenschaft   158
Innen und Außen 160 | Erfahrung von Transzendenz 164

Mensch und Natur – Warum es ums Ganze geht   166
Empathie und Ellenbogen 167 | Die Welt – ein Gedicht 171 |
Fehlertoleranz und Kreativität 173

ANHANG

Zur Person Hans-Peter Dürr   177

Personenregister   188

Bildquellen   189

Vorwort der Herausgeberinnen

Viele Menschen treibt die Sorge um, dass die zahlreichen globalen Krisen und Verwerfungen unserer Zeit überhandnehmen und zunehmend unser Leben bestimmen: Ob Kriege, Klimawandel oder ökonomische Krisen – die Verunsicherung und Ratlosigkeit ist groß, die alten Patentrezepte von Wachstum und Wohlstand scheinen nicht mehr zu greifen. Kein Zweifel, wir leben in einer Welt im Umbruch.

Entsprechend grundlegend und drängend sind die Fragen, mit denen wir konfrontiert sind: Wie wird der Klimawandel nicht nur die Natur, sondern auch unsere Gesellschaften verändern? Welchen Lebensstil werden wir uns in Zukunft leisten können? Wofür reichen die Ressourcen – die natürlichen wie auch die geistigen? Werden die kriegerischen Auseinandersetzungen zunehmen? Warum können wir nicht alle in Frieden leben? Wird es noch Gerechtigkeit unter den Menschen und gegenüber der Natur geben? Wer kümmert sich eigentlich um die Zukunft?

Bevor wir eine vorschnelle Antwort auf all diese Fragen geben, müssen wir uns vielleicht zunächst von einer grundlegenden Illusion verabschieden. Dies meint jedenfalls der Physiker und Querdenker Hans-Peter Dürr: »Wir denken immer noch in den Strukturen des 19. Jahrhunderts und kleben an der Illusion, dass es mit List und Tücke gelingen wird, die Welt in den Griff zu bekommen.« In dem vorliegenden Buch, in dem Dürr eine Gesamtschau seines Denkens gibt, zeigt der engagierte und kritische Naturwissenschaftler eindrucksvoll auf, dass all das Aussein auf »Beherrschung« von Natur und Gesellschaft fatal in die Irre führt. Nicht nur, dass wir ständig scheitern. Wer »beherrschen« will, verstellt sich auch den Blick für die vielfältigen Möglichkeiten, im Einklang mit der Natur – auch mit der eigenen Natur – zu leben und endlich tätig zu werden. »Teilhabe statt Beherrschung« lautet die Zukunftsvision von Hans-Peter Dürr. »Wir haben lange genug an den Ästen gesägt, auf denen wir sitzen. Jetzt wird es Zeit, unseren Platz im Ganzen der Natur neu zu definieren und uns endlich als Teil eines Gesamtprozesses zu verstehen und damit die Chance zu ergreifen, dass jeder und jede von uns einen Teil dazu beitragen kann, das Lebendige lebendiger werden zu lassen.«

Hans-Peter Dürr appelliert damit zugleich an die Verantwortung eines jeden Einzelnen von uns. Eine Verantwortung, die getragen ist von dem Bewusstsein und dem Gefühl allseitiger Verbundenheit und die immer wieder neu gestärkt wird über Kommunikation und einen offenen Dialog miteinander: eine ermutigende Vision, dass eine würdige Zukunft für alle möglich ist.

Gewiss, die Strukturen der globalisierten Markwirtschaft, der nationalen wie internationalen Politik, der sozialen Institutionen und die Organisation des Gemeinwohls sind nicht von heute auf morgen umzukrempeln. Sie wirken wie »unlebendige« Gegner, nicht geeignet, ein wirkliches Gegenüber auf Augenhöhe zu sein. Aber: Hinter all diesen scheinbar uneinnehmbaren, behäbigen Monumenten stehen letztlich Menschen. Menschen, die sehr wohl Einfluss darauf haben, wie aus den Mauern der Macht so etwas wie »grüne Hecken« werden können, die durchlässig und somit offen sind für ihre Bearbeitung durch eine zivile Gesellschaft.

Hans-Peter Dürr gehört zu der Generation von Wissenschaftlern, die von der Quantenphysik geprägt wurden. Als langjähriger Mitarbeiter des Nobelpreisträgers Werner Heisenberg hat er die Entstehung der neuen Physik und die Ausformulierung ihres neuen Weltbildes »hautnah« miterleben und mitgestalten können. Für ihn sind es vor allem zwei Grundeinsichten der neuen Physik, die auch für die Lösung unserer heutigen Probleme wegweisend sind: Zum einen der Zusammenbruch unseres materialistischen Weltbilds durch die überraschende physikalische Erkenntnis, dass Materie nicht aus Materie aufgebaut ist und damit die Grundlage unserer Welt nicht materiell, sondern geistig ist. Und zum anderen die Einsicht, dass in der Natur letztlich alles mit allem auf höchst subtile Weise zusammenhängt und es daher gilt, aus dieser universellen Verbundenheit heraus zu denken und zu handeln. Es zeichnet Hans-Peter Dürr aus, dass es ihm gelingt, diese abstrakten, von der neuen Physik gespeisten Einsichten auch für den politischen und persönlichen Alltag fruchtbar zu machen und in einer bilderreichen Sprache aufzuzeigen, wie dieser holistische Ansatz unser Denken, Fühlen und Handeln tiefgreifend beeinflusst und uns hilft, den vielfältigen Herausforderungen unserer Zeit gerecht zu werden.

Die Entstehung dieses Buches wurde immer wieder unterbrochen durch längere Vortragsreisen von Hans-Peter Dürr, diesmal in Japan, China und Indien. Noch immer ist der 1929 geborene und weltweit viel gefragte Wissenschaftler und Vortragsredner unterwegs – mal in der Ferne, mal vor Ort. Der Gang in eine Schule um die Ecke ist ihm genauso wichtig, oft sogar wichtiger, wie Einladungen zu hoch offiziellen Treffen von Wirtschaft und Politik. Wobei er auch diese Chance nutzt. »Infizieren« nennt Dürr die Möglichkeit, in Kreisen von Entscheidungsträgern zu sprechen. Wer ihm, dem

Träger des Alternativen Nobelpreises, jemals bei einem dieser Anlässe und Vorträge begegnet ist, hat die Erfahrung gemacht, dass man sich seinen anschaulich und lebendig vorgetragenen Argumenten für ein Umdenken kaum entziehen kann.

Die zentralen Themen, die sich wie ein roter Faden durch seine Vorträge wie auch durch dieses Buch ziehen, sind Gewalt (»Frieden ist möglich«), Atomenergie (»russisches Roulette«) und im Angesicht des Ressourcenverbrauchs und Klimawandels die Fokussierung auf den persönlichen Lebensstil (»Was brauchen wir wirklich?«). Den geistigen Hintergrund bilden jeweils die naturwissenschaftlichen Erkenntnisse der modernen Physik, die bislang kaum Eingang gefunden haben in unser Alltagsverständnis von Wirklichkeit und Natur. Das vorliegende Buch ist eine Gesamtschau seiner Gedanken, die auch die biografischen Hintergründe für das Denken von Hans-Peter Dürr beleuchtet und von seinen Begegnungen mit Personen wie Hannah Arendt, Edward Teller, Werner Heisenberg oder Michail Gorbatschow berichtet.

Wir haben Hans-Peter Dürr in den vergangenen Jahren immer wieder bei Vorträgen und Diskussionsrunden erlebt. Oft haben wir uns die Frage gestellt, was die Menschen, vor allem junge Menschen, so an ihm fasziniert? Warum löst sein Credo eines »liebenden, lebendigen Dialogs« so viel Zustimmung aus? Wahrscheinlich spricht Hans-Peter Dürr einen Teil in uns an, den wir für verschüttet gehalten haben, nämlich die Ahnung, dass es außerhalb der von Menschen behaupteten Macht und konstruierten Ordnung auf unserem Globus noch etwas anderes gibt: eine realisierbare Vision einer solidarischen, achtsamen Gesellschaft. Lokale und weltumspannende Netzwerke bilden bereits heute ein spürbares Gegengewicht zum globalen Irrsinn und bereiten den nachhaltigen Umbau unserer Zivilisation vor. Hans-Peter Dürr erinnert uns an diesen verloren geglaubten Traum, er macht Mut und weckt in uns die begründete Hoffnung, dass wir Menschen das Potenzial haben, die Probleme unserer Zeit heute und in Zukunft gemeinsam und friedlich lösen zu können.

München, im Sommer 2009
Dietlind Klemm und Frauke Liesenborghs

Zu den Herausgeberinnen:
Dietlind Klemm, Journalistin, leitet im Chateau d'Orion im Südwesten von Frankreich die Gesprächsreihe »Lebenswerke«. Hans-Peter Dürr war im Sommer 2008 eine Woche lang dort zu Gast.
Frauke Liesenborghs, Journalistin und Soziologin, seit achtzehn Jahren Geschäftsführerin von Global Challenges Network e.V., gegründet von Hans-Peter Dürr.

KAPITEL I

Warum wir Verantwortung
übernehmen müssen

»Die persönliche Schuld,
die uns als Mitglied einer Gesellschaft
an deren Vergehen trifft,
ist im allgemeinen viel kleiner
als die Schuld, die uns
Außenstehende hinterher zumessen.
Unsere persönliche Schuld ist andererseits
viel größer als die Schuld,
die wir uns selbst eingestehen.«

Eine Welt in Trümmern –
Zusammenhalten und Kooperieren

Es war der 1. September 1939. Hitler hatte an diesem Tag Polen überfallen. Meine Mutter war, wie jeden Tag, Semmeln holen gegangen und kam aufgeregt vom Bäcker zurück:»Stellt euch vor, der Geselle vom Bäcker ist eingezogen worden; der Arme steht nun völlig ohne Hilfe da! Das ist ja alles für ihn nicht mehr zu schaffen.« Noch am Frühstückstisch hatte meine Mutter eine Idee, wie dem herzkranken Dorfbäcker geholfen werden kann. »Peter, könntest du ihm nicht zur Hand gehen?«. Ich war gerade zehn Jahre alt, bin aber am nächsten Tag um fünf Uhr morgens in der Backstube gewesen und habe geholfen, so gut ich es konnte und bis der Schulunterricht anfing. Und dies über viele Wochen. Ich war unglaublich stolz,»Erwachsenenarbeit«leisten zu dürfen. Auch meine zwei älteren Schwestern fanden dies»toll« und wollten auf irgendeine Weise selbst mithelfen.

Dazu gab es bald reichlich Gelegenheit, da meine Mutter damals begann, sich kinderreicher Familien anzunehmen, bei denen die Väter und älteren Söhne zum Kriegsdienst eingezogen worden waren. Bald kümmerten sich meine Schwestern – jede hatte»ihre« Familie – an mehreren Tagen der Woche um die Kinder überforderter Mütter, sodass rund um unseren Mittagstisch meistens mehr als nur wir sechs Geschwister saßen.

So verbinde ich den Beginn dieses schrecklichen Krieges mit einem durchaus positiven Erlebnis: als Kind in der Welt der Erwachsenen gebraucht zu werden, helfen zu können.

Wir lebten in Feuerbach, einem nördlichen Stadtbezirk von Stuttgart. Mein Vater war Mathematiklehrer an einem Stuttgarter Gymnasium. Er kam aus einfachen Verhältnissen. Unter den schwierigen Umständen der Zeit nach dem Ersten Weltkrieg – sein einziger Bruder war im Krieg gefallen und er selbst noch in den letzten Kriegswochen eingezogen worden – konnte er durch Nachhilfestunden die Schule und später ein Mathematikstudium mit Erfolg absolvieren.

Er träumte davon, nach seinem Studium eine Universitätslaufbahn einzuschlagen, was aber aufgrund widriger Umstände und auch aus finanziellen Gründen nicht gelang. Ich erinnere mich, wie er später immer wieder von wissenschaftlichen Problemen schwärmte, die er mit seinem Professor damals in Berlin weiterbearbeiten wollte. In seiner 15-jährigen Tätigkeit als Mathematiker an Oberschulen in Cannstadt und Korntal war er ein beliebter Lehrer. Auch bei uns zu Hause setzte er sich sehr für eine gute Erziehung und Ausbildung von uns sechs Kindern ein. Wenn es seine Zeit erlaubte, liebte er es, mit uns in fröhlicher Ausgelassenheit herumzutoben.

Dass es mein Vater aufgrund seiner Gründlichkeit und persönlichen Integrität bis zu einem hoch geschätzten Berater des württembergischen Kultusministers gebracht hat, war für ihn ein großer Erfolg. Aber es hatte für uns Kinder seinen Preis: Bis zu seiner militärischen Einberufung im Sommer 1944 ging er stets früh morgens weg und kam meistens sehr spät nach Hause. Ich kann mich eigentlich an kein längeres persönliches Gespräch mit ihm erinnern – außer einem einzigen: Ich war 14 und mein Vater fragte mich, wie es mir in der Schule ergehe und erkundigte sich nach anderen, eher alltäglichen Dingen und Erlebnissen. Dabei entdeckte er in mir, wie mir schien, auf einmal einen durch all die Kriegserlebnisse früh gereiften Gesprächspartner. Dieses Gespräch, das eine engere Verbindung zwischen uns beiden anzukündigen schien, fand 1944 statt – und sollte leider auch unser letztes sein.

Meine Mutter war der Mittelpunkt der Familie, damals nichts Ungewöhnliches in einer Familie aus der Mittelschicht. Ungewöhnlich war jedoch der Altersunterschied meiner Eltern (meine Mutter war sieben Jahre älter als mein Vater). Auch in ihrer Herkunft unterschieden sich beide: der Vater meines Vaters ein künstlerisch begabter Konditor, der Vater meiner Mutter, Emil Kraepelin (1856-1926), ein Münchner Universitätsprofessor und damals eine gewisse Berühmtheit. Er gilt als Pionier der wissenschaftlichen Psychiatrie und war Begründer der ersten Deutschen Forschungsanstalt für Psychiatrie, aus der das heutige Max-Planck-Institut für Psychiatrie in München hervorgegangen ist. Doch im Gegensatz zu ihren drei Schwestern, die der väterlichen Ausrichtung entsprechend alle studiert hatten, war meine Mutter eine in der Hauswirtschaft ausgebildete, sehr tatkräftige und zugleich musisch orientierte Frau. Begeisterungsfähig, zupackend und praktisch veranlagt, zog sie ihre sechs Kinder, zwei Jungen und vier Mädchen, quasi alleine auf; ich bin der Dritte in der Geschwisterreihe. Sich sozial zu engagieren galt in dem meiner Mutter vertrauten Milieu als etwas Selbstverständliches, zumindest für die Frauen. So empfand sie es auch nicht als ungewöhnlich, bei Kriegsbeginn eine Form von Nachbarschaftshilfe aufzubauen und sich um in Not geratene Familien zu kümmern.

In unserem Haus wurde immer viel musiziert. Jedes Kind spielte ein Instrument, ich selbst lernte zunächst Klavier und später Cello, mein Lieblingsinstrument. Immer gab es lebhafte Diskussionen bei uns und

hin und wieder kleine Theateraufführungen, die meine Mutter inszenierte. Die Liebe zur Musik, die ich in meiner Kindheit entdeckt habe,
währt bis heute. Und auch mein Menschenbild hat sich damals in der
Familie gebildet: zusammenhalten und kooperieren, sich gegenseitig
stützen, weil es jedem von uns nützt und wir so am besten aneinander und
miteinander wachsen.

Schrecken des Krieges

Als im Jahr 1943 die Bombardierungen anfingen, wurden die Schulkinder
mit ihren jeweiligen Schulen im Rahmen der »Kinderlandverschickung« aus
den Großstädten zu ihrer größeren Sicherheit aufs Land evakuiert. Dies hatte
für unsere Familie, wie auch bei anderen, enorme Folgen. Kurz zuvor war
mein einziger Bruder an Kinderlähmung gestorben. Wir übrigen fünf Kinder im Alter von neun bis 16 wurden Mitte 1943 von unseren Eltern getrennt
und mit ihren jeweiligen Schulklassen auf fünf verschiedene Orte verteilt.
Ich selbst kam nach Schwenningen. Damit löste sich unsere Familie praktisch auf; eine herbe Erfahrung vor allem für meine Mutter. Sie kehrte Mitte
1944 zu ihrem ursprünglichen Beruf als Haushaltslehrerin zurück. Die dramatische Evakuierung war jedoch nicht umsonst gewesen: Anfang 1944
wurde unser Haus in Feuerbach bei einem Luftangriff durch eine Luftmine
zerstört.

Als meine um ein Jahr älteren, 16-jährigen Klassenkameraden im Frühjahr 1944 zur Flugabwehr (Flak) eingezogen wurden, blieb ich in meiner
Klasse als knapp 15-Jähriger zurück und wurde deshalb von Schwenningen
frühzeitig wieder nach Stuttgart zurück beordert, wo ich kurzzeitig die
Zeppelin-Oberschule besuchte. Die meiste Zeit verbrachte ich jedoch damit, unser zerstörtes Haus zum Teil wieder bewohnbar zu machen, was
aber ziemlich nutzlos war. Denn 1944 wurde ein Jahr der Massenbombar-
dierungen überall in Deutschland, so auch in Stuttgart und den umliegen-
den Städten. Gewissermaßen als einer der »ältesten« der noch verbliebenen
»Männer« war ich fast ununterbrochen im Rettungseinsatz. Darunter ver-
zweifelte Versuche, verschüttete Menschen aus den Luftschutzkellern ihrer
zertrümmerten und lichterloh brennenden Häuser zu befreien, entsetzlich
zugerichtete und verkohlte Leichen aufzusammeln und in ein Massengrab
zu werfen. Wenn ich heute an diese Zeit denke, erinnere ich mich eigenarti-
gerweise nur an vermeintlich Nebensächliches, wie etwa die überraschende
Erfahrung, dass ein 15-Jähriger eine erwachsene verbrannte Leiche allein tragen konnte. Vermutlich stand ich wie alle anderen unter einer Art dumpfem
Dauerschock, verbunden jedoch mit einem enormen Überlebenswillen, der
ungeahnte Kräfte entwickeln konnte.

Eine Welt in Trümmern – Zusammenhalten und Kooperieren   17

1 »Wer den Krieg erlebt hat, der weiß, dass er nicht mehr stattfinden darf.«
Das von Luftangriffen zerstörte Stuttgart im Jahr 1944.

Die Zerstörung Stuttgarts im Juli 1944 (Abbildung 1) erlebten wir auf erschreckende Weise: Unsere ganze Familie – das heißt wir fünf Kinder zusammen mit unseren Eltern – hatte sich am Vorabend gerade für wenige Stunden in unserem Haus in Feuerbach zusammengefunden, um die Wiederbewohnbarkeit des zerstörten Hauses zu feiern, als das Bombardement erneut begann und wir alle in unserem Luftschutzkeller gemeinsam verschüttet wurden. Durch eigene Kräfte und mit Hilfe der Nachbarn konnten wir uns retten. Ich erinnere mich noch daran, dass mein Mund aufgrund des eingeatmeten Glasstaubes ständig blutete. Befreit schwärmten einige von uns sofort aus, um anderen in ähnlichen Situationen zu helfen. Etwas verwirrt löste sich danach die zerstobene Familie wieder auf, jeder versuchte auf eigene Weise an seinen bisherigen Standort zurückzukehren. Mein Vater – Gefreiter im Ersten Weltkrieg – wurde einige Tage später erneut zum Militärdienst einberufen. Ich selbst war ohne Bleibe.

Nach einigem Umherirren kam ich über frühere Kontakte meines Vaters Ende 1944 in ein Internat, die Aufbauschule Künzelsau, eine Oberschule mit Schwerpunkt auf Leibeserziehung und militärischen Drill. Es war eine traurige Zeit für mich. Ich wurde von einigen Lehrern getadelt, weil ich so unsportlich war, und bei irgendwelchen Unstimmigkeiten oft als »Prügelknabe« drangsaliert. Zur Strafe wurden mir in meiner kostbaren Freizeit Schießübungen verordnet. Ich war wirklich kein guter Schütze, was vielleicht damit zusammenhing, dass ich von Geburt an nur auf einem Auge sehe. Meine Treffsicherheit wurde jedenfalls durch diese Schießübungen nicht viel besser. Das alles nahm ich ohne Widerspruch hin, ich war sozusagen klaglos unglücklich. Es gab aber trotz allem auch Momente des Glücks und menschlicher Zuwendung. So erinnere ich mich insbesondere an meinen Mathematiklehrer, der mich immer wieder humorvoll tröstete – ein alter Mann, der bereits der Mathematiklehrer meines Vaters gewesen war.

Rette sich, wer kann

Die militärische Lage spitzte sich zu. Die jungen Leute ab 15 wurden zum Volkssturm eingezogen. Der Direktor der Schule, er war ein Freund meines Vaters und betrachtete mich wohlwollend wie einen Sohn, brachte dann für mich die Erlösung. Für ein Sonderlager wurden junge »Forschungshelfer« gesucht, die in den Fächern Mathematik und Physik gute Leistungen vorweisen konnten. Beides liebte und konnte ich, außerdem eröffnete mir dieses Angebot die Gelegenheit, Anfang 1945 diese für mich bedrückende Schule vorzeitig zu verlassen. Das Sonderlager nannte sich aus mir nicht ersichtlichen Gründen »Geheimaktion Blücher II«. Es war in einem kleinen Schlösschen in Heudorf bei Riedlingen an der Donau untergebracht. Wir waren eine merkwürdige Gruppe: je zwei Klassen einer 6. und einer 7. Oberschulklasse von 15- und 16-jährigen Jungen – formell getarnt als ein Ausbildungslager des Volkssturms zur »Verteidigung der Alpenfestung«. Die Lehrer waren durchweg keine »Parteigenossen«, die Leitung hatte allerdings ein hoher Vertreter der Reichsjugendführung, ein jedoch durchaus sympathischer Marineoffizier. Der teilte uns mit, dass wir als Forschungshelfer auserwählt wären, für Hitler heimlich eine Wunderwaffe zu bauen. Wir bekamen einen besonderen Wehrpass, der uns als kriegswichtig und deshalb als »vorrangig schutzbedürftig« auswies – und uns außerdem Lebensmittelkarten mit Schwerarbeiterzulage verschaffte! Morgens übten wir, gemäß der Ausbildung des Volkssturms, den Umgang mit der Panzerfaust zum Abschuss von feindlichen Panzern, nachmittags bauten wir eifrig und mithilfe von aus Stuttgarter Schulen ausgelagerten physikalischen Geräten so etwas wie zukünftige Labors und Versuchsanlagen, die uns die Ausführung wichtiger Experimente für eine »Wunderwaffe« erlauben sollten.

Dass das Ganze ein Riesenbluff war, nämlich eine sehr gewagte Aktion eines Physikprofessors in Heidelberg, der uns junge Leute in der letzten Phase des Krieges vor dem unsinnigen Kriegseinsatz schützen wollte, wussten wir damals nicht. Das erfuhr ich erst nach dem Krieg. Leider hat diese heroische Hilfsaktion nur wenigen Kameraden von »Blücher II« genützt. Im März 1945 sollten wir vor den herannahenden Panzern der Alliierten schnell nach Königsdorf südlich von München umgesiedelt werden. Diese Umsiedelung wurde zu einem lebensgefährlichen Fußmarsch, zunächst in südlicher, dann östlicher Richtung. Sehr viele aus unserer Gruppe – ich weiß heute noch nicht, wie viele – kamen damals, nachdem sie sich mit Mühe einen Lastwagen ergattert hatten, durch Tieffliegerangriffe ums Leben. Wenige von uns, mich eingeschlossen, hatten sich kurzfristig von der Hauptgruppe getrennt, um mit einem Leiterwagen Lebensmittel aus einem Militärlager in der Nähe von Kempten zu besorgen. Zum Glück verpassten wir so den später bombardierten Lastwagen. Doch dieses Ereignis sollte nur der Anfang einer für uns mühseligen und riskanten Odyssee werden. Unsere Flucht führte uns zu Fuß und Straßen meidend am Nordrand der Alpen über Füssen und Penzberg nach Königsdorf. Die uns dort zugedachten Räume waren leer, ein Zettel wies als neues Ziel Innsbruck aus. Über Lenggries zogen wir unseren Leiterwagen über den Achenpass ins Inntal und schließlich bis nach Innsbruck. Dort erfuhren wir wenigen noch Übriggebliebenen vom Tod Hitlers. Dies bedeutete für uns das Ende des Krieges.

Jetzt hieß es: Rette sich, wer kann! Ohne weitere Unterstützung, ohne Landkarten und geeignete Kleidung überlegte sich jeder, welchen Weg er am besten wählen sollte, um »nach Hause« zu kommen, was immer dies noch für uns bedeutete. Unsere zerstreute Familie hatte einige Monate vorher ausgemacht, dass – wenn alle Stricke reißen – wir uns im Allgäu, wo wir früher unsere Sommerferien verbracht hatten, treffen wollten. Obwohl völlig erschöpft, zog ich als einziger sofort in westlicher Richtung Inntal aufwärts los. Ich hatte die Hoffnung, den aus Mittenwald über den Zirler Pass anrollenden amerikanischen Panzern zuvorzukommen, um meinen Weitermarsch Richtung Arlberg zu ermöglichen und von dort über die Lechtaler und Allgäuer Alpenkette Oberstdorf zu erreichen. Dies war weit schwieriger und riskanter, als ich dachte: ohne geeignete Kleidung und Schuhe, ohne Wanderkarten und Nahrung im späten April bei meterhohem Schnee die Alpenkette allein zu überwinden, dann auch noch auf der anderen Seite zweimal in französische Gefangenschaft zu geraten und ihr zweimal mit einigem Glück zu entfliehen. In einem hoch gelegenen Nebental fand ich letztlich meine Familie, zu unserer aller großen Freude fast vollzählig – ich war der letzte, der eintraf.

Es fehlte jedoch mein Vater, der im Januar 1945 an der Ostfront verschollen war. Ohne meinen früh verstorbenen Bruder, war ich jetzt – noch nicht ganz 16-jährig – in gewisser Weise das verantwortliche männliche Oberhaupt der Familie. Eine bedrückende Last: eine Mutter mit fünf Kindern im Alter zwischen elf und 18, zunächst wegen mangelnder Unterkunft örtlich noch zerstreut. Unser nicht bewohnbares, erneut zerstörtes Haus in Feuerbach war die einzige greifbare Grundlage für einen möglichen Neubeginn.

Was für ein Neubeginn! Meine Mutter zog sich bei einem Sturz vom Fahrrad gleich nach unserer Rückkehr nach Feuerbach im Spätsommer 1945 einen mehrfachen Beckenbruch zu und lag im Gipsbett. Kurze Zeit später, im Januar 1946, verhaftete mich der amerikanische Geheimdienst CIC wegen »Wehrwolfverdachts« und steckte mich nach einer für mich unverständlichen ersten Vernehmung ins Gefängnis: als 16-Jähriger Einzelhaft in einer dunklen Zelle mit einem kleinen scheibenlosen Fenster weit oben unter der Decke! Es war tiefer Winter mit minus 20 Grad Celsius und ich wäre fast erfroren, weil sie mir bei der Verhaftung auch die warmen Kleider weggenommen hatten. Wegen der Kälte konnte ich nachts nicht schlafen. Ich versuchte mich durch Kniebeugen warm zu halten. Verständlicherweise war ich dann tagsüber hundemüde und legte mich zum Schlafen aufs Bett. Dies war aber, wie mir eindringlich klargemacht wurde, tagsüber nicht erlaubt. So wurde ich alle halbe Stunde geweckt und zum Aufstehen gezwungen. Außer der ersten Vernehmung, bei der mir nicht klar geworden war, warum ich eigentlich eingesperrt wurde (ich hatte den leisen Verdacht, dass dies mit »Blücher II« zu tun hatte), gab es keine weiteren Vernehmungen mehr. Ich dachte und fürchtete, dass sie mich einfach vergessen haben. Oder wollen sie mich einfach so, gewissermaßen gewaltlos, zugrunde gehen lassen? Wer weiß eigentlich, wo ich bin? Wie geht es meiner stark verletzten Mutter? Weiß sie überhaupt, wo ich bin?

Es war dann ein guter Freund von mir aus »Blücher II«, der auch eingesperrt wurde, aber dann mit guter Vorbereitung, schlauer Vorgehensweise, Redegewandtheit und großem Glück erreicht hat, dass wir nach 14 Tagen – erneut ohne Nennung von Gründen – wieder freigelassen wurden. Ich jedenfalls war damals fertig mit allem und allen. Kein Wunder, dass ich für die Umerziehungsversuche der Amerikaner nach dem Krieg nicht gerade empfänglich war. Ich war irritiert, Filme über Konzentrationslager anschauen zu müssen mit der Aussage: »Seht her, das wart ihr!« Bei mir dominierte hingegen das Gefühl: *Ihr* seid hundsgemein, denn *ich* musste die Toten begraben, die durch *eure* Bomben verbrannt und getötet worden sind und jetzt kommt *ihr* her, habt genug zu essen, während wir hungern, und erzählt *uns, wer* und *was* ein guter Mensch sei. Ich hatte damals keine Schuldgefühle und sah auch keinen Anlass dafür. Ich war tief enttäuscht über die Menschen und ihre Verlogenheit und dies mit einer schmerzenden Wut im Bauch.

Wissen als Macht –
Edward Teller und die Bombe

Das Kriegsende und die große Not danach trieben mich zeitweise in große Depression. Wir hatten unsere Jugend geopfert, furchtbar viel Tod und Zerstörung erlebt. Ich habe viele meiner besten Freunde verloren. Keiner wusste, wie es weitergehen sollte. Und dann wurde man auch noch als Krimineller hingestellt! Ich fühlte mich unendlich alt mit meinen 16 Jahren, bereit, dieses Leben als beendet zu akzeptieren. Ich habe mir damals geschworen, keinem Erwachsenen mehr zu glauben. Meinen Vater, mit dem ich noch kurz vor seiner Einberufung dieses einmalig lange und intensive Gespräch geführt hatte, konnte ich ohnehin nicht mehr fragen. Er war im Januar 1945 an der Ostfront gefallen – wir erfuhren davon allerdings erst drei Jahre später. Ich glaubte auch meiner Mutter nicht mehr, nicht aus Misstrauen, sondern mehr weil ich das Gefühl hatte, dass sie – wirklich eine bewundernswert tapfere Frau – selbst keine Orientierung mehr hatte.

Aus dieser Rat- und Orientierungslosigkeit entstand bei mir der feste Entschluss, in meinem Leben nur noch das zu machen, was ich selbst überschauen und überprüfen kann. So entschied ich mich, wenn ich überhaupt jemals eine Chance dazu hätte, Physik zu studieren: Ich wollte erforschen, was die Welt im Innersten zusammenhält! Etwas durch eigene Einsicht verstehen, was mir noch verborgen oder unverständlich war, was jedoch grundsätzlich erklärbar und mithilfe von Experimenten und mathematischen Berechnungen objektiv überprüfbar ist. Was die Physik als Naturwissenschaft kennzeichnet, war zugleich mein Lebensthema: Ich wollte meine eigenen Lebenserfahrungen machen, selbst entscheiden, wem ich trauen kann, selbst erfahren, wie die Dinge wirklich *sind*, und nicht, wie man über sie *redet*.

Ein Angebot, im Herbst 1951 als Erntehelfer in England zu arbeiten, wurde meine erste Auslandserfahrung – eine wirklich überwältigende positive Erfahrung: Menschen, deren Feindbild wir mit uns herumtragen, werden zu fröhlichen, liebenswerten Freunden. Welche Erweiterung unseres Horizonts, Menschen in anderen Ländern kennenzulernen und mit Freude mit ihnen zusammenzuarbeiten. Warum gibt es überhaupt Kriege?, fragte ich mich. Angeregt durch diese Zeit in England wurde nun auch Amerika als nächstes Ziel zu meinem großen Traum, nicht zuletzt in der Hoffnung, auch dort weitere Feindbilder in mir loszuwerden. Solche Reisen erschienen damals unerfüllbar.

Mein Stuttgarter Professor, der 1953 meine Diplomarbeit betreute, hatte jedoch eine frühere Beziehung zur University of California in Berkeley/Kalifornien und empfahl mir, mich einfach dort für ein Stipendium, das »Walter Loewy Scholarship«, zu bewerben. Dieses Stipendium wurde nicht nur für Amerikaner ausgeschrieben, die in Deutschland studieren wollen, sondern auch – und das geriet durch den Krieg in Vergessenheit – für Deutsche in höheren Semestern, die ihr Studium in den USA für ein Jahr an der Universität in Berkeley ergänzen wollen. Ich bekam das Stipendium in Kalifornien und ein Fulbright-Stipendium ermöglichte mir die Überfahrt mit dem Ozeandampfer. Ich hatte meine experimentell orientierte Diplomarbeit über »Kernmagnetische Resonanz« nach diesem einjährigen Amerikaaufenthalt in der Tasche, und hatte vor in Heidelberg mit einer theoretischen Arbeit in der Kernphysik zu promovieren.

Zu meinem großen Verdruss wurde mir jedoch das Thema meiner Diplomarbeit beinahe zum Verhängnis: Kernphysiker, so der Hinweis des amerikanischen Konsuls in Stuttgart, benötigten zur Einreise in die USA eine Sondergenehmigung. Meines Erachtens war dies ein Missverständnis, da meine Arbeit ja nichts mit Kernwaffen oder Ähnlichem zu tun hatte. Alles dies war ja damals in Deutschland von den Besatzern ohnehin verboten. Diese überraschende Einreisehürde machte meine Abreise zwar nicht zunichte, verzögerte sie aber um wesentliche drei Monate. Aber wie manchmal unser Schicksal es treibt, so lieferte mir diese mich frustrierende Verzögerung letztlich einen Anlass, meine Pläne für die folgenden Jahre zu ändern und eine Promotion in Berkeley anstatt in Heidelberg anzustreben. Diese »freche« Entscheidung – sie war allerdings dann nur mit einer großen zusätzlichen Anstrengung realisierbar – sollte meinem Leben eine völlig andere Richtung geben.

Edward Teller und die nukleare Bedrohung

Gleich nach meiner verspäteten Ankunft an der University of California in Berkeley, auf der Suche nach einem Doktorvater, bin ich im Dezember 1953 das erste Mal Edward Teller in seinem Arbeitszimmer in der Le Conte Hall des Physikdepartements begegnet (Abbildung 2). Wie ich erfahren hatte, war er gerade erst als Professor nach Berkeley berufen worden und hatte deshalb noch keine Doktoranden. Berkeley war damals einer der interessantesten und aufregendsten Studien- und Forschungsplätze in der Physik, wesentlich

2 »Alles, was man weiß, muss auch gemacht werden.«
Das war das Credo des Physikers Edward Teller (1908–2003), der Mitte der 1950er-Jahre Doktorvater von Hans-Peter Dürr war. Das Bild zeigt ihn 1958 als Direktor des Lawrence Livermore National Laboratory, in dem vor allem an der Entwicklung der Wasserstoffbombe gearbeitet wurde.

bedingt durch den Bau des Bevatrons, eines hochenergetischen Teilchenbeschleunigers, mit dem die experimentellen Voraussetzungen für die Entdeckung der vermuteten Antinukleonen geschaffen wurden. Diese schweren Teilchen der Antimaterie wurden dann auch 1955, wie vermutet, erzeugt und führten zu einigen Physik-Nobelpreisen. Entsprechend begehrt war Berkeley unter den jungen Wissenschaftlern, die ihren Master oder Doktor in diesem Forschungsbereich machen wollten, und es war deshalb nicht so leicht, einen Doktorvater zu finden.

Edward Teller, ungarisch-jüdischer Herkunft, war mir damals noch kein Begriff. Ich hörte, dass er aus Chicago kam und auch mit dem mir namentlich schon bekannten Robert Oppenheimer gearbeitet hatte. Aber ich war besonders begeistert, als ich hörte, dass Teller 1930 bei Werner Heisenberg in Leipzig promoviert hatte. Die Heisenbergsche Quantentheorie hatte mich schon in Deutschland fasziniert und war für mich als Schüler – ebenso rätselhaft wie anziehend – ein weiterer Grund gewesen, Physik zu studieren.

Mein erstes Gespräch mit Teller verlief außerordentlich freundlich und wurde von ihm gleich auf Deutsch geführt. So wollte er von mir wissen, wie es mir in Deutschland im Krieg ergangen war. Das Gespräch führte schnell auf Heisenberg, den er als Menschen und Forscher sehr verehrte. Er fragte mich gleich, ob ich irgendetwas über Heisenbergs Gespräch mit Bohr im

Herbst 1941 in Kopenhagen wüsste (siehe hierzu unten S. 49–52), was unsere Gespräche von Anfang an auch in politische Dimensionen lenkte. Eine Antwort auf seine spezielle Frage konnte ich ihm allerdings erst 1958 nach meinem ersten persönlichen Kontakt mit Werner Heisenberg geben.

Ich war Edward Teller sehr dankbar dafür, dass er mir als Deutschem ohne Vorbehalte begegnete, im Gegensatz zu manchen anderen am Manhattan-Projekt beteiligten Physikern, einschließlich Robert Oppenheimer, der mir zunächst mit spürbarem Unbehagen oder sogar offener Abneigung gegenübertrat.

Teller nahm mich als Doktoranden an, soweit dies die Bedingungen der Universität zuließen. Er war auch mit meinem selbst gewählten Thema einverstanden – eine theoretische Untersuchung über den Einfluss der Antinukleonen auf die Kräfte in Atomkernen. Die Voraussetzungen der Universität für eine Promotion waren allerdings schwieriger als ich dachte, sie verlangten – obgleich ich ein deutsches Physik-Diplom hatte –, dass ich zunächst alle wesentlichen Prüfungen für einen »Bachelor« ablegen musste, um als »graduate student« anerkannt zu werden. Es blieb mir nichts anderes übrig, als in diesen sauren Apfel zu beißen. Er war dann letzten Endes auch nicht ganz so sauer ...

Anfangs wusste ich nicht, dass Edward Teller noch am US-amerikanischen Manhattan-Projekt in Los Alamos beteiligt war, in dem die amerikanischen Atombomben während des Krieges entwickelt wurden, und dass er wegen einer Auseinandersetzung mit seinem Kollegen und Vorgesetzten Robert Oppenheimer nach Kalifornien übergewechselt war, um dort in Livermore im Rahmen der University of California ein neues Kernwaffenlabor aufzubauen. Oppenheimer, ein US-amerikanischer Physiker deutschjüdischer Herkunft, leitete von 1943 bis 1954 die wissenschaftlichen Arbeiten in Los Alamos.

All dieses wurde mir jedoch überdeutlich bewusst, als ich drei Monate nach meiner Ankunft eines morgens Anfang März 1954 ins Physikinstitut kam und meine Kollegen in ausgelassen guter Laune antraf. Auf meine Frage, was sie feierten, antworteten sie: »We got a boy!« Als ich nachfragte, wer der Vater sei, hieß es: »We all and many more!« Die Titelseiten aller Zeitungen gaben in großen Bildern die Antwort: Der »Bravo«-Atombombentest auf dem pazifischen Bikini-Atoll war über alle Erwartungen hinaus positiv verlaufen, er war, wie später bekannt wurde, die erste erfolgreiche Zündung einer transportablen »Wasserstoffbombe«, einer Kern*fusions*bombe mit einer im Vergleich zu den Kern*spaltungs*bomben von Hiroshima und Nagasaki mehr als 2.000-mal größeren Zerstörungskraft. Sie sollte auch die größte Atombombe bleiben, die von den USA je gezündet wurde.

Ich war durch das »Bikini-Ereignis« völlig schockiert. Meine Situation erschien mir damals absolut grotesk, fast wie eine schnöde Ironie des Schicksals: Anstatt, wie mir nach den schrecklichen Kriegserlebnissen vorschwebte, mich ganz abseits vom großen Machtgerangel einer philosophisch orientierten Naturwissenschaft zu widmen, war ich nun genau dort angekommen, wo sich Naturwissenschaft und Machtpolitik am engsten berührten: bei der Kernphysik, bei den Physikern und Technikern, welche die menschheitsbedrohenden Massenvernichtungsmittel *par excellence* entwickelten. Und Teller, mein Doktorvater, war einer der Hauptakteure! Ja er wurde damals sogar »Vater der Wasserstoffbombe« genannt und als solcher öffentlich gefeiert.

Jetzt wurde mir klar, dass Tellers Übersiedelung nach Kalifornien verbunden war mit der Neugründung einer – neben Los Alamos – zweiten, auf die Entwicklung von Fusionsbomben ausgerichteten Forschungseinrichtung in Livermore östlich von Berkeley. Mit ihrem erfolgreichen »Mike«-Test im November 1952 auf dem pazifischen Eniwetok-Atoll hatten sie mit einer großen Anlage, die wegen ihrer Größe kaum als Bombe bezeichnet werden kann, bewiesen, dass eine solche Superbombe prinzipiell möglich ist. Der »Mike«-Test war ihr »first boy«, ein voller Erfolg. Er wurde zunächst geheim gehalten. Eniwetok wurde dabei zerstört. Die Bombe auf dem Bikini-Atoll im März 1954 war ein Konstrukt der »Konkurrenz« in Los Alamos, deren wissenschaftlicher Leiter Robert Oppenheimer war. Ihr Erfolg wurde öffentlich gefeiert.

Erschrocken suchte ich nach dem »geglückten« Bikini-Test Edward Teller auf und fragte ihn: »Warum baut ihr noch Bomben? Die großen Kriege sind vorbei und wer sie erlebt hat, der weiß, dass sie nicht mehr stattfinden dürfen.« Er antwortete: »Wir haben heute eine einmalige Chance, den Frieden auf Erden zu schaffen: Wenn der Beste der militärisch Stärkste ist und die Fähigkeit behält, auch in Zukunft der Stärkste zu bleiben, also etwa doppelt so stark wie die übrige Welt zu sein, dann können wir den Frieden für alle Zeiten sichern.« Ich war entsetzt über diese Aussage und erinnerte ihn daran, dass ich ja gerade aus Deutschland kam und mir diese Redensart bekannt vorkomme. Er betonte, dass er den Besten und nicht einen Schurken als Ausgangsbedingung nannte. Und dies war es ja gerade, was mich irritierte: Hat es je einen Stärksten gegeben, der sich nicht für den Besten hielt? Er warf mir politische Naivität vor, und ich sagte ihm mit aller Deutlichkeit, dass ich die Naivität auf seiner Seite sehe. Er akzeptierte: Wir haben in diesem Punkt unterschiedliche Meinungen! Und damit war für ihn das Problem erledigt.

Ich habe mich damals nicht von Edward Teller getrennt. Mein Forschungsprojekt hatte nichts mit Kernwaffen zu tun. In meinem mehr als drei Jahre währenden engen Kontakt mit Konstrukteuren von Kernwaffen habe ich jedoch mit Beunruhigung und Kummer lernen müssen, dass in dieser Branche hochintelligente und integre Menschen, die in wissenschaftlicher und menschlicher Hinsicht die Qualität von guten Freunden haben (sie *waren* auch meine Freunde), in ihrer Tätigkeit anscheinend in vollem Einklang mit sich selbst bleiben und die prinzipielle Widersprüchlichkeit ihres Tuns nicht erkennen.

Für Teller war Wissen Macht, wie es der englische Philosoph und Staatsmann Francis Bacon vor über 400 Jahren formuliert hat. Alles, was man weiß, muss auch gemacht werden. Das war das Credo Tellers. Wissen werde letztlich erst durch das Machen bestätigt und zu verlässlichem Wissen. Diesen Grundsatz übertrug Teller ohne Zögern auf die aktuelle Politik und die Entwicklung neuer Vernichtungswaffen. Wissen als Macht gehöre in die Hände der »Guten«, um damit die »Bösen« in Schach zu halten. Ich konnte diesen für mich naiven Standpunkt kaum fassen. Aufgrund meiner eigenen Erfahrungen erschreckte er mich. Aber Teller kümmerte das wenig, weil er genau zu wissen glaubte, wer der Gute und wer der Böse war. Teller hatte kein Problem damit, dass der angeblich Gute mit der Machtausübung diese Eigenschaft, »gut« zu sein, verspielen kann – und dies aller Erfahrung nach auch tut.

Die Wissenschaft verliert ihre Unschuld durch die schiere Macht des Möglichen. Sie verdrängt durch die überbetonte Beziehung von Wissen zur Macht, dass Wissen ja nicht nur zum Machen führt und so zur Macht verleitet, sondern dass Wissen auch Einsicht eröffnet und damit Orientierung geben und letztlich Brücken zur Weisheit bauen kann. Wissen nur als Verfügungswissen betrachtet, ermöglicht Manipulation und stimuliert die Mächtigen, sich übermächtige Instrumente durch willfährige »erfinderische Zwerge« (Bertolt Brecht) anfertigen zu lassen. Der Naturwissenschaftler habe bei der Entscheidung über die Verwendung von Instrumenten, die er der Menschheit geschaffen hat, keine besondere Stimme und solle sie auch nicht haben, meinte Teller, denn diese Entscheidung könne nur die Politik treffen, der Staat und seine Politiker als Vertreter des Volkes, des Souveräns. Es störte Teller nicht, dass wichtige Entscheidungen, wie etwa die undifferenziert gegen Hunderttausende von Menschen eingesetzten Atombomben, von ganz wenigen dieser Vertreter zunächst im Geheimen, also *unter Ausschluss des Souveräns*, getroffen werden. Diese Entscheidungen wurden sogar auch gegenüber den Wissenschaftlern, die dieses Teufelszeug entwickelt haben, geheim gehalten und durchgeführt – auch wenn, wie im Falle der Hiroshima-Bombe, über 80 Prozent der Physiker in Los Alamos dies ablehnte.

Teller war mein Doktorvater, ich schätzte ihn sehr, aber er war für mich nie ein Lehrer oder gar ein Vorbild, an dessen Lippen man hängt, um etwas besser oder tiefer zu verstehen. Unsere Ansichten und Einsichten waren wesentlich verschieden und auch die Ursache für viele heftige Streitgespräche, die aber kaum persönlich verletzend wirkten. Teller wurde für mich »die« imposante Symbolfigur für den Verlust der Unschuld der Wissenschaft.

Was die ganze Waffenentwicklung nach dem Kriegsende anbelangte, konnte ich mich mit Teller nie verständigen, geschweige denn einigen.

Meine Arbeit in Berkeley hatte allerdings nichts mit der Entwicklung von Waffen zu tun, meine häufigsten wissenschaftlichen Diskussionen mit Edward Teller bezogen sich auf prinzipielle Fragen der Kernphysik sowie der Materie und Antimaterie allgemein. Teller war ein Meister der Rhetorik, einfach in der Sprache, phantasievoll an Gleichnissen und eindringlich im Ausdruck. Er strahlte Kompetenz und Urteilssicherheit aus, überzeugte, weil er Diskurse meist wie eine Art Schachspiel inszenierte. Er war kein einfacher Gesprächspartner, da er dem anderen kaum Zeit gewährte, seine Argumente vollständig vorzuführen. Hatte man gerade die Gelegenheit, in Eile die erste Hälfte eines Satzes vorzutragen, so wurde man alsbald mit lauter Stimme von ihm unterbrochen: »Entschuldigung! Ich weiß nicht, was Sie mir sagen wollen, lassen Sie mich sagen, was Sie sagen wollen!« Dies führte dazu, dass die meisten unserer Gespräche für ihn zu eigenen Heimspielen mit höheren Gewinnchancen wurden. Die Dialoge waren stets lebendig, auch weil uns eine Freude an scheinbar unlösbaren Problemen verband. An manchen Abenden musizierten wir zusammen – Klaviertrios. Teller war ein guter Pianist, ein anderer Physiker und ich begleiteten ihn mit Geige und Cello. Manchmal merkte er nicht, wenn er uns beide abgehängt hatte.

Unsere Wege haben sich auch später immer wieder gekreuzt. Anfang der 1980er-Jahre war er ein überzeugter Unterstützer der »Strategic Defense Initiative SDI« unter US-Präsident Ronald Reagan. Teller war der Meinung, dass dieses Abwehrsystem ein entscheidender Faktor für die Beendigung des Kalten Krieges sein würde. Bei meinem letzten Besuch im November 1997 in Stanford behauptete Teller zugunsten seiner Wissen-ist-Macht-These, dass der Verdienst für das gewaltlose Ende des eskalierten West-Ost-Konflikts eigentlich ihm gebühre, weil seine SDI-Empfehlung an Reagan letztlich die schwächere UdSSR finanziell in die Knie gezwungen habe.

Zeit seines Lebens war er ein heftiger Gegner der Kommunisten. Er drückte es allerdings anders aus: »Ich bin kein Antikommunist, sondern ein Antirusse. Die Russen sind die gefährlichsten Imperialisten. Mein Onkel hat mir erzählt, dass es im Unabhängigkeitskrieg Ungarns 1848/49 gegen Österreich letztlich die Russen waren, die dies vereitelten.« Überrascht hat mich, dass er sehr viel später mit gleicher Heftigkeit auch die deutschen »Grünen« ablehnte, die als Partei 1980 in Deutschland die politische Bühne betraten. Er betrachtete sie als unglaublich gefährliche Feinde des wissenschaftlich-technischen Fortschritts, gar als Neo-Nazis. Mich nannte er wegen meines Engagements für Frieden und Nachhaltigkeit bis zu seinem Tod einen »Populisten«, der sich die Zuneigung der Massen billig zu verschaffen suchte im Gegensatz zu ihm, der durch sein eisernes Festhalten an wesentlichen Prinzipien in die persönliche Isolation gedrängt wurde.

Teufel und Engel – Der Konflikt zwischen Teller und Oppenheimer

Unter Physikern und auch Außenstehenden ist es weit verbreitet, dass in der Auseinandersetzung zwischen Edward Teller und Robert Oppenheimer klarerweise Teller mehr als Teufel und Oppenheimer als Engel fungiert hat. In gewisser Weise sind mir beide, die doch als Humanisten im Grunde die Würde des Menschen für unantastbar hielten, unverständlich. Bei einem Besuch Edward Tellers 1964 bei uns in München, das er gut aus seiner Studienzeit kannte, wollte er am Abend ins Theater gehen. Der Zufall wollte es, dass im Programm der Münchner Kammerspiele »Der Fall Oppenheimer« von Heinar Kipphardt stand. Teller wusste gar nicht von der Existenz dieses Theaterstücks und wollte es unbedingt sehen, obgleich seine Frau ihm dringend davon abriet, weil sie befürchtete, die Leute könnten ihn erkennen. Ich ging mit ihm ins Theater und fragte ihn am Schluss, ob es ihm gefallen habe. »Ja«, meinte er schmunzelnd, »es war sehr gut! Ich war wirklich der Teufel – aber Du musst zugeben, Oppenheimer ist schlechter weggekommen: Er war ein Lügner!« Das charakterisiert ganz gut Tellers Einstellung. Durchschnittliches hat er nie gemocht.

Die Auseinandersetzung zwischen Robert Oppenheimer und Edward Teller hat nur zweitrangig mit ihren unterschiedlichen Meinungen über die Wasserstoffbombe zu tun. So ist eine gängige Vorstellung, dass Oppenheimer von der verheerenden Zerstörung von Hiroshima und Nagasaki durch die unter seiner wissenschaftlichen Leitung geschaffenen Kernspaltungsbomben so bedrückt war, dass er eine Weiterentwicklung der Nuklearbomben in Richtung der von Teller angestrebten, tausendfach mächtigeren »Superbombe« nicht unterstützen, ja prinzipiell verhindern wollte. Der Grund war vielmehr, dass das von Teller und seiner Gruppe anfangs entwickelte Fusions-Modell, wie etwa beim »erfolgreichen« »Mike«-Test, mehr einer stationären kleinen Fabrik ähnelte und keine tragfähige Superbombe war, die von einem Flugzeug oder einer Rakete an ihr Ziel transportiert werden konnte. Dies gelang erst vier Jahre später mit der Bikini-Bombe von Los Alamos, die von Oppenheimer unterstützt wurde.

Wesentliche Ursache für den Oppenheimer-Teller-Konflikt war die gespannte Atmosphäre in der Zeit des republikanischen Senators von Wisconsin Joseph McCarthy, der Anfang der 1950er-Jahre als einer der gefürchtesten Verfolger der angeblichen kommunistischen Unterwanderung nicht nur des Regierungsapparates und des Militärs, sondern auch der Wissenschaft galt. Am Ende des Zweiten Weltkrieges wurden einige wichtige Ergebnisse des Manhattan-Projekts an die Sowjetunion verraten. Aufgrund früherer Kontakte Oppenheimers zu kommunistischen Gruppen während der Wirtschaftskrise wurde er wegen einer ungeschickten Vertuschung eines »linken« Kontaktes (die sogenannte »Lüge«) Anfang der 1950er-Jahre vom

McCarthy-Ausschuss zur Untersuchung »unamerikanischer Umtriebe«, (vor dem auch Teller, wegen Oppenheimers »Lüge«, negativ aussagte), als »Sicherheitsrisiko« eingestuft und 1954 aus allen staatlichen und sicherheitsrelevanten Ämtern entlassen, später jedoch unter Präsident John F. Kennedy rehabilitiert.

Es erstaunt und beschäftigt mich selbst immer wieder, dass ich mich mit dem Menschen Edward Teller relativ eng verbunden fühlte, trotz unserer stark divergierenden Ansichten und obwohl unsere Orientierungen, Anschauungen und Wertvorstellungen im Laufe der Jahre immer mehr auseinander klafften. Ich schulde Edward Teller großen Dank, nicht nur deshalb, weil er mich 1957 auf meinem Weg zurück nach Deutschland so hilfreich unterstützte, sondern vor allem, weil er es war, der die von mir seit 1946 erträumte Zusammenarbeit mit Werner Heisenberg eingefädelt hat.

Aber vorher musste ich noch eine Frau treffen, die es innerhalb von vierzehn Tagen schaffte, bei mir einen wichtigen inneren Hebel umzulegen: Hannah Arendt.

Verdrängung und Schuld – Hannah Arendt und der Weg in die Verantwortung

Im zweiten Jahr in Kalifornien habe ich die Philosophin und Politologin Hannah Arendt getroffen. Sie war mit 49 Jahren eine Generation älter als ich und in den späten 1920er-Jahren aus den berühmten deutschen Philosophieschulen von Edmund Husserl, Martin Heidegger und Karl Jaspers als hochbegabte Wissenschaftlerin hervorgegangen. 1933 musste sie als Jüdin nach Paris emigrieren. Sie hatte am eigenen Leib erfahren, wie in einem Land, das über eine so hervorragende gesellschaftliche Elite verfügte wie Deutschland, die politische Macht zu einer totalitären Herrschaft der schlimmsten Form entartete, und dies nicht nur gegen diese Elite, sondern zum Teil in einem engen Bündnis *mit* ihr. In Berkeley bekam sie 1955 die Gelegenheit, als Gastdozentin über politische Theorie und insbesondere über Totalitarismus zu sprechen. 1951 war in den USA ihr viel beachtetes Buch über »The Origins of Totalitarianism« (»Elemente und Ursprünge totaler Herrschaft«) erschienen.

Ich hatte sie gebeten, als Gasthörer in ihrem Oberseminar über »Die grundsätzlichen politischen Erfahrungen unserer Zeit« teilnehmen zu dürfen, ich wollte mehr wissen über Gewaltherrschaft, über Totalitarismus. Sie stimmte dem sofort freudig zu. An Details ihres Seminars kann ich mich nicht mehr genau erinnern – außer, dass mich ihre Ausführungen unglaublich faszinierten. Das lag nicht so sehr an ihrem Vortragsstil. Sie passte so gar nicht in das Klima von Berkeley mit seinen betont lockeren Umgangsformen und unkomplizierten Kontakten zwischen Dozenten und Studenten. Sie wirkte angespannt, fast verkrampft und etwas unnahbar. Gleichzeitig rauchte sie – auch während der Vorlesung – eine Zigarette nach der anderen.

Beeindruckt war ich von dem hohen Niveau an Wissen und Erfahrung. Im Zentrum von Hannah Arendts Ausführungen stand vor allem die Frage, wie es in Deutschland überhaupt zu Hitlers totaler Herrschaft mit allen diesen schrecklichen Auswüchsen kommen konnte. In Kalifornien, so fern der Heimat, trieb auch mich diese Frage um, meine eigene Vergangenheit lag immer noch schwer und düster auf mir. Ich hatte in den acht Jahren nach dem Ende des Krieges noch niemanden getroffen, mit dem ich über diese Zeit gelassen reden und dem ich auch meine eigenen Erfahrungen und Wahrnehmungen mitteilen konnte. Umso erstaunter war ich, wie schnell Hannah Arendt mich, den drängend Suchenden, erreichte – trotz oder vielleicht gerade wegen ihrer nervösen Gespanntheit, die doch auch in mir lag und die nach einer Lösung suchte. Oft begleitete ich sie noch nach dem Seminar zum Women's Faculty Club, in dem sie damals wohnte, und traktierte sie mit tausend Fragen.

Schuld – eine Frage der Perspektive

Aus dem Seminar von Hannah Arendt sind mir zwei Aussagen besonders in Erinnerung geblieben, die mir spontan einen Ausweg aus meiner Erstarrung und Isolation wiesen:

*Die persönliche Schuld, die uns als Mitglied einer Gesellschaft an deren Vergehen trifft, ist im allgemeinen viel **kleiner** als die Schuld, die uns Außenstehende hinterher zumessen. Unsere persönliche Schuld ist andererseits viel **größer** als die Schuld, die wir uns selbst eingestehen.*

Es war diese Doppel-Aussage, die mir auf einmal die Türe öffnete. Eine Frau, die als Jüdin Schlimmes in Deutschland, das sie einst liebte, erlebt hatte, erzählt von dem, was auch meine eigene Leidensgeschichte in Deutschland war. Ich fühlte mich bestätigt: Ja, so dachte ich, so war es, ich erinnere mich! Warum musste ich acht Jahre warten, bevor ein Außenstehender mich je nach meinem früheren Lebensweg befragte?

Die erste Aussage Hannah Arendts befreite mich davor, mich selbst ständig als Kriminellen betrachten zu müssen, nur weil ich einem Land, einem Volk angehört habe, das all diese Scheußlichkeiten und Verbrechen begangen hatte, von denen ich gar nichts wusste. Ja, wie viel konnte ich denn damals als 15-Jähriger wirklich wissen? Was war meiner Aufmerksamkeit entgangen? Die direkt erlebten und durchlittenen persönlichen Erfahrungen an Leid, Tod und Zerstörung sind doch so viel stärker und schmerzhafter als alles andere Schreckliche, das nur über Hörensagen zu uns dringt! Und mehr noch: Selbst schreckliche persönliche Erfahrungen verdichten sich doch nur dann genügend zu einem fassbaren Bild, zu etwas tatsächlich Geschehenen und laufen nicht Gefahr, sich in Traumgebilde zu verflüchtigen und verdrängt zu werden, wenn wir die Möglichkeit haben, uns mit anderen darüber intensiv zu verständigen (statt bloß im Geschwätz unsere Erfahrungen auszutauschen). Nur in einem echten Dialog können wir als Gefühl und mit Verstand bei unserem Gegenüber so etwas wie eine innere Betroffenheit erzeugen und von ihr selbst erfasst werden, nur in einem gemeinsamen, liebenden Dialog finden sich Antworten auf unsere Sinnfragen. An diesem Dialog hat es mir in all den Jahren gefehlt. In den Kriegsjahren hieß die Parole »Konzentriere dich voll auf die dir übertragenen dringenden Aufgaben! Rede nicht so viel, Feind hört mit!«, und in der Atmosphäre von allgemeinem Misstrauen und Angst wurde wahre Kommunikation behindert, verwandelte sich brennender Schmerz in Taubheit und Verschwiegenheit.

3 »Du musst dich einmischen, du musst ein Grenzgänger werden.« Hannah Arendt (1906–1975), deutsch-jüdische Philosophin und Politikwissenschaftlerin, die nach ihrer Emigration in den USA über die Ursprünge des Totalitarismus lehrte, darunter auch in Berkeley.

So befreiend für mich die erste Aussage war, weil sie mir wieder freies Atmen ermöglichte, so viel wichtiger und folgenschwerer empfand ich jedoch die zweite Aussage: dass uns alle *größere* Schuld trifft, als wir selbst glauben. Warum? Von unserem längeren Gespräch ist mir – in meiner eigenen Sprache – folgende Begründung in Erinnerung geblieben: Uns trifft größere Schuld, weil wir uns meist nicht frühzeitig und nicht energisch genug gegen die Anfänge einer sich abzeichnenden Katastrophe zur Wehr setzten! Wir machen uns nicht schuldig, wenn wir uns einer zu Tal donnernden Lawine nicht entgegenwerfen, denn sie würde ungehindert einfach über uns hinwegrollen. Wir machen uns jedoch dann schuldig, wenn wir jemanden am Betreten eines Lawinenfeldes nicht hindern, obwohl wir dessen Instabilitäten kennen oder davon gehört haben. Aus Bequemlichkeit oder Opportunismus gehen wir oft achtlos an Vorkommnissen vorbei, die uns Sorge bereiten sollten und müssten. Mit der leichtfertigen Redensart »Wo gehobelt wird, da fallen Späne« versuchen wir, mögliche schlimme und katastrophale Konsequenzen herunterzuspielen, lassen wir die Dinge einfach weiterlaufen.

Selbstverständlich ist es meist nicht leicht, zu wissen oder auch nur zu ahnen, ob wir wirklich ein Lawinenfeld vor uns haben oder nicht nur eines der normalen Geröllfelder, die wir schon einige Male vorher – vielleicht mit Mühe, aber ohne große Gefahr und Gefährdung anderer – überquert haben. Es verlangt von uns erhöhte Aufmerksamkeit und vor allem gesteigerte Umsicht und Vorsorge. Denn im Allgemeinen werden wir nicht zu einer angemessenen Beurteilung der Lage kommen, wenn wir nur das betrachten, was jeweils in unserem Blickfeld auftaucht oder direkt vor unseren Füßen liegt; wir müssen vielmehr bewusst den Blick auf das ganze Umfeld richten und uns ein Verständnis der Gesamtsituation verschaffen, wenn wir die Lage richtig einschätzen wollen. Wir benötigen dazu eine »Rundumorientierung«, und die verschaffen wir uns am besten, wenn wir das Gespräch, die Kommunikation mit anderen suchen, die unser Bild »abrunden«.

Meine Unterhaltungen mit Hannah Arendt haben damals wesentlich dazu beigetragen, mir die Augen für die größeren Zusammenhänge und für gesellschaftspolitische Fragen in ihrer Vielfalt und unterschiedlichen Bewertung zu öffnen. Eine Art Wende in meinem Leben: »Du musst dich einmischen, du musst ein Grenzgänger werden,« forderte Hannah Arendt mich auf. »Die Leute werden dich dafür nicht mögen, weil sie sagen: Schuster, bleib bei deinen Leisten, aber egal, was macht es: Es ist für dich wichtig – und für die anderen auch.«

Rückblickend frage ich mich noch immer, wie dies geschehen konnte: Innerhalb von 14 Tagen war aus mir ein anderer geworden, voller Optimismus, unternehmungslustig und tatkräftig in einer erweiterten Form. Ich bin einem Menschen begegnet, einer Jüdin, die vertrieben worden war und Schlimmes erlitten hatte, die aber dennoch fähig war, das Leben und Leiden eines »Gegners« nachzuempfinden und schildern zu können, ihn in zwei Wochen aus seinem Gefängnis zu befreien und ihm zugleich Mut zu machen für einen lebenswerten Neuanfang!

Kulturelle Vielfalt und Zuversicht

Es war letzten Endes diese Begegnung mit Hannah Arendt, die dazu geführt hat, dass ich wieder mit Überzeugung nach Deutschland zurück wollte, wie es ja auch mein ursprünglicher Plan war. Aber bevor es dazu kam, habe ich mich – neben meiner Promotion – voller Elan in die Arbeit im Internationalen Haus in Berkeley, in dem über 800 Studenten aus allen Kontinenten wohnten, gestürzt. Ich war dort für die nächsten zwei Jahre ein Vertreter der Studenten, eine Art Ombudsmann, und auch für die Organisation des Kulturprogramms mitverantwortlich. So viele Sprachen, so viele Kulturen, so viele Anregungen: Ich begann, diese prächtige Vielfalt zu lieben – und habe diese größere Welt seit dieser Zeit immer wieder gesucht und zu leben versucht!

Bei meinen hausinternen Tätigkeiten lernte ich Sue kennen, eine junge Amerikanerin, die 1954 von einem einjährigen Aufenthalt in Paris zurückgekehrt war und trotz ihrer »Minderjährigkeit« (sie war noch nicht 20) im »I-House« 1955 mit einigem Zuspruch, auch dem meinen, unterkommen konnte. Sie sollte später meine Frau werden. Sie war damals Musikstudentin, ein lebendiges Mädchen, das wusste, was es wollte. »Bist Du für die Musikräume verantwortlich?« »*Ja!*« »Kannst Du mir den Schlüssel zum Vortragsaal geben, ich muss ein Musikstück am Flügel üben für ein Vorspiel morgen an der Uni.« »*Nein, das geht leider nicht, der Flügel steht nur für Veranstaltungen zur Verfügung!*« »Aber ich brauche ihn.« »*Es geht nicht, überlege, wenn alle es wollten!*« »Es wollen doch nicht alle!« Sie bekam den Schlüssel, ich eine kleine Rüge der Obrigkeit.

Einmal die Woche, jeden Freitagabend, war im großen Saal Volkstanz, Tanz aus allen Ländern. Meine Aufgabe war lediglich, Stühle auszuräumen und notwendige Gerätschaften für die Musik aufzustellen. Ich stand oft am Rande und beobachtete mit Freude die Tanzenden. Da kam einmal Sue auf mich zu. »Warum schaust du nur zu? Warum tanzt du nicht mit?« fragte sie mich. »*Ach, weißt du, ich tanze gerne, aber ich bin zu alt für diese Spiele.*« Ich war damals 24 Jahre alt, fühlte mich aber um Jahrzehnte älter und wurde vielleicht auch in meiner Ernsthaftigkeit von anderen so eingeschätzt. Sue akzeptierte jedoch diese meine Antwort nicht und sagte: »Von innen erlebst du das ganz anders, als was du von außen siehst.« (Das Gespräch mit Hannah Arendt sollte mich später daran erinnern.) Sue ergriff meine Hand und zog mich einfach in den Tanz hinein. Sie hatte recht. Ich streifte auf einmal die vermeintlichen Jahrzehnte ab und war wieder jung, ausgelassen und unbeschwert!

Mit Musizieren, Singen und Tanzen, Gesprächen über Gott und die Welt, auf Wanderungen entlang der pazifischen Küste und in den Bergen der Sierra Nevada verbrachten wir immer mehr Zeit miteinander. Auf einem dieser Ausflüge fragte ich Sue: »*Was möchtest du mit deinem Leben anfangen?*« Sie antwortete: »Es ausfüllen mit Schönheit – Musik, Tanz, Literatur, Gärten, Kinder, Freundlichkeit, Freude, Liebe – für mich und meine Nächsten und so vielen anderen wie's geht.« Ich antwortete: »*Wunderbar! Ich will die Grenzen ausweiten, so weit es geht, Neues, Unbekanntes erforschen, in die Tiefe des Unbegreiflichen vordringen und seinen Sinn erleben. So machen wird das: Ich weite die Grenzen ins Grenzenlose und Du füllst die neuen sich ständig öffnenden Räume mit Schönem.*« Das war so gut wie ein Heiratsantrag.

Sue war durch ihre sehr bewegte Kindheit und Jugend (mit Stationen in Seattle, Hawaii, Massachusetts, New York und immer wieder Kalifornien) an Umziehen gewöhnt, und sah einem Umzug nach Deutschland mit Abenteuerlust und Zuversicht entgegen. Ich konnte sie nicht erschrecken mit

Geschichten von »Kohle aus dem Keller holen« oder »Wäsche von Hand auf einem Waschbrett waschen«. Auch meinen lang ersehnten Plan, nach Deutschland zurückzukehren, jedoch in Richtung Westen, auf dem langen Weg über Asien mit Besuchen bei unseren vielen Freunden, musste ich nicht streichen. Sie plante begeistert mit und trug zur Reisekasse bei.

Ihr Vater musste seine alten sozialistischen Freunde beruhigen, dass seine Tochter ausgerechnet einen Deutschen heiratet. Für ihn war es wohl auch eine Art Versöhnungsprojekt. Und beide Eltern nahmen mich mit großer Zuneigung und Wärme auf. Wir heirateten im Kreise ihrer Familie und unserer »I-House«-Freunde, die alle aus ihren verschiedenen Heimaten etwas zum Feste darboten.

Ein Jahr später, im September 1957, fuhren wir mit Gitarre und Vortrags-notizen im Gepäck auf dem japanischen Frachter »Koka Maru« von San Francisco westwärts nach Japan und weiter über China, Thailand, Indien, Pakistan, Iran, Irak, Türkei bis wir Weihnachten in Deutschland bei meiner Familie ankamen.

Ein neuer Lebensabschnitt begann für beide von uns, der uns in über 50 Jahren weitere und größere Flügel wachsen ließ und uns auch zur Begegnung der vielfältigen Herausforderungen den geeigneten Schwung und die nötige Kraft verlieh.

Der Auszug aus dem Elfenbeinturm – die »Göttinger Erklärung«

Im Mai 1956 reiste ein mir bis dahin unbekannter bayerischer Politiker in die USA. Es war Franz Josef Strauß. Er kam in Begleitung von Otto Haxel aus Heidelberg, Mitglied der Deutschen Atomkommission. Sein erster Besuch galt meinem Doktorvater Edward Teller. Teller sprach Deutsch und vor allem: Er hatte bei Werner Heisenberg promoviert. Das machte ihn für Strauß interessant.

Ich, wie auch Haxel, waren bei den Gesprächen zwischen Teller und Strauß im Lawrence Radiation Laboratory in Berkeley dabei. Strauß war ein Jahr zuvor die Leitung des neu gegründeten Bundesministeriums für Atomfragen übertragen worden (aus dem später das heutige Bundesministerium für Bildung und Forschung entstanden ist). Aufgabe des Ministeriums war es, die friedliche Nutzung der Kernenergie voranzutreiben. Parallel dazu hatte Strauß, der wenige Monate nach seinem Amerikabesuch zum Verteidigungsminister der Regierung Adenauer ernannt wurde, auch militärische Ambitionen. Strauß verfolgte offensichtlich zwei Ziele: die friedliche Nutzung der Kernenergie und letztlich die atomare Bewaffnung der Bundeswehr. So wurde in den Gesprächen deutlich: Strauß sah in Heisenberg weniger den genialen Physiker als vielmehr den potenziellen Bombenbauer, der ja während des Krieges im Rahmen des Kaiser-Wilhelm-Instituts für Physik in Berlin – und später nach Haigerloch evakuiert – leitend am Bau eines Uranbrenners beteiligt war.

Welche Ironie des Schicksals, dass es ausgerechnet dieser Franz Josef Strauß war, der mir den Weg nach Deutschland und zu Werner Heisenberg ebnen sollte. Werner Heisenberg sollte damals von Göttingen nach München kommen, um dort zusammen mit Heinz Maier-Leibnitz ein Atomforschungszentrum aufzubauen. Das, woran Heisenberg derzeit forschte, eine fundamentale Quantentheorie der Materie, war genau die Physik, von der ich träumte, sie nach meiner Promotion betreiben zu können. Für mich war Heisenberg der Künstler-Wissenschaftler, der eine paradox erscheinende neue Theorie in die Welt gesetzt hatte, die bei seiner Interpretation eine Revolution für die Physik und unser Weltbild auslöste. Von all dem hat

Strauß vermutlich nichts geahnt, als er mir von sich aus vorschlug: »Kommen Sie doch nach Deutschland zurück – zu Heisenberg.« – »Ja, ich komme«, hörte ich mich spontan sagen. Konkret wurde vereinbart, dass ich nach einer einjähriger Verlängerung meines Amerikaaufenthalts zum Abschluss meiner Arbeiten durch ein deutsches Stipendium, das mir Strauß besorgen wollte, nach Deutschland zurückkomme.

Und so geschah es. Als ich nach meiner kleinen Weltreise mit Sue Anfang 1958 nach Deutschland zurückkehrte, die Promotion bei Edward Teller in der Tasche und in Vorfreude auf die Studien bei Heisenberg, schlug gerade die Diskussion über die atomare Bewaffnung der Bundeswehr hohe Wellen.

Aufmüpfige Wissenschaftler – empörte Politiker

Auf einer Pressekonferenz in Bonn hatte sich Bundeskanzler Konrad Adenauer (Abbildung 4) am 5. April 1957 – eher beiläufig und wie selbstverständlich – zu der vor allem von Strauß propagierten atomaren Bewaffnung der Bundeswehr bekannt und angekündigt:

»Die taktischen atomaren Waffen sind im Grunde genommen nichts anderes, als eine Weiterentwicklung der Artillerie, und es ist ganz selbstverständlich, dass bei einer so starken Fortentwicklung der Waffentechnik wir nicht darauf verzichten können, dass unsere Truppen auch die neuesten Typen haben und die neueste Entwicklung mitmachen [...]«.

Eine »taktische atomare Waffe« – das war auch jener »Little Boy«, der am 6. August 1945 über Hiroshima abgeworfen wurde und Hunderttausende von Menschen das Leben kostete. Entsprechend groß war die Empörung, ja Fassungslosigkeit unter vielen Wissenschaftlern. »Jetzt ist aber Schluss. Jetzt müssen wir was tun. Das ist der Übergang zur Atombewaffnung!«, erboste sich der damals in Deutschland bekannte Münchner Kernphysiker Walther Gerlach. Er gehörte wie etliche andere Atomphysiker auch dem in der Atomkommission verankerten Arbeitskreis Kernphysik an. Der Kontakt zur Adenauer-Regierung war ein durchaus konstruktiver, die Beratung durch die Wissenschaftler wurde von politischer Seite gesucht und gewünscht.

Allerdings änderte sich der Ton, als Franz Josef Strauß 1956 erster Atomminister der Bundesrepublik wurde. Nach den »Pariser Verträgen« von 1955 war in Deutschland die Atomforschung wieder zugelassen, Strauß war ein begeisterter Anhänger der neuen Technologie und förderte sie als Vorsitzender der »Deutschen Atomkommission«, wo er nur konnte (in diesem Zusammenhang war auch sein Besuch bei Edward Teller zu sehen). Der Verdacht, dass er in den Besitz von Atomwaffen kommen wollte, ver-

4 »Nichts anderes als eine Weiterentwicklung der Artillerie.« Auf einer Pressekonferenz am 5. April 1957 kündigte der damalige Bundeskanzler Konrad Adenauer die atomare Bewaffnung der Bundeswehr an, was zu heftigen Debatten im Deutschen Bundestag führte. Am Rednerpult Carlo Schmid (SPD) bei der Debatte am 10. Mai 1957. Auf der Regierungsbank Bundeskanzler Adenauer.

stärkte sich bei den Wissenschaftlern von dem Moment an, als Strauß Bundesverteidigungsminister wurde. Sein Feindbild war die »Rote Armee«, gegen die nur »moderne Waffen« – sprich Atomwaffen – eine gleichwertige Ausrüstung darstellten.

Dagegen hatten einige der Wissenschaftler, die später die »Göttinger Erklärung« unterschrieben, bereits im November 1956 ihre Bedenken geäußert: In einer Atombewaffnung der Bundeswehr »sehen [wir] eine Gefahr für Deutschland und einen Nutzen für niemanden«. Sie forderten den Minister auf, »öffentlich zu erklären, dass die Bundesrepublik Atomwaffen weder herzustellen noch zu lagern gedenke«. Strauß tobte über die Anmaßung der Wissenschaftler, sich in die Politik einzumischen; für die Wissenschaftler wiederum war das Maß dann wenige Monate später mit dem verharmlosenden Satz von Konrad Adenauer (*»nichts anderes als eine Weiterentwicklung der Artillerie«*) voll.

Am 12. April 1957 veröffentlichten 18 international renommierte deutsche Atomphysiker, darunter auch die vier Nobelpreisträger Werner Heisenberg, Max Born, Max von der Laue und Otto Hahn (der Entdecker der Uranspaltung, durch die die Kerntechnik überhaupt möglich wurde), die sogenannte »Göttinger Erklärung«. Der Philosoph und Atomphysiker Carl

Friedrich von Weizsäcker, der damals an der Universität Göttingen lehrte, war der politische Kopf und Initiator der Gruppe:

»Die Pläne der atomaren Bewaffnung der Bundeswehr erfüllen die unterzeichnenden Atomforscher mit tiefer Sorge [...]. Die Unterzeichner fühlen sich daher verpflichtet, öffentlich auf einige Tatsachen hinzuweisen, die alle Fachleute wissen, die aber in der Öffentlichkeit noch nicht hinreichend bekannt zu sein scheinen. [...] Jede einzelne taktische Atombombe [...] hat eine ähnliche Wirkung wie die erste Atombombe, die Hiroshima zerstört hat [...] Heute kann eine taktische Atombombe eine kleinere Stadt zerstören, eine Wasserstoffbombe aber einen Landstrich von der Größe des Ruhrgebiets zeitweilig unbewohnbar machen [...].«

Besonders empört hatten die Politiker die politischen Schlussfolgerungen, die von den aufmüpfigen Wissenschaftlern gezogen wurden:

»Für ein kleines Land wie die Bundesrepublik glauben wir, dass es sich heute noch am besten schützt und den Weltfrieden noch am ehesten fördert, wenn es ausdrücklich und freiwillig auf den Besitz von Atomwaffen jeder Art verzichtet. Jedenfalls wäre keiner der Unterzeichneten bereit, sich an der Herstellung, der Erprobung oder dem Einsatz von Atomwaffen in irgendeiner Weise zu beteiligen [...].«

Die Resonanz der »Göttinger Erklärung« in der Öffentlichkeit war überwältigend, eine ganze Woche lang wurden die Einwände der Wissenschaftler in den überregionalen Zeitungen diskutiert. Bundeskanzler Konrad Adenauer fühlte sich persönlich angegriffen, zumal ihn keiner der Wissenschaftler vorher konsultiert hatte. Einen solchen »Ungehorsam« einer Regierung gegenüber hatte es noch nie zuvor gegeben. Franz Josef Strauß sprach den Unterzeichnern schlicht eine »ausreichende Kenntnis der politischen und militärischen Zusammenhänge« ab.

An einer Fortsetzung ihres politischen Engagements nach der »Göttinger Erklärung« waren die daran beteiligten Atomphysiker allerdings nicht mehr interessiert. Sie hatten ihre Bedenken vorgetragen und gingen nun wieder ihrer wissenschaftlichen Arbeit nach.

Dennoch war die »Göttinger Erklärung« ein mutiger Schritt. Erstmals sind die renommiertesten Wissenschaftler eines Fachs gemeinsam aus ihrem Elfenbeinturm herabgestiegen, haben sich eingemischt in eine hochbrisante politische Debatte und eindeutig Position für den Frieden und gegen das atomare Wettrüsten bezogen: ein Aufstand des Gewissens. Und gut zu wissen, dass mein zukünftiger Lehrer Werner Heisenberg diese politische Einmischung mitgetragen hat.

KAPITEL II
Warum Wissenschaft
nicht wertfrei ist

»Kein Physiker, kein Biologe,
Ökonom oder Chemiker
ist mehr Experte für das Politische
als alle übrigen nachdenklichen
Staatsbürger.«

Werner Heisenberg –
philosophischer Physiker und Vorbild

Werner Heisenberg war zwei Jahrzehnte lang mein unvergessener Lehrmeister. Ich hatte das große Glück, ihn als enger Mitarbeiter in Göttingen und später dann in München zu begleiten und aktiv an der Gestaltung einer »Einheitlichen Theorie der Materie« mitzuwirken. Das war schon immer mein wissenschaftliches Ziel gewesen – nicht die Entwicklung von Kernreaktoren, die sich Franz Josef Strauß von meiner Arbeit mit Werner Heisenberg erhofft hatte.

Edward Teller, der in den späten 1920er-Jahren selbst bei Werner Heisenberg gearbeitet hatte und promoviert wurde, hatte mir eine Zusammenarbeit mit dem kreativen Physiker wärmstens angeraten. Eine solche Überredung war allerdings bei mir kaum nötig, da Heisenberg für mich wie für viele meiner wissenschaftlich interessierten Altersgenossen, die bei Kriegsende noch Teenager waren, damals so eine Art Halbgott war. Wir wussten, dass Werner Heisenberg bereits mit 23 Jahren Professor für Theoretische Physik geworden war und ein Jahr als Rockefeller-Stipendiat bei Niels Bohr an der Universität Kopenhagen studiert hatte. Über ihn als Mensch wussten wir allerdings wenig und fast gar nichts über seine Quantenphysik. Vielleicht waren es die seltsamen Begriffe wie »Matrizenmechanik«, »Unbestimmtheitsrelationen« oder »Quantenfeldtheorie«, die uns faszinierten? Weil sie so unverständlich waren, erschienen sie uns wie geheimnisvolle Botschaften von einer anderen, von einer besseren Welt, in die wir zu entfliehen suchten. Diese Begriffe lernte ich zum ersten Mal 1947 kennen, als ich noch als Schüler Abendkurse über Atomphysik an der Volkshochschule Stuttgart besuchte. Selbstverständlich verstand ich nicht viel davon. Aber ich nahm mir vor, Physik zu studieren, um all dies einmal begreifen zu können. In meiner Begeisterung fuhr ich damals in den Sommerferien mit einem Schrottfahrrad nach Göttingen, nur um Heisenberg zu sehen. Er war dann leider gar nicht da – und mein Fahrrad am Ende meiner Fahrt unbrauchbar.

Dieses erhabene Bild von Heisenberg stand im Kontrast zu einem ganz anderen Bild, das mir oft von Kollegen und Freunden in den USA gezeichnet wurde, die Heisenberg – wie es einmal Freeman Dyson ausdrückte, der mir kurz vor meiner Rückkehr nach Deutschland meine angestrebte Zusammenarbeit mit Heisenberg ausreden wollte – als einen »teutonischen Paranoiker« sahen: ein Ehrgeizling, der alle Dinge besser und schneller machen wollte, um seine Überlegenheit zu beweisen, der mit Arroganz und unzureichendem Vermögen immer nur die fundamentalsten und anspruchsvollsten Probleme anging, weil er sich nicht bescheiden konnte, kleinere Schritte zu machen und die mühselige Detailarbeit eines gediegenen wissenschaftlichen Handwerkers zu leisten.

Als ich Werner Heisenberg Anfang 1958 zum ersten Mal begegnete, war ich wohl am meisten darüber überrascht, dass er weder ein Halbgott noch dieser Ehrgeizling war, sondern ein Mensch ganz anderer Art und Statur: jugendlich und vital (er war damals 57 Jahre alt), ganz anders als das unpersönliche Denkmal, auf das ich innerlich eingestellt war; engagiert, gutmütig, bescheiden und künstlerisch, was ganz im Kontrast zu der trockenen und formalen Intelligenz stand, die einem bei Begriffen wie »Matrizen« oder »Quantenfeldtheorie« in den Sinn kommt. Anfänglich wirkte er schüchtern, fast verlegen. Er stellte einige höfliche Fragen, ohne richtig mit den Gedanken dabei zu sein, doch verschwand diese Scheu, sobald sich die Unterhaltung wissenschaftlichen Fragen zuwandte. Mit Begeisterung erzählte er mir sofort über seine augenblicklichen Forschungsarbeiten.

Arbeitsalltag mit Werner Heisenberg

Vom ersten Tag an im Institut, das im Herbst 1958 von Göttingen nach München übersiedelte, wurde man mit dem Heisenbergschen Arbeitsstil vertraut. Heisenberg erschien gewöhnlich etwa um neun Uhr und erledigte zunächst seine vielfältigen Verwaltungsarbeiten zielstrebig und enorm effizient. Er war kein Freund solcher Tätigkeiten und deshalb ständig bemüht, sie mit einem guten Blick fürs Wesentliche auf ein Minimum zu beschränken. Ein stark ausgeprägtes Pflichtgefühl hinderte ihn daran, die Reduktion nicht zu übertreiben. Seine Verwaltungstätigkeit zog sich bis etwa 12 oder 13 Uhr hin. Dann stürzte er sich mit Eifer in sein wissenschaftliches Programm, meistens, indem er uns Mitarbeiter zu Diskussionen zu sich rief oder mit uns einzeln intensive Gespräche in seinem Arbeitszimmer führte. Diese Diskussionen dauerten etwa bis 14 Uhr und wurden dann meist abrupt abgebrochen, weil zu Hause das Mittagessen wartete. Man trennte sich, jeder hatte seine Arbeit zugeteilt bekommen.

Nachmittags blieb Heisenberg gewöhnlich zu Hause, um die Arbeiten durchzuführen, die seine ganze Konzentration erforderten. Um etwa 17 Uhr kam er ins Institut zurück, beteiligte sich an unseren Seminaren und rund eine Stunde später stand er für eine zweite Diskussionsrunde bereit, in der er den Faden vom Vormittag unweigerlich mit der Frage »Na, wie steht es?« wieder aufnahm und wissen wollte, ob sich schon die geäußerten Vermutungen, Hoffnungen und Zweifel bestätigt hatten oder verworfen werden mussten oder konnten. Besonders wenn man nicht seine Meinung teilte, musste man hart am Ball bleiben. Allein handfeste Gegenargumente zählten, denn Heisenberg neigte dazu, unbefangen an seinem optimistischen Gedankengebäude weiterzubauen; dessen »Abriss« erforderte später große argumentative Mühe von seinem Kontrahenten. Diese Unterhaltungen gingen bis in den Abend hinein. Dann nahm er sich selbst all die Probleme und offenen Fragen vor, und es konnte sein, dass man kurz vor Mitternacht noch einen Anruf von ihm bekam und in einen wissenschaftlichen Disput verwickelt wurde. Dieses Wechselspiel der Gedanken, dieser Austausch von Meinungen, Vermutungen und Beweisen war etwas Wunderschönes.

»Wissenschaft wird von Menschen gemacht«. Dies ist nicht zufällig der erste Satz eines der Hauptwerke Werner Heisenbergs, das den Titel trägt: *Der Teil und das Ganze*. Heisenberg hat uns, seinen Schülern und Mitarbeitern, immer wieder zu verstehen gegeben, welche zentrale Bedeutung der wissenschaftliche Dialog für ihn hat (Abbildung 1). Insbesondere in der kreativen Anfangsphase gab er der Umgangssprache gegenüber der mathematischen Ausdrucksweise den Vorzug, da sie unschärfer war und sich deshalb für »Tastversuche« besser eignete als das Präzisionswerkzeug der Mathematik. Er dachte dabei laut vor sich hin, sprach langsam und konzentriert, oft mit geschlossenen Augen oder an die Decke blickend, die Hände mit gespreizten Fingern aneinandergelegt. Er war geduldig beim Zuhören, unterbrach selten. Im Mittelpunkt des Gesprächs stand das gemeinsame Problem und der Wunsch, es zu erfassen und zu klären. Man tastete sich heran, spielte es dem anderen zu wie in einem freundschaftlichen Tischtennisspiel, wo beide darauf achten, dass der Ball im Spiel bleibt. Die ganze Aufmerksamkeit war darauf gerichtet, den Gesprächspartner wirklich zu verstehen und ihn nicht sophistisch über seine mangelhafte oder unzureichende Ausdrucksweise stolpern zu lassen. Man konnte stammeln, man konnte vage, ja unverständlich reden, und der andere würde erraten, was man eigentlich sagen wollte, würde es in eigenen, anderen Worten wiederholen, sodass man oft erfreut ausrufen konnte: »Ja, genau, so ist es; so hatte ich es gemeint!«

Während eines solchen ausgedehnten und intensiven Gedankenaustauschs verschärften sich die Vorstellungen und Begriffe, ihre Konturen wurden klarer erkennbar. Dadurch verstärkten sich auch die Reibungsflächen, da in der Konkretisierung inhärente Schwierigkeiten und Unverträglichkeiten deutlicher zutage traten. In diesem Stadium konnten die Diskussionen recht hitzig werden. Heisenberg kämpfte für seine Ideen mit unerbittlicher Hartnäckigkeit. Auf beiden Seiten wurde in aller Schärfe kritisiert, aber keiner musste verletzen, da die Auseinandersetzungen mehr einem sportlichen

1 »Ein gedanklich hoch sensibilisierter, inspiriert suchender Wissenschaftler.«
Der Nobelpreisträger Werner Heisenberg im Gespräch mit seinem langjährigen Assistenten und späteren Nachfolger Hans-Peter Dürr.

46 Kapitel II – Warum Wissenschaft nicht wertfrei ist

Duell glichen. Ein »Das geht nicht!« war für Heisenberg ein Mangel an Phantasie, und er setzte seinen ganzen Ehrgeiz daran, durch ein geeignetes Beispiel das Gegenteil zu beweisen. Diese Art der geistigen Auseinandersetzung hatte Heisenberg in der Vergangenheit ausgiebig geübt, insbesondere mit seinem Freund, dem Physiker Wolfgang Pauli, der besonders kritisch war. Es gelang ihm nicht immer, Pauli letztlich von seinen Ideen zu überzeugen, aber er betrachtete sie als hinlänglich verlässlich und veröffentlichungsreif, wenn Pauli kein Gegenargument finden konnte.

Wir bewunderten Heisenberg wegen seines unbezwingbaren Optimismus, der für junge Leute so ansteckend war, wegen seines Muts, seinen eigenen Weg kraft seiner Überzeugung unbeirrbar und unbeeindruckt durch Kritik weiterzugehen. Er hat uns vorgelebt, was Suchen, Forschen, Verstehen und Erkennen heißt. Er hat uns gelehrt, dass Wissenschaft etwas äußerst Aufregendes und Schönes sein kann, wenn man bereit ist, sich mit voller Kraft zu engagieren.

Heisenberg und die Entwicklung der »Uranmaschine«

Nur wenige, so glaube ich, haben Heisenberg so erlebt wie ich in unseren vielen Gesprächen: als einen gedanklich hoch sensibilisierten, inspiriert suchenden, musischen und schöpferisch vielfältigen Menschen. Vielen erschien er im Alter eher als scheu und schüchtern – ganz im Kontrast zu dem unternehmungslustigen, tatkräftigen und fröhlichen Heisenberg, wie er als junger Mensch geschildert wird. Dieser lebendige, jugendliche Heisenberg zeigte sich jedoch immer wieder, sobald Widersprüche in unseren Gesprächen und gemeinsamen Betrachtungen auftraten. Die gedämpfte Haltung hingegen hatte viel mit der feindseligen Atmosphäre zu tun, die ihm nach dem Krieg beim ersten neuen Kontakt mit Kollegen begegnete, mit denen er damals im Umkreis von Niels Bohr die Geburt der modernen Physik erlebt hatte.

»Ein Teil der Schuld lag dabei auch bei mir«, sagte Heisenberg einmal in diesem Zusammenhang. »Ich habe mich nicht genügend in die Situation des anderen versetzen können. Das Ende des Krieges war doch für viele von uns wie die Möglichkeit eines Gefangenen, endlich aus einem Kerker auszubrechen, um endlich wieder einen früheren Freund zu besuchen und ihn zu umarmen. Stattdessen aber schreckt dieser vor dir zurück, weil er in dir nicht den Gefangenen, sondern den Kerkermeister sieht.«

Ich habe diese feindselige Atmosphäre während meiner Zusammenarbeit mit Heisenberg selbst miterlebt und darunter gelitten, dass er oft von seinen Kollegen so schlecht behandelt wurde. Dies hatte viel damit zu tun, dass man in ihm den Physiker sah, der während des Krieges für

Hitler eine Atombombe bauen wollte, dies aber wegen mangelhafter Expertise nicht zustande gebracht habe.

Heisenberg war 1939 bei Beginn des Krieges ein junger Physikprofessor, der sich mit Fragen der modernen Physik befasste, für die er 1932 den Nobelpreis erhalten hatte. Mit der Entdeckung der Uranspaltung durch Otto Hahn und der prinzipiellen Möglichkeit einer Kettenreaktion solcher Uranspaltungen wurde vielen Wissenschaftlern klar, dass damit, im Vergleich zu chemischen Prozessen, Energie in millionenfacher Stärke freigesetzt werden kann. Das Gespenst einer kriegsentscheidenden Atomkernbombe tauchte damals auf. In Deutschland führte dies dazu, dass das Kaiser-Wilhelm-Institut für Physik in Berlin, das diesen Fragen auf die Spur gekommen war, dem Heereswaffenamt untergeordnet wurde. Als Theoretiker war Heisenberg nur wissenschaftlicher Berater des Atomkernprojekts. Es war für alle daran beteiligten Physiker eine heikle Frage, ob sie sich überhaupt auf dieses gefährliche Abenteuer einlassen sollten. Heisenberg erzählte mir, wie er 1941 in seinen theoretischen Untersuchungen zur »Uranmaschine« erkannt hatte, dass eine Kettenreaktion im Prinzip möglich sei und damit auch eine Entfesselung extrem hoher Energien wohl realisiert werden kann. Durch eine mehrwöchige theoretische Untersuchung stellte Heisenberg jedoch fest, dass selbst bei optimistischer Betrachtung der Bau einer Bombe, wenn sie denn überhaupt möglich sei, hauptsächlich wegen einer dazu nötigen Anreicherung des spaltbaren Uranisotops U^{235} mindestens drei Jahre benötigen würde – im Gegensatz zu einem Uranbrenner, einem Kernreaktor, der Energie langsam erzeugt. »Diese Feststellung war für mich eine enorme Erleichterung,« sagte mir Heisenberg, »weil ich wusste, dass damit der Bau einer Bombe für den Krieg, so wie er ablief und wie sein Verlauf für die unmittelbare Zukunft eingeschätzt wurde, keine Bedeutung mehr haben würde. Unter diesen Umständen bin ich weder ein Held und Verhinderer noch aber auch ein Befürworter der Atombombe gewesen.«

Nicht zuletzt aufgrund dieser Berechnungen Heisenbergs hatte die Heeresführung eingesehen, dass es völlig unrealistisch war, eine Atombombe in der von Hitler vorgegebenen Zeit von einem bis maximal anderthalb Jahren zu bauen. Deshalb wurde das Institut für Physik der Kaiser-Wilhelm-Gesellschaft bereits im Juli 1942 wieder ausgegliedert. Und zusammen mit dieser Wiederausgliederung aus dem Heereswaffenamt wurde auch der Forschungsauftrag des Instituts geändert: Von nun an ging es allein darum, insbesondere für zivile Zwecke eine »Uranmaschine« als Energieerzeuger (ähnlich den heutigen Kernreaktoren) zu bauen.

Alles dies war im Übrigen dem englischen Geheimdienst und in der Folge auch der amerikanischen CIA bekannt. Die Kernphysiker, die im Rahmen des amerikanischen Manhattan-Projekts in Los Alamos an der Entwicklung einer

Kernspaltungsbombe arbeiteten, wurden von den Geheimdiensten über diese Änderung jedoch nicht informiert. Es ist mir nicht klar, ob dies mit der Absicht geschah, die Physiker zu größerem Tempo anzutreiben. Einige Historiker behaupten, dass für viele Militärs in den USA nicht die Bombenpläne in Deutschland, sondern der Angriff der Japaner auf Pearl Harbor am 7. Dezember 1941 der wesentliche Antrieb dafür war, eine Atombombe zu entwickeln. Trotz neuerlicher Dokumente, die auf diesen Zusammenhang hindeuten, sind viele meiner amerikanischen Kollegen nicht bereit, dieses Motiv für die eigenen Bombenpläne anzuerkennen. Stattdessen wird von einigen nach wie vor in Heisenberg eine Art »Bin Laden« gesehen, dem es im Dienste der Nazis um die Entwicklung einer Massenvernichtungswaffe ging.

Kopenhagen 1941 – Das Treffen mit Niels Bohr

Eine Diskussion über den einwöchigen Besuch Heisenbergs mit seinem früheren, hochverehrten Lehrer Niels Bohr in Kopenhagen Mitte September 1941 – also nach der deutschen Besetzung Dänemarks im April 1940 und nach dem Beginn des deutschen Russlandfeldzuges im Juni 1941 – hat zu jahrelangen Kontroversen geführt, die in gewisser Weise noch immer anhalten, weil eine Klärung nicht möglich erscheint, da beide Protagonisten längst verstorben sind und es keine weiteren Zeugen des entscheidenden Gesprächs zwischen Heisenberg und Bohr gab.

Heisenberg war im September 1941 zu einer Sitzung deutscher Wissenschaftler ins Deutsche Wissenschaftliche Institut nach Kopenhagen eingeladen. Laut Stefan Rozenal, einem polnischen Atomphysiker und langjährigen Assistenten von Niels Bohr, sei diese Institution von der Besatzung errichtet worden, vermutlich in der Absicht, das Verhältnis der Dänen gegenüber Deutschland zu verbessern. Jedenfalls veranstaltete man dort Vorträge deutscher Wissenschaftler, zu denen auch dänische Gäste eingeladen wurden. Solche Vorträge wurden damals aber weitgehend von den Dänen boykottiert. Heisenberg sollte 1941 im Rahmen der astrophysikalischen Konferenz des Deutschen Wissenschaftlichen Instituts über den gegenwärtigen Stand der Erforschung der kosmischen Strahlung referieren. Auch er hatte den Eindruck, »dass unsere Beziehungen zu den wissenschaftlichen Kreisen in Skandinavien jetzt sehr schwierig sind. Man stößt überall auf eine sehr reservierte, oft auch ablehnende Haltung.« Die dänischen Kollegen ihrerseits waren vom Verhalten Heisenbergs bei einem Lunch im Institut äußerst befremdet; der Bohr-Biograf Abraham Pais schildert dies so: »Heisenberg sprach mit großer Zuversicht über den Fortschritt der Deutschen bei ihrer Offensive in Russland [...]. Er betonte, wie wichtig es sei, dass Deutschland diesen Krieg gewinne.«

Helmut Rechenberg, einer der weltweit führenden Historiker der Quantentheorie, erklärt diese Äußerung Heisenbergs aus der Funktion heraus, die der Physiker damals innehatte: Ein deutscher Geheimnisträger stand im Ausland unter besonders strenger Beobachtung und hätte sich keinerlei Zweifel am Endsieg des Dritten Reiches erlauben dürfen. Rechenberg ist Heisenbergs letzter Doktorand, Mitherausgeber von dessen Gesammelten Werken und langjähriger Leiter des Werner-Heisenberg-Archivs. Er hat in seinem 2005

2 »Im Widerspruch zu der klassischen Physik.«
1926/27 dozierte Werner Heisenberg am Institut von Niels Bohr in Kopenhagen. Durch die Diskussionen der beiden Forscher entwickelte sich die »Kopenhagener Deutung« der Quantentheorie.

veröffentlichten Aufsatz *Kopenhagen 1941 und die Natur des deutschen Uranprojektes* die näheren Umstände des Kopenhagener Besuchs Heisenbergs umfangreich dokumentiert und analysiert. Seine Deutung der Ereignisse deckt sich auch mit dem, was Heisenberg mir in persönlichen Gesprächen über die damalige Zeit erzählte.

Niels Bohr und Werner Heisenberg hatten in einem gewissen Sinne eine Vater-Sohn-Beziehung (Abbildung 2). Heisenbergs letzte Begegnung mit Bohr vor ihrem Treffen im September 1941 lag drei Jahre zurück, und es war verständlich, dass er nach einer Möglichkeit suchte, Niels Bohr unter den neuen Umständen aufzusuchen, um ihm eventuell – wenn nötig – beizustehen; aber auch, um seinen Rat einzuholen, wie mit den neu gewonnenen Erkenntnissen der von Otto Hahn und Fritz Strassmann 1938 entdeckten Uranspaltung umzugehen sei.

Heisenberg hatte in Kopenhagen nicht, wie allgemein angenommen, nur *ein* Gespräch, sondern insgesamt drei: ein Gespräch am Tage seiner Ankunft in Kopenhagen, in dem man sich über die jeweiligen Familien unterhielt; ein zweites zwei Abende später, das offenbar »völlig schiefgegangen« ist, wie Heisenberg unmittelbar nach dem Treffen zu Carl Fried-

rich von Weizsäcker, der ebenfalls nach Kopenhagen eingeladen war, zu-
gab. Und schließlich drittens eine trotz allem überraschend harmonische
Zusammenkunft mit Bohrs Familie am Vorabend seiner Abreise, die in den
historischen Berichten meist unterschlagen wird.

Bei seiner entscheidenden, zweiten Begegnung, einem Abendspaziergang
mit Bohr, der bereits nach einer Viertelstunde abgebrochen wurde, war wohl
zweierlei »schiefgegangen«: Zum einen war Heisenberg davon ausgegangen,
dass er sich wie früher ohne Schwierigkeit mit Bohr würde verständigen können, was jedoch eine Nähe voraussetzte, die unter den neuen äußeren Umständen nicht vorhanden war. (Zumal Bohr über Heisenbergs allzu zuver-
sichtliche Äußerung über den Ausgang des Krieges bei dem Instituts-Lunch
informiert war.) Zum anderen war Niels Bohr damals noch der – auch von
vielen anderen – vertretenen Meinung, dass eine Energieentfaltung durch
Kernspaltung gar nicht möglich sei. Dass Heisenberg aber in dem Gespräch
sagte, dass dies seiner Meinung nach sehr wohl prinzipiell möglich sei (jedoch
viel Zeit und einen »wahnsinnigen Aufwand« benötigte), hatte ihn erschreckt.

Erst 1948 widmet sich Heisenberg noch einmal diesem Abendspaziergang mit Bohr:

*»Ich begann das Gespräch [...] mit der Frage an Bohr, ob er der Ansicht sei,
dass man als Physiker das moralische Recht habe, an der praktischen Ausnützung der Atomenergie zu arbeiten. Bohr fragte zurück, ob ich denn glaube,
dass die Atomenergie in diesem Kriege praktisch angewendet werden könne.
Ich antwortete: ja, das weiß ich. Als ich merkte, dass dieser Satz Bohr sehr
beunruhigte, fügte ich etwa hinzu (was auch während des ganzen Krieges bis
Hiroshima meine Überzeugung war): es handle sich ja zunächst sicher nur
um die Energieausnützung in Maschinen, die Herstellung von Bomben erfor-
dere ja wohl einen so wahnsinnigen Aufwand, dass der Krieg vorher zu Ende
gehen würde. Ich wiederholte dann meine Frage, ob Bohr glaube, dass wir
deutschen Physiker an solchen Problemen arbeiten dürfen und sollen. Bohr
antwortete zu meiner Überraschung ausweichend, dass ja die Physiker aller
Länder zu Kriegsarbeiten eingesetzt wären, dagegen sei wohl nichts zu sagen.
Bohr ging aber nicht weiter auf diese Frage ein, ich hatte den Eindruck, dass
er beunruhigt war und die Frage nicht weiter mit mir diskutieren wollte. Auch
ich selbst war beunruhigt, weil ich mir Bohrs Zurückhaltung nicht ganz erklären konnte.«*

Von Niels Bohrs Seite gab es bisher – so betont Rechenberg in seiner Doku-
mentation – zu dem Gespräch vorwiegend Berichte aus zweiter Hand, wobei
die zuverlässigsten wohl von seinem Sohn Aage und von Stefan Rozenol
stammten, die beide Heisenbergs Besuch im September 1941 miterlebt hatten. So schrieb Aage Bohr: »Bei einem privaten Gespräch mit meinem Vater

warf Heisenberg die Frage nach der militärischen Nutzung der Kernenergie auf. Mein Vater reagierte sehr zurückhaltend und äußerte sich sehr skeptisch angesichts der großen technischen Schwierigkeiten, die zu lösen wären, er hatte jedoch den Eindruck, dass Heisenberg der Auffassung war, dass diese neuen technischen Möglichkeiten den Ausgang des Krieges entscheiden könnten, wenn sich dieser noch länger hinzöge.«

Von Bohr liegt noch ein weiterer Bericht über Heisenbergs Besuch im Jahre 1941 vor, den der russische Physiker Eugen Feinberg vermittelte. Dieser berief sich auf Notizen über ein Gespräch, das Niels Bohr anlässlich seines Moskaubesuches von Mai 1961 führte. Bohr meinte damals im Kreise von Feinberg und einigen Kollegen im Lebedev-Institut der Sowjetischen Akademie der Wissenschaften:»Der [Heisenberg] meinte, dass Hitlers Sieg unvermeidlich wäre. [...] Aus dem, was Heisenberg sagte, haben wir den Schluss gezogen, dass Hitler die Atomwaffe bekommt. Warum sonst sollte der Sieg unvermeidlich sein?«

Die ganze Debatte um das Gespräch zwischen Heisenberg und Bohr ist nach wie vor nicht beendet; sie kam nochmals in die Öffentlichkeit, als im Jahr 2002 Briefentwürfe von Bohr an Heisenberg veröffentlicht wurden, die nahelegen, dass Bohr der Auffassung war, Heisenberg wolle Bohrs Wissen für den Bau einer deutschen Atombombe nutzen. Kurz darauf wurde ebenfalls 2002 ein Brief von Heisenberg aus dem Jahr 1940 veröffentlicht, aus dem hervorgeht, dass Heisenberg und sein Intimus Weizsäcker mit dem Besuch vor allem herausfinden wollten, ob man Bohr helfen müsse, Dänemark zu verlassen, oder ob man zumindest etwas zu seinem Schutz veranlassen könne. So brachten auch diese beiden posthum veröffentlichten Briefe keine endgültige Klärung der Gründe für das »völlig schiefgegangene« Gespräch zwischen Bohr und Heisenberg. Es spricht – auch nach den Recherchen von Helmut Rechenberg – vieles dafür, dass Bohr Heisenbergs Äußerungen missverstanden und fehlgedeutet hat. Denn zum Zeitpunkt ihres Gesprächs war Heisenberg bereits zu der Überzeugung gelangt, dass eine militärische Nutzung der Kernenergie allein schon aus zeitlichen Gründen weder möglich noch kriegsentscheidend sein würde.

In manchen Büchern steht die Frage, warum Heisenberg die Zeit nach dem Krieg bis zu seinem Tod 1976 nicht genutzt hat, Klarheit in dieser Sache herzustellen. Zu mir hat er gesagt:»Ich habe alles aufgeschrieben, was ich zu sagen habe. Am Anfang habe ich noch einiges hinzugefügt, und da hieß es: er will nur eine weiße Weste behalten. Das mache ich nicht mit. Ich habe keine Schuld auf mich geladen, ich will mich auch nicht dauernd diskriminieren lassen, als hätte ich eine Schuld auf mich geladen. Es gibt Wichtigeres für mich, als mich darüber rumzustreiten.«

Werner Heisenberg ist Anfang 1976 gestorben. Ende 1970 hatte er 69-jährig, entsprechend den Emeritierungsregeln, die Leitung des Max-Planck-Instituts niedergelegt und sie mir übertragen. In den zwölf Jahren der intensiven Zusammenarbeit mit ihm vor dieser Amtsübergabe war ich voll und ganz Physiker, einer, der den ganzen Tag über Physik nachdachte und nachdenken wollte und mit anderen darüber diskutierte. Ich fand keine Zeit und hatte in Anbetracht der interessanten Thematik unserer Forschung über eine fundamentale Quantenfeldtheorie auch keine Lust, etwas anderes zu machen. Unter diesen Bedingungen hatte mein in den USA gefasster Plan, mich künftig auch gesellschaftspolitisch stärker zu engagieren, nur geringe Chancen. Das änderte sich ein wenig mit meiner Amtsübernahme, weil ich mich nun auf einmal auch mit administrativen Aufgaben befassen musste, wodurch ein Kontakt mit der »äußeren« Welt zustande kam und ihre Umtriebe mich erreichten und involvierten. Andererseits war aber durch die zeitlich zusätzliche administrative Belastung ein tiefergehendes Engagement für mich (noch) nicht möglich. Das sollte sich erst 1977 ändern: Ich begann, mich im Zuge der Friedensbewegung in aller Öffentlichkeit politisch einzumischen. So wie ich es von Hannah Arendt gelernt hatte. Erste Schritte dahin, als Wissenschaftler auch zu politischen Themen Stellung zu beziehen, habe ich bereits nach meiner Rückkehr nach Deutschland Anfang der 1960er-Jahre unternommen. Es war die Zeit des Mauerbaus in Berlin und der ersten Ansätze einer neuen Ostpolitik durch Egon Bahr und Willy Brandt.

Die Welt im Umbruch – Kalter Krieg, Kernenergie und Friedensbewegung

Ich hatte Willy Brandt bereits in meiner Zeit in Kalifornien kennengelernt: 1955 war er mit einer SPD-Delegation zu Gast im International House der University of California in Berkeley, und ich hatte Gelegenheit, mit ihm über die Politik in Deutschland zu plaudern. Es ging damals um die wiedererreichte Souveränität der westlichen Zonen Deutschlands, aber auch um die wachsende Sorge einer damit verbundenen Remilitarisierung Westdeutschlands im Rahmen der NATO. Ich war einigermaßen entsetzt über diese Nachricht.

Die politische Situation in Deutschland in diesen turbulenten 1950er- und 1960er-Jahren war vor allem durch die Teilung des Landes und seiner ehemaligen Hauptstadt geprägt: Berlin war mit seinen drei alliierten Sektoren von den Sowjets eingeschlossen, Ostberlin wurde zudem noch durch den Bau der Mauer 1961 vollkommen von Westberlin getrennt. Auch ich war damals sehr besorgt über diese Entwicklung und stellte bei meiner Habilitation an der Universität München 1961 als letzte von zehn Thesen, die ich öffentlich verteidigen musste, die gewagteste auf: »Die Herstellung einer freiheitlichen Lebensordnung in Ostdeutschland ist wichtiger als die Wiedervereinigung.« Die Diskussion dieser These wurde vom Dekan jedoch verhindert, der darauf bestand, alle Thesen der Reihe nach zu behandeln. Und für die letzte war dann eben keine Zeit mehr!

1961 war auch die Zeit, in der Willy Brandt und Egon Bahr begannen, ihre außenpolitischen Gedanken für eine neue Ostpolitik zu entwickeln. Als Zielsetzung deutscher Außenpolitik forderten sie die Aufgabe der von der westlichen Welt postulierten »Politik der Stärke«. Der Kontakt zu den osteuropäischen Staaten müsse vielmehr in einem Klima der Entspannung aufgenommen werden. »Wandel durch Annäherung« wurde die Devise Egon Bahrs und der von ihm maßgeblich beeinflussten neuen Ostpolitik.

Ja, das war vielleicht ein möglicher Weg, dachte ich mir, die sich anbahnende Polarisierung und Ost-West-Konfrontation zu mildern und sie in eine kooperative Richtung zu lenken. Dies verlangte, in der Auseinandersetzung zunächst das Gemeinsame zu finden und nicht das Trennende zu betonen.

Annäherung versucht Öffnung und erlaubt so in kleinen Schritten wechselseitiges Vertrauen zu gewinnen, neue Gemeinsamkeiten zu entdecken, die dann weitere Annäherungen erleichtern.

Die Wahl Willy Brandts zum Bundeskanzler 1969 und die Ernennung Egon Bahrs zu seinem Staatssekretär verschaffte der Bahrschen Devise »Wandel durch Annäherung« den nötigen Schwung. Und wir alle haben ein Bild vom 7. Dezember 1970 in Erinnerung: Willy Brandt kniet vor dem Ehrenmal des jüdischen Ghettos in Warschau, als Zeichen der Abbitte für die von Deutschen und im Namen Deutschlands verübten Gräuel.

Als ich zwei Jahre später – Anfang 1973 – zu einer größeren Konferenz nach Alushta auf der Krim eingeladen war, erlebte ich zu meinem großen Erstaunen, dass meine Kollegen auf einmal Deutsch mit mir sprachen, und das weit besser, als es ihr Englisch war. Als ich nach dem Grund fragte, warum wir dies nicht bereits 14 Jahre früher versucht hatten (seit 1959 machte ich regelmäßige Studien- und Vortragsreisen in die Sowjetunion), bekam ich die schlichte Antwort: »Nach den Kontakten 1970 und dem Kniefall Willy Brandts können wir wieder Deutsch sprechen.«

Helmut Schmidt wurde 1974 Bundeskanzler, nachdem Willy Brandt wegen der Guillaume-Spionageaffäre überraschend zurückgetreten war. Von Anfang an war er ein entschiedener Befürworter der Kernenergie: Kein Industrieland in West und Ost – so seine feste Überzeugung – könne sich in den nächsten Jahrzehnten einen Verzicht auf Kernreaktoren leisten, in der Bundesrepublik wären sonst die technische Entwicklung und die Sicherung der Arbeitsplätze gefährdet. Es war allerdings nicht mehr so einfach, die Bonner Regierungsparteien – damals war es die Koalition der SPD mit der FDP – geschlossen auf eine gemeinsame Energiepolitik einzuschwören. Denn mit der Anti-Atomkraftbewegung begann sich ab Mitte der 1970er-Jahre die bislang stärkste Bürgerrechtsbewegung in der Bundesrepublik zu formieren. Zu ersten großen Protestaktionen in Deutschland kam es ab 1975 auf dem Bauplatz des geplanten Atomkraftwerkes in der badischen Gemeinde Wyhl. Der Bauplatz wurde von Atomkraftgegnern mehrmals besetzt – mit Erfolg: Der Bau des Kernkraftwerkes konnte verhindert werden. Die Demonstrationen von Wyhl wurden zum Vorbild für Proteste gegen weitere Atomanlagen: Brokdorf 1976, Kalkar 1977 und Wackersdorf 1985. Letztlich haben die Reaktorunfälle in Harrisburg/Pennsylvania 1979 und Tschernobyl 1986 zu einer immer größeren Bürgerbewegung quer durch alle Schichten geführt, die die Risiken der Nutzung der Kernkraft für nicht verantwortbar hielten und halten.

1975 – ich war zu dem Zeitpunkt seit fünf Jahren Direktor am Max-Planck-Institut in München – kam über den Präsidenten der Max-Planck-Gesellschaft eine Anfrage von Helmut Schmidt auf meinen Schreibtisch: Er brauche dringend die Unterstützung der Wissenschaftler zum Ausbau der

Die Welt im Umbruch – Kalter Krieg, Kernenergie und Friedensbewegung   55

Kernenergie, die eigene Partei möchte ein Moratorium bei der Kernenergie durchsetzen, die Bevölkerung boykottiere Atomkraftwerke zunehmend. In einem offenen Brief, der von den jeweiligen Präsidenten der Max-Planck-Gesellschaft, der Deutschen Forschungsgemeinschaft und den großen Forschungsinstituten unterschrieben war, bestätigten die Wissenschaftler: Ja, die fossilen Brennstoffe gehen zu Ende, die einzige Möglichkeit ist die Kernenergie. Wir als Wissenschaftler, die wir uns jahrelang damit beschäftigt haben, sehen zwar die Problematik, aber wir können die Regierung beruhigen: Wir haben alles im Griff. Die friedliche Nutzung der Kernenergie ist eine gute Sache, wir wollen zeigen, dass es diese »gute« Forschung gibt, an der wir uns beteiligen. Helmut Schmidt sollte das Gefühl haben: Meine Wissenschaftler stehen hinter mir.

Ich hatte nicht unterschrieben. Dies löste zu meinem großen Erstaunen eine große Aufregung bei meinem Präsidenten aus: »Das können Sie nicht tun! Wenn das Max-Planck-Institut für Physik nicht hinter den Aussagen unseres Briefes steht, dann schwächt uns das enorm und wir werden nicht ernst genommen. Ihr Institut hat doch während des Krieges unter Heisenberg an dem Uranbrenner gearbeitet. Und nun steht der Name seines Mitarbeiters Dürr nicht darunter!« »Ich weiß das alles«, habe ich geantwortet, »aber ich sehe mich außerstande, uneingeschränkt die Partei der einen oder anderen Seite zu ergreifen. Ich habe mir die Erörterungen und Argumente sorgfältig angesehen. Die Aufforderung hat doch nichts mit meinem Institut zu tun, sie ist doch nur an mich persönlich gerichtet. Ich unterschreibe doch nicht im Namen meines Instituts, ohne ein Votum bei meinen Leuten einzuholen.« »Aber Sie drücken sich dann vor der Verantwortung in dieser wichtigen Lebensfrage«, erwiderte mein Präsident.

Diesen Vorwurf wollte ich nicht auf mir sitzen lassen und versprach, meinen Standpunkt in einer längeren schriftlichen Stellungnahme darzulegen. Ich schrieb eine solche Stellungnahme unter meinem Namen und dem Titel »Dafür oder dagegen – Kritische Gedanken zur Kernenergiedebatte«, schickte sie an die Leitung der Max-Planck-Institute und verteilte sie auf Wunsch an andere Interessenten. Das Interesse war groß – in beiden Lagern. So wurde mein Artikel unter anderem auch am 27. September 1977 in der *Frankfurter Rundschau* abgedruckt. Mein Präsident war außer sich, bemängelte die Qualität meiner privaten Stellungnahme und war ungehalten, dass diese sogar an die Presse ging. Mir war diese Aufregung unverständlich, war dies doch ein redlicher Versuch, die Fronten zu klären und vor allem die Frage der Kernenergie in den größeren Kontext unseres verschwenderischen Lebensstils zu stellen:

»Wenn behauptet wird [...], eine moderne Wirtschaft brauche notwendigerweise – etwa um Arbeitslosigkeit zu vermeiden oder weil der Mensch nicht

3 »Die Risiken der Kernkraftnutzung sind nicht verantwortbar.«
Wissenschaftler untersuchen nach der Reaktorkatastrophe
in Tschernobyl am 26. April 1986 die Kontamination von Fischen
durch radioaktive Strahlung.

bereit sei, einen Verzicht auf Lebensstandard hinzunehmen (!) – ein jährliches Realwachstum von soundsoviel Prozent, das wesentlich an einen höheren Energieverbrauch gekoppelt ist, und dass aus diesem Grund der Bau von Kernkraftwerken unabdingbar sei, dann werde ich mit aller Entschiedenheit dagegen Stellung beziehen. Denn ich sehe nicht ein, warum man immer nur bei der Lösung technisch-wissenschaftlicher Probleme so zuversichtlich der menschlichen Phantasie vertraut, bei wirtschaftlichen und soziologischen Problemen aber wie vor unabänderlichen Naturgesetzen resigniert. Die Welt hat sich entschieden gewandelt. Wir können deshalb nicht erwarten, mit den Wirtschaftstheorien und Ideologien des vorigen Jahrhunderts mit der doch heute völlig anders gelagerten Problematik fertig zu werden. Neue Begriffe müssen geprägt, neue Maßstäbe müssen gesetzt werden.«

Nach dem Erscheinen des Artikels in der *Frankfurter Rundschau* waren die Reaktionen überwiegend positiv, man hielt meine Einschätzungen für diskussionswürdig – leider nicht in der Max-Planck-Gesellschaft. Obwohl ich mich ja deutlich als Privatperson zu Wort gemeldet hatte, wurde mir vorgeworfen, meine Institutssatzung zu verletzen, die mir doch verbietet, mich parteipolitisch im Institut zu äußern. Dabei hatte ich doch nur verantwortlich meine gesellschaftspolitische Pflicht als Staatbürger wahrgenommen.

Jetzt war ich also in den Schlagzeilen, jetzt war ich auf einmal dort angelangt, wo ich 1958 aufgehört hatte, mich hinzubewegen, als ich nur noch Physiker sein wollte: mitten im politischen Geschehen. Jetzt kam die ganze Energiefrage auf, und es ist eigentlich dasselbe, was wir heute immer noch diskutieren: der Zusammenhang von Energienutzung und Fragen des Lebensstils. Dazwischen liegen mehr als dreißig Jahre, und die Reaktorunfälle von Harrisburg im März 1979 und von Tschernobyl im April 1986 (Abbildung 3) haben uns konkrete Beispiele geliefert, wie verlässlich (oder richtiger: *nicht* verlässlich) all die viel beschworenen Sicherheitsprognosen der Fachleute sein können.

Krieg der Sterne – Amerika in den 1980er-Jahren

Nach diesem ersten Schritt als Wissenschaftler in die politische Öffentlichkeit war es vor allem die »Strategische Verteidigungsinitiative« von Präsident Reagan, bekannt unter dem Kürzel SDI, die mich dazu brachte, politisch Position zu beziehen. Die Vereinigten Staaten und die Sowjetunion bedrohten sich in den 1980er-Jahren durch je fast 25.000 Atomsprengköpfe mit einer Sprengkraft von über einer Million Hiroshimabomben, ausreichend, um sich beide und alle anderen Völker der Erde mehrfach auszulöschen.

Die SDI ist eine von US-Präsident Ronald Reagan zu Zeiten des »Kalten Krieges« ins Leben gerufene und am 23. März 1983 offiziell angeordnete Initiative zum Aufbau eines Abwehrschirmes gegen Interkontinentalraketen (Abbildung 4). Zur SDI gehörten eine Reihe umfangreicher Forschungsprojekte und Mittelfreigaben für den Einsatz der Waffen. SDI sah die Errich-

4 »Ein irrationales Konzept.«
Logo der 1983 unter Präsident Reagan ins Leben gerufenen Strategic Defense Initiative SDI, in die bis 1988 knapp 30 Milliarden US-Dollar investiert wurden.

tung eines Gürtels moderner, teils boden-, teils satellitengestützter Waffen vor, die sowjetische Interkontinentalraketen abfangen sollten. Die Initiative wurde in der Öffentlichkeit auch »Star-Wars-Programm« genannt. Bis 1988 investierte die US-Regierung rund 29 Milliarden US-Dollar in das Vorhaben. Als zu diesem Zeitpunkt die Ergebnisse weit hinter den Erwartungen zurückblieben, strich das US-Parlament die Finanzmittel deutlich zusammen.

Am 18. April 1985 gab Bundeskanzler Helmut Kohl in einer Regierungserklärung die grundsätzliche Zustimmung zum US-amerikanischen Rüstungsforschungsprogramm SDI bekannt, machte aber eine bundesdeutsche Beteiligung von der Erfüllung bestimmter Bedingungen abhängig. Die SPD-Bundestagsfraktion hatte sich bereits am 2. April 1985 auf ein bedingungsloses »Nein« zu SDI festgelegt.

In einem offenen Brief an Bundeskanzler Helmut Kohl lehnten am 3. Juli 1985 über 350 bundesdeutsche Wissenschaftler ihre Mitarbeit am SDI-Programm ab, weil die Stationierung solcher Waffensysteme die letzten Hoffnungen auf Abrüstung zunichte machen würde.

Im gleichen Jahr bin ich gebeten worden, anlässlich der Friedensnobelpreisverleihung an die IPPNW (International Physicians for the Prevention of Nuclear War, kurz »Ärzte gegen Atom«) in Berlin die Eröffnungsrede zu halten. Das war die Gelegenheit, mit dem »Krieg der Sterne« abzurechnen. Damals schienen die Fronten verkehrt: Diejenigen, die sich stets als Realisten, als kühle Rechner, als nüchterne Pragmatiker betrachten, kamen angesichts dieses Luftschlosses SDI ins Schwärmen. Diejenigen aber, die stets als unverbesserliche, idealistische Utopisten gescholten werden, schüttelten betroffen die Köpfe ob solcher Naivität, nämlich der Vorstellung, dass militärisch-technische Maßnahmen je einen Ausweg aus verfahrenen politischen Situationen weisen könnten.

Kaum einer der Politiker und Entscheidungsträger stellte damals die eigentliche Frage, ob ein Unterfangen wie SDI überhaupt *sinnvoll* sei? Ob es vernünftig sei, dass abermals Milliarden und Abermilliarden von Dollar sowie die schöpferischen Produktivkräfte einer geistigen Elite in einem neuen gigantischen Rüstungsvorhaben verheizt werden sollen? Es wurde nur mehr die Frage diskutiert, ob SDI wissenschaftlich-technisch *machbar* sei, ob gewisse Komponenten eines vorgestellten Raketenabwehrsystems aufgrund wissenschaftlicher Kriterien technisch *realisiert* werden könnten. Die insgesamt irrationale Gesamtkonzeption (irrational, was den proklamierten Zweck betrifft) wurde in kleine Bruchstücke aufgelöst, die dann mit rationalen Argumenten traktiert und beleuchtet werden sollten. Fünfzig brillante und hochspezialisierte Wissenschaftler, Techniker und Militärexperten hatten im Rahmen der amerikanischen Fletcher-Kommission die utopische Vision SDI ihres Präsidenten in einem ersten Anlauf auf den Weg gebracht, in

Die Welt im Umbruch – Kalter Krieg, Kernenergie und Friedensbewegung   59 viereinhalbmonatiger intensiver Arbeit haben sie SDI fachgerecht in Hunderte komplizierte und wissenschaftlich höchst anspruchsvolle Teilprojekte zerlegt. Mit einem Forschungsaufwand von 70 Milliarden US-Dollar über einen Zeitraum von zehn Jahren, von denen 26 Milliarden US-Dollar in den ersten fünf Jahren verplant wurden, sollten diese Forschungsprojekte im Einzelnen untersucht werden – ein Forschungseinsatz, der etwa der Forschungsaktivität von zwanzig Max-Planck-Gesellschaften innerhalb dieses Zeitraums entspricht. Durch eine Zerlegung in rational fassbare Teilprojekte wird das Ganze zwar nicht rational, aber das Irrationale bleibt dem im Detail forschenden Wissenschaftler und Techniker verborgen, wenn er nicht versucht, auf Distanz zu gehen und seinen Blick auf das Ganze zu richten.

Was mich damals am meisten bedrückte war der Umstand, dass wir gezwungen waren, an Fronten zu kämpfen, an denen wir gar nicht kämpfen wollten. Denn bei der Auseinandersetzung um SDI ging es nicht allein um Fragen der Sicherheit, um strategische Überlegungen, nicht allein um das viele Geld – um Geld, das wir dringend nötig hätten, die eigentlichen großen und brennenden Herausforderungen unserer Zeit kraftvoll anzugehen. Es ging vor allem um die vielen Menschen, die vielen jungen Menschen, deren Geist, Phantasie, Einsatzfreude und Kraft auf bedrückende Weise für Unsinniges, Zerstörerisches vergeudet und missbraucht wurden, anstatt diesen Fähigkeiten, diesen Kräften die Chance zu bieten, sich der Lösung der eigentlich wichtigen Probleme zu widmen. Wir alle streben danach, unser Leben mit Inhalt und Sinn zu füllen. Wir wollen beitragen, die Not der Menschen auf dieser Erde zu lindern, die schreienden Ungerechtigkeiten zu mildern oder zu beseitigen, unsere Umwelt in ihrer Schönheit und Vielseitigkeit zu erhalten, und dies nicht nur aus reiner Selbstlosigkeit und reinem Altruismus, sondern eingedenk der unmittelbar empfundenen Vorstellung, dass unsere Welt eine große Einheit darstellt, in der nicht Teile leiden können, ohne dass wir nicht selbst leiden müssen. Was wir den anderen Gutes tun, den anderen Menschen, der anderen Kreatur, der Erde selbst, ihrer Atmosphäre, ihren Wassern, ihrem Boden – dieses Gute tun wir uns selbst.

So war ich es damals eigentlich leid, über die bedeutungslose Frage der Machbarkeit oder Nichtmachbarkeit von einem Waffensystem wie SDI nachzudenken und mich ständig darüber in der Öffentlichkeit zu äußern! Ich wollte aus diesem nutzlosen Gegenstemmen, aus dieser bedrückenden Negativhaltung heraus, die meinen Geist mit Gedanken der Zerstörung verschmutzt, mein Herz mit Sorgen und Traurigkeit, ja mit Resignation erfüllt. Ich wollte mich dagegen wehren, dass uns der Stempel von Neinsagern, von Aussteigern aufgedrückt wird. Denn wer sich für den Frieden einsetzt, ist kein Pessimist, kein Miesmacher. Im Gegenteil, er ist eigentlich Optimist, denn er hat noch nicht den Glauben aufgegeben, dass dem Menschen in allerhöchster Not und Gefahr ungeahnte Fähigkeiten der Wahrnehmung, des Lernens und der Einsicht zuwachsen können, die ihn letztlich vor seinem Absturz zu bewahren vermögen.

Aus diesem Grund hatte ich damals in meiner Berliner Rede anlässlich der Vergabe des Friedensnobelpreises an »Ärzte gegen Atom« den Vorschlag für eine Weltfriedensinitiative, eine »World Peace Initiative (WPI)« gemacht:

>*»Ignorieren wir die Scharfmacher, die Falken, die das Trennende betonen, auf alte Wunden zeigen. Wir wissen sehr wohl, dass es dieses Trennende, Unverträgliche, dass es Schreckliches, Unverzeihliches gibt, dass tiefe, schwere Wunden klaffen, die kaum heilen können. Wir sehen dies alles deutlich, überdeutlich, und wir wollen auch die Augen davor nicht verschließen. Die Welt ist voller Ungereimtheiten, voller Ungerechtigkeiten, voller Widersprüche. Der Zorn des einen auf den anderen ist echt und berechtigt, Hass hat einen verständlichen Grund. Zorn, so empfinden wir, fordert Ausgleich, Hass, Vergeltung. Doch Zorn und Vergeltung treffen selten die, die sich schuldig gemacht haben. Die Opfer sind meist nur Unschuldige und vielleicht Verführte, die sich missbrauchen ließen. So führt Leid zu neuem Leid, Hass zu neuem Hass. Geben wir dem Frieden eine Chance, nehmen wir mutig das damit verbundene Risiko auf uns. Lernen wir alle mit diesen Widersprüchen zu leben, in der Hoffnung, dass sie sich einmal auf einer höheren Ebene auflösen werden.«*

Statt sich mit all den Details der damals diskutierten und von der Politik favorisierten militärisch-technischen »*Lösung*«, wollte ich mit meiner Rede und meinem Aufruf zu einer Weltfriedensinitiative auf die eigentlichen *Ursachen* für die weltweiten Konflikte und Kriege aufmerksam machen. Damals wie heute sind es Umweltzerstörung, Verknappung von lebenswichtigen Ressourcen, Armut und Hunger in der sogenannten Dritten Welt und alle daraus resultierenden sozialen Ungerechtigkeiten, die die Menschen immer wieder in kriegerische Auseinandersetzungen treiben. Wenn wir uns diesen Problemen verstärkt zuwenden, dann tun wir langfristig mehr und Wesentlicheres für den Frieden und für unsere Sicherheit als durch jede noch so geniale Schutzmaßnahme gegen Atomraketen.

Gorbatschow und der Mut zum Frieden

1985 habe ich mit meinem Thema über SDI eine wichtige Spur in der politischen Entwicklung legen können. Sie führte über den Internationalen Kongress 1986 in Köln »Maintain Life on Earth« letztlich zu Michail Gorbatschow und nach Moskau, wo im Februar 1987 beim großen Internationalen Friedenskongress über tausend friedensengagierte Menschen aus aller Welt

5 »Frieden ist möglich, man muss ihn nur wollen.«
Der Friedensnobelpreisträger Michail Gorbatschow 1995 auf dem
ersten State of the World Forum in San Francisco.

signalisierten: Frieden ist nicht unmöglich, man muss ihn nur wollen. Und es ist eine ermutigende Erfahrung, dass der Kalte Krieg letztlich gewaltlos beendet werden konnte. Das hatte ganz wesentlich und letztlich entscheidend mit den engagierten Menschen auf beiden Seiten zu tun, die, bei aller Unterschiedlichkeit ihrer Vorstellungen, in vielfältigen und unermüdlichen Gesprächen über alle Grenzen hinweg an eine gemeinsame Vernunft appellierten und Möglichkeiten für friedliche Konfliktlösungen ausloteten und aufzeigten.

Einer von ihnen war der damalige Generalsekretär der KPDSU, Michail Gorbatschow. Wir haben uns 1986 kennengelernt (Abbildung 5). Ich hatte ihm – wie viele andere vor mir – einen Brief geschrieben und ihm darin meine Irritation über den »Fall« des Physikers und Nobelpreisträgers Andrej Sacharow geschildert, der seit Jahren in Gorki in der Verbannung lebte. Gorbatschow – so meine Bitte – möge veranlassen, dass Sacharow von Gorki nach Moskau zurückkehren kann, damit er dort, in seiner früheren Umgebung und mit seinen früheren Kollegen und Freunden, wieder arbeiten kann. Außerdem hatte ich vorgeschlagen, Andrej Sacharow in das »Committee of Soviet Scientists for Peace, Against Nuclear Threat« (SSC) zu berufen.

Knapp einen Monat später bekam ich im Max-Planck-Institut einen Anruf aus der sowjetischen Botschaft in Bonn. Ein Brief des Generalsekretärs Michail Gorbatschow sei soeben angekommen; man wolle ihn mir nicht schicken, aber vorlesen, und zwar in Bonn! Ich war damals auf dem Sprung zu einem Wissenschaftlertreffen in Moskau und versprach, anschließend vorbeizuschauen. Eine halbe Stunde später ein weiterer Anruf aus der Botschaft in Bonn: Der Brief sei so wichtig, dass man mir dessen Inhalt unbedingt noch vor dem Moskaubesuch mitteilen wollte. Also wurde mir auf der Zwischenlandung in Frankfurt von dem Botschaftsrat der Inhalt des Briefes von Gorbatschow übersetzt. Den Brief selber bekam ich nicht ausgehändigt.

Gorbatschows Antwort war sehr zurückhaltend. Aber ich erfuhr, dass er unseren Briefwechsel an den Sprecher des Friedenskomitees SSC, Evgeniy Pavlovitch Velikhov, zugleich Vizepräsident der sowjetischen Akademie der Wissenschaften, weitergeleitet hatte, mit dem ich dann bei meinem Besuch in Moskau intensive Gespräche führen konnte. Den sowjetischen Wissenschaftlern in Russland, die sich für Abrüstung engagierten, ging es ähnlich wie den deutschen: Sie wurden von den »Falken« ihrer Seite als »trojanische Pferde« jeweils der anderen Seite angesehen. Andrej Sacharow, der vor seiner Verbannung ähnliche Arbeitsgebiete verfolgte wie ich, ließ sich so nicht einordnen, deshalb wollte ich ihn zur Mitarbeit bei unserer Friedensinitiative gewinnen.

Am 19. Dezember 1986 wurde die Verbannung von Sacharow aufgehoben und man teilte mir mit, dass Gorbatschow mich im Anschluss an den Internationalen Friedenskongress, beginnend am 14. Februar 1987 in Moskau, zu einem öffentlichen Plenarvortrag einladen möchte. Unter den über 1.000 Teilnehmern war übrigens kein einziger amerikanischer Wissenschaftler aus den Atomlaboratorien Los Alamos und Livermore. Sie folgten dem Boykott ihrer Regierung. Auf diesem Kongress erneuerte Gorbatschow noch einmal die Bereitschaft der Sowjetunion, einseitig auf unterirdische atomare Tests zu verzichten.

Zum 20. Jahrestag dieses großen Friedenskongresses 2007 war ich erneut nach Moskau eingeladen worden, formal angekündigt war das Ganze als eine »Internationale Konferenz für Globale Sicherheit und nachhaltige Entwicklung – Ökologie, Ökonomie, Energie«. Auch Michail Gorbatschow war dabei. Zu meinem Erstaunen wurde jedoch kein Wort über das zwanzig Jahre zurückliegende, historisch schicksalhafte Geschehen verloren. Gorbatschow saß am Rande, allein gelassen – er reiste vorzeitig ab. Es zeigt mir, dass Gorbatschow immer noch als Zerstörer der Sowjetunion gebrandmarkt wird, der der sowjetischen Weltmacht den Todesstoß gegeben hatte. Ich war der einzige, der am letzten Tag der Konferenz, bei den vielen Tischreden nach dem abschließenden üppigen Festmahl, an das damalige Ende des Kalten Krieges und die wesentliche Rolle von Gorbatschow erinnerte. Die Aufkündigung des Rüstungswettlaufes durch Gorbatschow und das Ende des Kalten Krieges wurden nicht, wie vielfach behauptet wird, durch US-Präsident Reagans geplantes Raketenabwehrsystem SDI erzwungen. Sie wurden möglich, weil eine Persönlichkeit die Sowjetunion führte, die ein hervorragender Politiker und ein integrer Mensch war.

Die Welt im Umbruch - Kalter Krieg, Kernenergie und Friedensbewegung 63

Gorbatschow hatte die Fähigkeit zuzuhören. In seinem Umfeld gab es ganz normale Menschen, Bauern in seinem Heimatdorf zum Beispiel, die ihn mit ihrem gesunden Menschenverstand beeindruckt haben. So hat er auch anderen – Ärzten, Schriftstellern aus Ost und West und Wissenschaftlern – zugehört. Gorbatschow hatte realisiert, dass Menschen, die keine Mission haben und keine Politiker sind, die Realität oft besser und unbefangener als er selbst und als die Experten sahen. Sie redeten vom drohenden Atomkrieg als Wahnsinn, den man unter überhaupt keinen Umständen entfesseln dürfe. Gorbatschow sagte mir persönlich, dass dieser Dialog mit »Menschen ohne Auftrag« sein Handeln stark beeinflusst habe. Ich persönlich glaube übrigens, dass es die Mitglieder des SSC waren, die den sowjetischen Parteichef dazu gebracht haben, im August 1985 den einseitigen Verzicht der Sowjetunion auf unterirdische atomare Tests zu erklären.

Das Thema Frieden ist auch über zwanzig Jahre nach dem Internationalen Friedenskongress in Moskau, dem Ende des Kalten Krieges und dem Aufbrechen der politischen Machtblöcke nicht weniger brisant. Die weltweit nicht gelösten, drohenden oder offenen Auseinandersetzungen in Afghanistan, Irak, Iran, Nahost und Afrika geben Anlass zu der Frage: Ist Frieden überhaupt machbar?

Die Stärke des Schwachen –
Krieg und eine neue Kultur des Friedens

Alle, fast alle sehnen sich nach Frieden. Dieser Wunsch ist übermächtig. Er meint mehr als die Abwesenheit von Krieg: einen erfüllten Frieden voller Lebendigkeit, Liebe, Freude, Lust, mit Farbe, Unterschiedlichkeit und ihren Spannungen, Herausforderungen, auch Unstimmigkeiten und ihrem Streit. Das alles gehört zum lebendigen Frieden. Es ist nicht der lasche, statische Frieden, nicht der Frieden des Friedhofs, den wir uns wünschen und den das Leben für seine Erfüllung braucht.

Doch die Vermeidung von Kriegen bleibt eine notwendige Voraussetzung für Frieden. Diese Forderung wird umso offensichtlicher und drängender, je größer die Zerstörungskraft der Kriege ist. Aber viele, sehr viele halten den Krieg für unvermeidlich. Und dies ist verständlich. Meine Generation weiß vom Krieg nicht nur vom Hörensagen; als Kriegskind weiß ich, wie unvorstellbar schrecklich und hochgradig sinnlos er sein kann. Die Zeitungen berichten täglich von alten und neuen Kriegen. Die ganze Geschichte ist voller Kriege. Und – obwohl wir uns jeden Tag sagen, dass wir eigentlich keinen Krieg mehr haben wollen – scheint alles unaufhaltsam nach altem Muster und mit verstärkter Heftigkeit weiterzugehen.

Viele vermuten hinter all diesen Kriegen eine unausweichliche Gesetzmäßigkeit, wie sie als wesentliches Element des Lebendigen zum Ausdruck zu kommen scheint, bei dem ja alles, wie man glaubt, miteinander in einem ständigen Überlebenskampf steht. Nach der einfachsten Auslegung der Darwinschen Vorstellung »survival of the fittest« ringt jeder in einem unerbittlichen Wettkampf um seine Existenz und um die begrenzten Ressourcen der Erde. Mit diesem angeblich allgemeingültigen »Nullsummenspiel« der Natur, in der es immer Gewinner und Verlierer gibt und der Stärkere über den Schwächeren siegt, wird auch die Aggressivität des Menschen als zutiefst »natürlich« begründet. Der Ausdruck »the winner takes it all«, bei dem einem Verlierer keine Gnade gewährt wird, scheint daher folgerichtig zu sein. Unsere Aggressivität, unser Hang zu gewalttätigen Lösungen wird bei dieser Art des Denkens zum »normalen« Verhalten, sind wir doch, wie Carl Friedrich von Weizsäcker es einmal plastisch ausdrückte, »alle Nachkommen von

Siegern«. Das ist eine sehr pessimistische und, wie ich glaube, auch aus naturwissenschaftlicher Sicht hoch verzerrte Betrachtungsweise, bei der wir unsere *Wahrnehmung* von der Wirklichkeit mit der dahinterliegenden *Wirklichkeit* verwechseln.

Betrachten wir einmal, was unsere Aufmerksamkeit, unsere Wahrnehmung lenkt! Eine alte tibetanische Weisheit sagt: »Ein Baum, der fällt, macht mehr Krach, als ein Wald, der wächst!« Ja, es ist klar, unsere Wahrnehmung wird stark von »fallenden Bäumen« dominiert: von dem, was gewaltig ist, was schnell passiert, was uns bedroht oder als Bedrohung erscheint. Unsere ganze Geschichte ist voller »fallender Bäume«: Krieg und Zerstörung, mächtige Kaiser und Könige, die sich als große Feldherren und Eroberer ausgezeichnet haben. Es sind auch immer die schrecklichen Ereignisse in den Schlagzeilen, die uns glauben machen wollen, dass dies nun das Wesentliche sei, was in der Welt passiert. Die »fallenden Bäume« erscheinen uns als wichtig, ihr Fallen nachvollziehbar, denn es ist doch eine unausweichliche Tatsache, dass jeder Baum fallen muss.

Doch dann wundern wir uns, dass es trotz all dieser Zerstörung immer noch Leben auf dieser Erde gibt. Wir erkennen daraus, dass es der »wachsende Wald« ist, auf den es letztlich ankommt. Es ist der wachsende Wald, der das Leben fortführt. Aber wer erwähnt schon den wachsenden Wald? Er verändert sich langsam, ganz unauffällig, doch beständig, nur erkennbar, wenn wir über lange Zeit unser Augenmerk darauf richten. Dass das Wachsende, das Aufbauende langsamer gehen muss als das Abbauende, Zerstörerische, ist kein Zufall. Echte Wertschöpfung braucht Zeit, gerade deshalb entgeht sie leicht unserer Wahrnehmung. Das ist für mich die Quelle der Hoffnung, dass Frieden möglich ist. Lasst uns nicht im Getöse der Zerstörung das langsame Entfalten des Neuen übersehen!

Es ist eine falsche Vorstellung, dass wir alle primär Egoisten sind, die nur ihren persönlichen Vorteil im Auge haben und die sich nun mühsam und gegen ihre eigentliche Prägung um den Frieden kümmern müssen. Wir sind vielmehr Menschen, die insgeheim wissen, dass wir im Grunde alle verbunden sind. Jeder von uns ist auf einer tieferen Ebene ein Freund des anderen, der uns nicht mehr als ganz Fremder begegnet, sondern als eine Art erweiterte und veränderte Form unseres »Selbst«. Wenn es dem anderen gut geht, dann geht es mir auch gut. Das ist das Prinzip, nach dem in einer so relativ kurzen Zeit von drei Milliarden Jahren diese erstaunliche Vielfalt und Komplexität von Lebensformen einschließlich des Menschen entstehen konnte. Leben, so unwahrscheinlich es uns als natürlicher Prozess erscheint, ist möglich, und deshalb ist auch Frieden möglich. Denn Frieden bedeutet ja einfach, dieses Paradigma des Lebendigen auf der Ebene der menschlichen Gesellschaft weiterzuführen.

Wir begeben uns dabei auf den richtigen Weg, wenn wir die Vorzüge von Differenzierung und Vielheit betonen und von der Würde des Menschen sprechen, die es zu schützen gilt. Jeder und jede ist einmalig. Und in der Summe von verschiedenen, einmaligen Menschen verfügt die Menschheit prinzipiell über ein gewaltiges Überlebenspotenzial, um flexibel den Herausforderungen einer offenen und nicht nur unbekannten Zukunft begegnen zu können. Dies jedoch nur, wenn die Einzelkräfte nicht gegeneinander wirken und sich in einem K.o.-Wettbewerb, einem Nullsummenspiel, das Leben gegenseitig schwer machen. Sie müssen vielmehr lernen, ein *Plussummenspiel* zu inszenieren, bei dem der Vorteil des einen auch zum Vorteil des anderen wird. Das ist kein gönnerhafter Altruismus von toleranten Egoisten, sondern das Ergebnis offensichtlich positiver Erfahrung, dass man auf die Unterstützung von anderen vertrauen kann, wo die eigenen Fähigkeiten versagen. Das ist das Prinzip, das Frieden so fruchtbar macht: unsere allgemeinen, »humanen« Fähigkeiten zu Empathie, Umsicht, Fürsorge, Solidarität und Liebe. Und zu all dem sind wir, trotz aller Zweifel, immer noch in der Lage.

Aber was müssen wir heute unternehmen, damit wir zukünftig friedlich zusammenleben können? Frieden wird uns nicht in den Schoß fallen, sondern verlangt eine besondere Anstrengung. Frieden muss mit viel Einsicht, Umsicht, Vorsicht und Weitsicht erprobt werden. Frieden ist eine Kunst. Sie verlangt zunächst, dass uns bewusst wird, was Menschen im Grunde verbindet. Es erfordert nicht, die gleiche Sprache zu sprechen oder in Werten oder Bewertungen übereinzustimmen. Das Andersartige muss toleriert werden, mehr noch: Es muss voll respektiert werden. Wenn wir eine andere Sprache hören, wenn wir mit einer anderen Kultur oder Religion in Berührung kommen, sollten wir aufmerksam zuhören und das Neuartige offen aufnehmen, anstatt es sofort unseren Vorstellungen gegenüberzustellen. Denn nicht durch das, was wir schon kennen, sondern durch das, was uns erstaunt, werden wir reicher. Statt sie als Bedrohung zu empfinden, wird die Verschiedenheit der Kulturen so für uns zu einer Quelle des Reichtums, die wir für eine bessere Verständigung nützen können und nützen sollten. Nehmen wir als Beispiel den Fundamentalismus. Viele denken dabei zunächst an den religiösen Fundamentalismus wie etwa den islamischen. Wir sollten hierbei jedoch nicht vergessen, dass die moderne Heilslehre, nämlich die westliche wissenschaftlich-technisch-wirtschaftliche Ideologie, heute Gefahr läuft, sich zum schlimmsten Fundamentalismus zu entwickeln und andere große, für die Zukunftsfähigkeit des Menschen wesentliche Kulturen in Bedrängnis bringt.

Krieg als Ultima Ratio?

Wer den Frieden langfristig sichern will, muss den Krieg völlig verbannen. Wir müssen zunächst in unseren Köpfen die Vorstellung tilgen, den Krieg auch weiterhin als *Ultima Ratio* zu betrachten, das heißt, ihn als den letztmöglichen zulässigen Schritt bei Problemlösungen zu akzeptieren. Der Krieg ist jedoch nicht mehr, wie Carl von Clausewitz meinte, »Politik mit anderen Mitteln«. Man braucht kein Pazifist mehr zu sein, um klar zu erkennen, dass der Krieg heute in seiner üblichen hochtechnisierten Overkill-Form das ihm Zugedachte schlicht und einfach nicht lösen kann. Er ist irrational geworden, da durch ihn in der Regel vor allem Unschuldige getroffen werden und nicht die vermeintlichen »Schurken« und Schuldigen. Wir haben erhebliche Schwierigkeiten festzulegen, wer objektiv nun wirklich der Schuldige ist. Hier laufen verschiedene Prozesse nebeneinander und übereinander, eine klare Entscheidung ist schwierig, wenn nicht unmöglich. Jeder definiert das Problem auf eine andere Weise. Der eine sagt: »Hier geht es um Menschenrechte«, der andere: »nein, um Souveränität«. Schon in der Frage, was denn die Streitfrage ist, besteht keine Einigkeit. Der Stärkere reißt einfach die Definitionshoheit an sich, setzt diktatorisch seine Maßstäbe für gut und böse und drängt den Schwächeren in die Rolle des »Schurken«.

Die Feststellung, dass der Krieg als Problemlöser untauglich geworden ist, erscheint zunächst als frohe Botschaft. Weckt sie doch die Hoffnung, dass sich dadurch auch nüchterne Pragmatiker von der Untauglichkeit des Krieges zur Problemlösung werden überzeugen lassen. Andererseits lässt es uns ziemlich ratlos zurück, weil wir immer geglaubt haben, dass uns, wenn alle Stricke reißen, immer noch die Gewalt bleibt, um etwas zu erzwingen: besser ein Ende mit Schrecken als ein Schrecken ohne Ende. Nachdem alle die vielen, mühseligen und langwierigen Vorbesprechungen und Beratungen nicht funktioniert haben, soll nun auch dieses letzte Mittel nicht mehr funktionieren? Nun, mir geht es auch so, wenn ich lange und geduldig verhandelt habe und nichts geht voran, dass ich entnervt mit der Faust auf den Tisch haue. Doch es ist mir im gleichen Augenblick klar, dass der Tisch absolut nichts dafür kann. Er kann sich nicht einmal wehren …

Nach dem 11. September 2001 (Abbildung 6) habe ich viel mit amerikanischen Wissenschaftlern über den Kampf der USA gegen den Terror gesprochen. Sie vertraten die Ansicht, dass es einen »gerechten Krieg« gäbe. Ich entgegnete: Wer einmal einen Krieg miterlebt hat, für den ist er *undenkbar* geworden. Sie hielten das für mein persönliches Trauma. Einem diktatorischen Regime wie dem von Saddam Hussein könne man nur mit militärischer Gewalt begegnen, so ihre feste Überzeugung. Ich bin da ganz anderer Meinung. Der Krieg hat seine eigene Logik, er wird so lange geführt, bis einer

6 »Gibt es einen gerechten Krieg?«
Der Anschlag auf das World Trade Center am 11. September 2001
hat viele Amerikaner dazu gebracht, diese Frage zu bejahen.

Die Stärke des Schwachen – Krieg und eine neue Kultur des Friedens 69

gewinnt; es wird alles an Waffen eingesetzt, was zur Verfügung steht. Die Leidtragenden sind die Menschen, das sehen wir seit Jahren an der Auseinandersetzung zwischen Israel und Palästina. Ich denke mir dauernd, wo ist da ein Mediator, einer, der nicht sagt: »Das ist richtig, das nicht«, sondern der wissen will, was jede Seite antreibt!?

Der Weg der gewaltlosen Konfliktbearbeitung ist für mich der einzige zukunftsfähige Alternative. Aber was können wir unternehmen, um die gewaltlose Konfliktbearbeitung in unserer Gesellschaft mehr in den Vordergrund zu rücken und ihr den langfristig notwendigen Stellenwert zu verschaffen? Diese Aufgabe muss ein zentrales und hervorragendes Anliegen der Gesellschaft werden, wie es bisher ihr militärisches Engagement war. Es muss deshalb unter der direkten Kontrolle des Souveräns, den Bürgerinnen und Bürgern, stehen. Es reicht aus meiner Sicht nicht aus, dass eine solche schwierige und lebenswichtige Aufgabe vornehmlich – wie heutzutage – nur ehrenamtlich an Feierabenden und Wochenenden außerhalb der staatlichen Institutionen angegangen wird, obwohl mit dieser Methode zweifellos gute Erfahrungen gemacht worden sind. Denn wenn jemand etwas ehrenamtlich macht, kann man davon ausgehen, dass er es nicht zu seinem eigenen Nutzen, sondern aus Verantwortung für die Gesellschaft und ihre Zukunft tut. Hier zeigt sich eine Haltung, von der Allgemeinheit nicht nur zu fordern, sondern ihr auch in wesentlichen Fragen zu dienen, und die Einsicht, wenn man den eigenen Vorteil mehrt, es auch ein Vorteil für die anderen sein muss. Dies passt hervorragend als Vorraussetzung für ein friedliches Konfliktmanagement. Keine Frage: Es existiert in der heutigen Zivilgesellschaft ein großes Potenzial an kompetenten Persönlichkeiten, mit denen ein guter Start dieses ehrgeizigen Vorhabens gelingen könnte. Ich denke zum Beispiel an die engagierten und erfahrenen Leute des Zivilen Friedensdienstes, des Komitees für Grundrechte und Demokratie und unzählige andere, die allerdings heute vornehmlich im nachsorgenden Konfliktmanagement tätig sind. Auch gibt es unzählige methodisch und psychologisch erfahrene Leute unter den Wirtschaftsberatern für Qualitätsmanagement und im Leadership Coaching. Trotzdem halte ich die Einbindung des Staates für unumgänglich: einmal, weil der finanzielle Aufwand relativ hoch ist, zum anderen, weil es hierbei um eine zentrale Frage des Gemeinwesens geht.

Für eine Kultur des Friedens

Im Dezember 1998 und im Januar 1999 hatte ich an einige Minister der neu gebildeten rot-grünen Regierung, so auch an Joschka Fischer, einen Brief geschrieben, in dem ich die Frage aufgeworfen habe, ob es nicht an der Zeit wäre, daran zu denken, die allgemeine Verpflichtung zum Wehrdienst zu erweitern zu einer allgemeinen Verpflichtung zur Konfliktbearbeitung durch die ebenbürtige Einrichtung eines Friedens- oder Mediationsdienstes für alle Jugendlichen, Männer und Frauen. Dies erschien mir eine viel angemessenere Reaktion auf die Gefahr mangelhafter Wehrgerechtigkeit bei stark schrumpfender Bundeswehr zu sein als etwa die von manchen geforderte Abschaffung der allgemeinen Wehrpflicht, die dann zu einer kaum wünschenswerten Berufsarmee führen würde. Eine solche Reform in Richtung eines allgemeinen Konfliktmanagements würde eine begrüßenswerte Weiterentwicklung des Verteidigungsministeriums, das einmal Kriegsministerium hieß, in ein Ministerium für Konfliktbearbeitung und Friedenssicherung bedeuten. Hier könnten die jungen Menschen eine solide Grundschulung in gewaltloser Konfliktbearbeitung erhalten. Zugegebenermaßen würde das ein ehrgeiziges Unterfangen sein.

Von Regierungsseite habe ich keine offizielle Antwort auf meinen Brief bekommen. Doch erfuhr ich in privaten Gesprächen, dass man für solche Vorschläge kaum eine Realisierung sähe, da nicht genügend kompetente Kräfte für eine angemessene Ausbildung zur Verfügung stünden. Diesen Engpass sehe ich wohl, wenn ich an den Umfang und an die Art der Arbeit denke, die letztlich zu leisten wäre. Aber warum zögern? Warum könnte die Bundesrepublik nicht laut verkünden, dass sie entschlossen ist, den zweiten, gewaltlosen Weg zu Konfliktlösungen einzuschlagen und energisch zu verfolgen und damit heute – bereits heute! – mit einem entsprechenden Ausbildungslehrgang anzufangen? Und wenn dies am Anfang nur zwölf Leute wären, sechs Männer und sechs Frauen, so wäre dies ein eindrucksvolles Signal für ein Umdenken, dem Krieg langfristig eine echte Alternative entgegenzusetzen. Und ich wäre sicher, dass andere Länder, wenn auch nicht die Regierungen, so doch die Menschen diesem Beispiel freudig folgen würden. Und nach kurzer Zeit wäre es nicht nur ein Dutzend, sondern es würde Tausende von Leuten geben, die immer besser mit schwierigen Konflikten umgehen könnten. Wohl werden nur wenige die speziellen Fähigkeiten, die Einsichten und die Geduld sowie die persönliche Ausstrahlung besitzen, die wirklich großen Konflikte meistern zu können. Aber auch sie werden an vielen Stellen in der Gesellschaft gebraucht: in den Schulen, Universitäten, am Arbeitsplatz und in der Politik. So könnte in unserer Gesellschaft eine Kultur des Friedens heranwachsen, wo jeder weiß, was es bedeutet, Konflikte zu erkennen, zu entschärfen und aufzulösen. Eine Gesellschaft, in der ich lerne, mit anderen friedlich zurechtzukommen, mich darüber freuen zu können, dass er oder sie anders ist als ich und sich unsere Kräfte trotzdem nicht gegeneinanderrichten, sondern zu einer wechselseitigen Bereicherung führen.

Wissen als Wertung –
Meine Verantwortung als Wissenschaftler

Die Naturwissenschaftler – und allen voran die Physiker – sind die großen Helden unserer Zeit. Ihre Erfindungsgabe ermöglichte ein enormes Wirtschaftswachstum, eine ständige Erhöhung unseres Lebensstandards und einen Zuwachs für uns an Macht über die Natur und unsere Widersacher. Die Naturwissenschaftler werden dafür vom Steuerzahler großzügig gefördert, von Regierungen, Verwaltungen und Wirtschaft hofiert und dekoriert. Aber spätestens mit der Atombombe haben die Physiker ihre Unschuld verloren (Abbildung 7). Sie wissen das und leiden darunter. Einige entwickelten deshalb den Ehrgeiz, diese tiefe Scharte auszuwetzen. Sie wollen demonstrieren, dass die Kernenergie nicht nur im höchsten Maß zerstören, sondern im gleichen Maße auch konstruktiv für die Menschen genutzt werden kann: Sie soll eine wachsende Menschheit langfristig von allen Energiesorgen befreien! Die Physiker wurden deshalb nach dem Krieg zu den entscheidendsten Befürwortern und Betreibern einer friedlichen Nutzung der Kernenergie.

Die großen Erfolge der Wissenschaft und ihrer Methoden, die sich in einer atemberaubenden Entwicklung der Technik widerspiegeln, haben die Menschen in den industrialisierten Ländern unbescheiden und arrogant werden lassen. Die Naturwissenschaftler werden allgemein als die großen Zauberer unserer Zeit angesehen, die letztlich alle Probleme unseres Alltagslebens lösen und viele unserer Wunschträume realisieren können. Leider waren sie bisher zu erfolgreich, als dass sich ernsthafte Zweifel an dieser Einschätzung einschleichen konnten. Die Wirtschaft hat sich anscheinend diese Vorstellung zu eigen gemacht. Es ist die unerschöpfliche Erfindungsgabe des Menschen, welche, wie sie glaubt, letztlich jede Grenze zu sprengen vermag. Sie soll insbesondere gewährleisten, dass die offensichtliche Begrenztheit nichterneuerbarer Ressourcen, von denen unsere Wirtschaft derzeit entscheidend zehrt, immer wieder durch Entdeckung und Nutzbarmachung neuer Ressourcen überwunden werden kann. Diese Betrachtungsweise verkennt jedoch, dass mit der Erschließung neuer Ressourcen sich nicht etwa ein bestimmter Vorgang »Entdeckung – Entwicklung – wirtschaftliche Umsetzung« gleichartig wiederholt, sondern dass damit auch eine gewisse Eska-

7 »Mit der Atombombe haben die Physiker ihre Unschuld verloren.«
Am 6. August 1945 um 8.15 Uhr wurde von der US-Streitmacht über Hiroshima eine Atombombe gezündet. Bei diesem ersten Einsatz einer Atomwaffe in einem Krieg wurden ungefähr 80 Prozent der bis dahin unbeschädigten Stadt zerstört und zwischen 90.000 und 200.000 Menschen sofort getötet.

lation verbunden ist. Mit jedem neuen Schritt steigen nämlich die Schwierigkeiten der Erschließung, wodurch der Grenznutzen kleiner wird: Der Aufwand muss vergleichsweise ansteigen, um einen gleichwertigen Nutzen zu erzielen. Dieser Sachverhalt wird bei heutiger Rechnungsweise, die nur einen Teil des Aufwandes der Energieerzeugung wirklich erfasst und beim Nutzen die negativen Nebenfolgen ignoriert, völlig verschleiert. Der fallende Grenznutzen zwingt deshalb zu einem immer schnelleren Verbrauch von Ressourcen und zu immer extremeren und riskanteren Formen der Technik.

Auch die Gentechniker schauen die Natur unter dem Blickwinkel der Manipulation an, ohne sich über die Folgen im Klaren zu sein: Eine wunderbare Vielfalt, sagen sie, aber irgendwie komisch angeordnet. Warum sind Pflanzen da, warum Tiere, warum Menschen und so fort. Die Zusammenstellung ist doch ganz ineffizient! Also machen wir das ein bisschen anders und schreiben alles um, weil wir glauben, wir seien viel gescheiter. Die Natur ist jedoch so gemacht, dass alles mit allem zusammenhängt. Man kann nicht etwas herausnehmen, ohne die Beziehung zum anderen zu stören. Die Gentechnologie will die existierenden Pflanzen ersetzen durch solche, die einen höheren Fruchtstand haben, weniger krankheitsanfällig oder resistent sind gegenüber bestimmten Herbiziden. Uns ist die Natur, die sich ständig weiterentwickelt, mittlerweile zu langsam. Aber warum ist die Natur so langsam? Doch nicht, weil sie dumm ist, sondern weil sie bei jeder Änderung, die sie einführt, darauf wartet, inwieweit diese Änderung sich im Gesamtkontext bewährt oder nicht bewährt. Wir Menschen aber nehmen uns nicht die Zeit.

Durch das hemmungslose Wirken des Menschen bahnen sich an vielen Stellen katastrophale Entwicklungen an. Wie immer schauen die meisten weg. Andere glauben voller Resignation, dass es kein Entrinnen mehr gibt. Ich habe Verständnis für dieses Bedürfnis nach Verdrängung im Gefühl der Ohnmacht und für diesen Pessimismus angesichts der bisherigen Geschichte der Menschheit. Aber beides entlässt uns letztlich nicht aus unserer Verantwortung. Denn wir alle tragen – insbesondere wir Naturwissenschaftler – zu dieser Entwicklung selbst bei. Obgleich wir Naturwissenschaftler mit unserem Tun die Welt täglich verändern, sprechen wir in der Mehrzahl immer noch von Erkenntnissuche, von faustischem Drang und von Befriedigung natürlicher Neugierde, wir bezeichnen unser Tun als »Wissen«schaft, wenngleich es eigentlich schon lange zur »Machen«-schaft geworden ist. Verstehen und Handeln sind für den Menschen selbstverständlich beide wichtig. Sie ergänzen und bedingen einander. Doch Machen erfordert Verantwortlichkeit von dem, der manipuliert, der Wissen ins Werk setzt. Denn unsere Kräfte sind durch die Erfolge der Naturwissenschaft zu groß geworden, als dass die Natur unsere Stöße und Tritte noch abfedern, als dass sie uns unsere Missgriffe und Misshandlungen noch verzeihen kann.

Verantwortung bedeutet vereinfacht: persönliche Bürgschaft für ursächliches Handeln, wobei gelegentliches Nichthandeln als mögliche verantwortliche Haltung selbstverständlich inbegriffen ist. Eine Bejahung der Verantwortung des Wissenschaftlers für sein Tun scheint also zunächst zweierlei vorauszusetzen:

– Der Forscher muss wirklich in der Lage sein, die Folgen seines Tuns vorausssehen zu können. Denn ursächliches Handeln bedeutet doch, dass sich bestimmte Wirkungen in der Zukunft von dem Forscher genau antizipieren lassen, oder umgekehrt, wenn die Wirkungen einmal eingetreten sind, sich diese auf seine vorherigen Handlungen schlüssig zurückführen lassen. Dafür muss der Forscher auch wirklich frei sein, seine Handlungen hinlänglich zu bestimmen, für die er Verantwortung übernehmen soll.

– Es muss allgemein verbindliche Wertmaßstäbe geben, mithilfe derer der Forscher seine Handlungen als mehr oder weniger vernünftig oder unvernünftig, nützlich oder schädlich, gut oder böse einstufen kann. Und dann muss der Wissenschaftler wirklich selbst für die negativen Folgen in einer für ihn relevanten Weise zur Rechenschaft gezogen werden.

Es ist offensichtlich, dass alle diese Voraussetzungen nur in den seltensten Fällen ausreichend erfüllt sind. Es ist deshalb nicht verwunderlich, dass viele – und darunter vor allem die Naturwissenschaftler selbst – kategorisch verneinen, dass es eine besondere Verantwortung des Naturwissenschaftlers gibt, die über das Maß an Verantwortung hinausgeht, was von jedem anderen Menschen auch verlangt wird.

Wissen ohne Wertung?

Die Wissenschaftler werden nicht müde, immer wieder darauf hinzuweisen, dass Wissenschaft letztlich wertfrei sei und dass ihre Ergebnisse, wie jegliches Wissen, erst durch die praktische Handhabung und die gesellschaftliche Umsetzung eine Bewertung erfahren. Denn erst durch die Umsetzung werde ihr Schaden oder Nutzen für den Menschen evident. Wissenschaft, so wird deshalb gefolgert, müsse ganz allgemein und bedingungslos gefördert werden, denn mehr Wissen bedeute immer auch mehr Einsicht, mehr Verständnis, bessere Orientierung und höhere Erkenntnis. Eine Wertung erfolge hierbei nur unter dem Kriterium »richtig oder falsch«, im Sinne einer Stimmigkeit oder Selbstkonsistenz. Und diese Wertung gelte uneingeschränkt, da sie wesentlicher Bestandteil jeglicher Wissenschaft sei.

Eine Bewertung in Bezug auf die Bedeutung für den Menschen, die menschliche Gesellschaft, die Biosphäre, unsere Mitwelt und die Schöpfung insgesamt ist also nur gefordert, so meinen sie, bei der *Anwendung* dieses Wissens, das heißt bei der absichtsvollen Auswahl und Präparation spezieller Anfangs- und Randbedingungen, die geeignet sein sollen, die von den Wissenschaftlern aufgedeckte Naturgesetzlichkeit zu ganz bestimmten, von uns angestrebten Folgen zu zwingen. Die Anwendung wissenschaftlicher Kenntnisse und die Bewertung, die sie als gut und vernünftig ausweist, erscheint bei dieser Sichtweise nicht als Aufgabe der wissensvermittelnden und wissenschaftsfördernden Institutionen, wie etwa der Universitäten und Forschungsinstitute, sondern diese Bewertung sollte durch die Betroffenen und Nutznießer, durch die ganze Gesellschaft und ihre Politiker als deren legitimierte Repräsentanten, erfolgen.

So überzeugend die Argumentation erscheint, so halte ich sie dennoch für falsch. Denn es gibt kein Wissen ohne Wertung. Eine Wertung des Wissens geschieht auf doppelte Weise, nämlich in einem grundsätzlichen und einem mehr praktischen Sinne.

Zunächst zur grundsätzlichen Wertung: Es gibt wohl so etwas wie eine wertfreie Wissenschaft, aber diese ist ein Begriffsgebäude, das zunächst nichts mit der eigentlichen Wirklichkeit, von der Wissenschaft angeblich handelt, zu tun hat. Jede die eigentliche Wirklichkeit interpretierende Wissenschaft muss letztlich, um relevant zu sein, aus ihrem logisch strukturierten und – bei den Naturwissenschaftlern – mathematisch präzisierten Begriffsgebäude heraustreten und die Brücke zur eigentlichen Wirklichkeit, was immer wir darunter verstehen wollen, schlagen. Dies kann nicht ohne eine wissenschaftlich nicht mehr beweisbare, da aus dem Gebäude herausführende Wertung erfolgen.

Diese Feststellung hat nicht nur akademische Bedeutung. Die moderne Naturwissenschaft hat uns gelehrt, dass es eine objektivierbare Wirklichkeit, eine aus unzerstörbaren Einheiten bestehende dingliche Realität eigentlich gar nicht gibt. Was wir als Wirklichkeit erfahren, hängt wesentlich von der Methode ab, mit der wir die Wirklichkeit ausforschen und traktieren. Die naturwissenschaftliche Wirklichkeit trägt immer den Stempel unseres Denkens, sie ist geprägt durch die Art und Weise, wie Teile durch unser Denken aus dem Gesamtzusammenhang herausgebrochen wurden. Jedes Wissen, das wir begrifflich fassen, bedeutet deshalb Wertung. Die Wirklichkeit, die wir durch unser begriffliches Denken und insbesondere durch Naturwissenschaft erfassen können, ist nicht die ganze Wirklichkeit, die wir prinzipiell erfahren können. Wirklichkeit ist weit mehr als dingliche Realität.

Wenn wir uns die Frage stellen, ob Wissen ohne Wertung möglich ist, so denken wir gewöhnlich jedoch nicht an diesen grundsätzlichen Zusammenhang zwischen Wissen und Wertung, sondern betrachten diese Frage im Rahmen einer streng objektivierbaren und prinzipiell prognostizierbaren Welt. Die Wertung von Wissen stellt sich hier in einem praktischen Sinn. Sie hängt wesentlich davon ab, inwieweit Wissen zum Ausgangspunkt von Handlungen wird, Wissenschaft sich als Machenschaft, als angewandte Wissenschaft versteht.

Die Unterscheidung zwischen angewandter Wissenschaft und Grundlagenwissenschaft hat eine gewisse Berechtigung durch die bei der Erforschung verwendete Methode, aber im Hinblick auf die Bewertungsfragen – und der mit diesen zusammenhängenden Fragen nach einer besonderen Verantwortung der Wissenschaftler für ihr Tun – ist diese Unterscheidung zu ungenau. Bei der Wertungsfrage kommt es weniger auf die Methode als auf die Motive an. Wissenschaft hat im Wesentlichen zwei unterschiedliche Motive: Sie möchte etwas erkennen und wissen (die eigentliche Wissenschaft), aber sie möchte auch etwas machen, sie möchte manipulieren und verändern.

Traditionell versteht sich Wissenschaft im Sinne des ersten Motivs als ein Teil der Philosophie, der es primär um Erkenntnis und Wahrheit geht. Diese Betrachtungsweise bestimmt auch heute noch weitgehend das Selbstverständnis von Wissenschaftlern an Universitäten und Forschungsinstituten. Die tatsächliche Situation scheint dies jedoch kaum mehr zu rechtfertigen – wenigstens in der Naturwissenschaft. Die eigentliche Beschäftigung der Naturwissenschaft hat vielmehr direkt oder indirekt mit dem zweiten Motiv zu tun, wie es insbesondere in der Technik zum Tragen kommt. Hier ist Wissen nicht mehr primär ein Promotor von Erkenntnis, von Einsicht und Weisheit, sondern Wissen wird hier zum Know-how, zu einem Zweckwissen und zu einem hochpotenten Mittel der Macht.

Dies soll nicht bedeuten, dass die auf reine Erkenntnis ausgerichtete Wissenschaft auf eine Bewertung verzichten kann. Das ist nicht der Fall, denn die Grenzen zwischen erkenntnistheoretischer und anwendungsorientierter Wissenschaft sind äußerst unscharf. Die erkenntnisorientierte Wissenschaft ist heute kaum mehr eine passiv betrachtende Wissenschaft, sondern eine experimentelle Wissenschaft, die unter höchstem technischen Aufwand der Natur ihre tiefsten Geheimnisse abzupressen versucht. Die anwendungsorientierte Forschung andererseits verlangt in hohem Maße eine gründliche und detaillierte Untersuchung von bestimmten Teilphänomenen, die in der üblichen Betrachtung zur Grundlagenforschung gerechnet wird und als solche sich methodisch kaum von der erkenntnisorientierten Forschung unterscheidet.

Mit einer Aufgliederung der Wissenschaft in eine erkenntnisorientierte und eine anwendungsorientierte Richtung soll hierbei unterschwellig keine Bewertung vorgenommen werden, etwa in dem Sinne, dass erkenntnisorientierte Forschung gut und anwendungsorientierte Forschung schlecht sei und deshalb nur die erstere betrieben werden sollte; oder auch im umgekehrten Sinne, dass etwa erkenntnisorientierte Forschung als *l'art pour l'art* von Universitäten und Forschungsinstitutionen verbannt und nur noch gesellschaftlich relevante, angewandte Forschung betrieben werden sollte. Die beiden Zweige der Wissenschaften entsprechen nur zwei andersartigen Anliegen unserer menschlichen Gesellschaft. Die erkenntnisorientierte Wissenschaft hat philosophisch-kulturelle Bedeutung, ähnlich wie die Religion oder die Künste. Sie ist als Quelle von Bildung und als Orientierungswissen für das Zusammenleben der Menschen und die gesellschaftlichen Strukturen unentbehrlich. Die anwendungsorientierte Wissenschaft hat dagegen zum Ziel, die äußeren Lebensbedingungen des Menschen zu »verbessern« (was immer wir darunter verstehen wollen) oder wenigstens diese nicht schlechter werden zu lassen. Die Notwendigkeit einer Wertung von Wissenschaft wird für die Gesellschaft jedoch umso wichtiger, je mehr sie sich vom Wissen zum Machen verlagert. Aber hier kommen wir auf den ersten Punkt der Voraussetzungen für ein verantwortliches Handeln eines Naturwissenschaftlers zurück, inwieweit er nämlich in der Lage ist, zukünftige Folgen seines Tuns erfolgreich prognostizieren zu können.

Wissen als Wertung – Meine Verantwortung als Wissenschaftler

Eine Prognose zukünftiger Folgen scheint besonders schwierig in der Grundlagenforschung, bei der Neuland betreten wird. Doch auch für die angewandte Forschung ist eine solche Prognose sehr kompliziert und nur in beschränktem Maße möglich. Jedenfalls wird eine genaue Prognose auch unter günstigsten Umständen – schon wegen der naturgesetzlich bedingten prinzipiellen Grenzen – nie möglich sein. Daraus soll man jedoch nicht ableiten, wie dies oft geschieht, dass der Forscher deshalb für sein Tun keine Verantwortung übernehmen kann und auch keine Verantwortung trägt. Denn, um Verantwortung zu tragen, ist eine genaue Prognose nötig. Wichtig vor allem ist, dass der Forscher versucht, die »Topologie« seines Forschungsgeländes zu erkunden, bevor er sich auf den Weg begibt. Um im Bilde zu bleiben: Auf einem Wiesenpfad in einem breiten, verschlungenen Gebirgstal zu gehen, birgt selbst bei relativer Unübersichtlichkeit des Geländes kaum Gefahren, im Gegensatz etwa zu einer Wanderung auf einem schmalen, steinigen Gebirgsgrat im Nebel oder bei der Überquerung eines Lawinenhangs. Selbst eine solche gefährliche Gratwanderung könnte der Forscher und Techniker wagen, wenn die mögliche Folge nur sein eigener Absturz wäre, aber nicht, wenn dabei eine ganze Seilschaft – nämlich ganze Völker, zukünftige Generationen oder sogar die Menschheit als Gattung – mit in den Abgrund gerissen würde. Hier darf ein verantwortungsbewusster Forscher einfach nicht weitergehen, auch wenn für die Menschheit auf diesem gefährlichen Pfad einige »segensreiche Fortschritte« winken und er mit größter Bedachtsamkeit versucht, das Absturzrisiko zu verringern. Er muss sich bei seiner Entscheidung immer an der ungünstigsten Prognose orientieren.

Die Topologie, die Gestalt eines Gebietes wahrzunehmen, verlangt, dass man dieses Gebiet nicht nur als kurzsichtiger Spezialist abgetastet, sondern es gewissermaßen auch aus der Distanz in seiner Ganzheit betrachtet hat.

Pflicht zur Mitnatürlichkeit

Unser Wissen ist heute in viele Einzeldisziplinen zerstückelt, die jeweils nur noch ein Fachmann übersehen und »verstehen« kann. Wobei »verstehen« meist nicht sehr viel mehr bedeutet, als dass dieser Fachmann mit seinem Gebiet mehr oder weniger vertraut ist, dass er sich darin, wie etwa in seiner Wohnung, bewegen und zurechtfinden kann.

Das Wissen in seiner Gesamtheit, wie es durch die Wissenschaften vermittelt wird, ist deshalb für den Einzelnen in diesem Sinne nicht mehr erfassbar und überschaubar. Wir fühlen uns trotz großer Anstrengung von den ständig wachsenden Anforderungen an unsere Anpassungsfähigkeit überfordert. Wir helfen uns in dieser Notlage, indem wir aufgeben, alles geistig durchdringen und verstehen zu wollen. Stattdessen bauen wir »schwarze

Kästen« in unserem Denken ein, die wir – ähnlich wie Autos, Fernseher und Waschmaschinen – einfach durch Knopfdruck und Hebel bedienen, ohne ihre Wirkungsweise eigentlich zu verstehen. In dieser uns überfordernden Situation laufen wir Gefahr, dass uns die Wirklichkeit auf die Existenz der vielen Werkzeuge und technischen Hilfsmittel reduziert erscheint, mit denen wir uns so reichlich umgeben haben. Unsere hochdifferenzierte und synergetisch zusammenwirkende natürliche Mitwelt erschließt sich für uns nur noch durch die Vermittlung einer von uns selbst geschaffenen, einfältigen, mechanistisch strukturierten und funktionierenden Teilwelt. Diese primitive Teilwelt verstellt uns den Blick auf die weit vielfältigere und differenziertere eigentliche Wirklichkeit und isoliert uns von ihr.

Wie soll es uns heute gelingen, aus der Einzelbetrachtung von vielen verschiedenen Disziplinen wieder zu einer Gesamtbetrachtung zu kommen, welche die Voraussetzung darstellt, Verantwortung überhaupt wahrnehmen und übernehmen zu können? Was früher noch möglich war, wenn auch nur bei ganz außergewöhnlichen Begabungen, nämlich sich wenigstens noch einen groben Überblick über die wichtigsten Wissensinhalte anzueignen, ist mittlerweile auch für den gescheitesten Kopf bei der heutigen Faktenfülle gänzlich unerreichbar geworden. Bleibt uns also in dieser Zwangslage, in der sich unsere begrenzte Auffassungsgabe mit einem rasant steigenden Angebot an möglichem Wissen konfrontiert sieht, nur noch die bittere Wahl, uns mit einem immer spezieller werdenden Fachwissen begnügen zu müssen. Das trennt uns immer weiter von unseren Mitmenschen, isoliert uns als Individuen und verdammt uns letztlich zu einer umfassenden Sprachlosigkeit. Wir sind zunehmend denen ausgeliefert, die uns vermitteln, sie wüssten, »wo es langgeht«, einfach weil sie mit der Sprache so virtuos jonglieren, dass wir ihnen einfach glauben müssen.

Ich erinnere mich in diesem Zusammenhang an einen öffentlichen Disput mit einem solch wortgewandten Wissenschaftskollegen im *SPIEGEL* Mitte der 1990er-Jahre. Dort hatte Hubert Markl, Professor für Biologie und von 1987 bis 1991 Präsident der Deutschen Forschungsgemeinschaft und damals designierter Präsident der Max-Planck-Gesellschaft, eine Art Biokratie gefordert: Wenn der Mensch den Planeten retten wolle, müsse er zum »Manager der Biosphäre« werden. Mithilfe der modernen Biologie und Gentechnik müsse der *Homo sapiens* »den Auftrag, die Natur in unsere Obhut zu nehmen, aktiv und positiv aufnehmen«.

Ich habe in meiner Antwort im *SPIEGEL*, die wenige Wochen nach Markls Essay erschien, der von ihm propagierten »Pflicht zur Widernatürlichkeit« eine »Pflicht zur Mitnatürlichkeit« entgegengesetzt. Die von Markl und anderen Wissenschaftlern geforderte »Natur unter Menschenhand« wird stets eine Illusion, wenn nicht gar eine gefährliche Anmaßung bleiben. Denn die Natur wird uns keine Sonderbehandlung gewähren, nur weil wir uns als

»Krone der Schöpfung« betrachten. Selbstverständlich besitzen wir mit unserem Bewusstsein eine interessante und vielleicht liebenswerte Besonderheit. Ich fürchte aber, die Natur ist nicht eitel genug, um sich an den Menschen als einen Spiegel zu klammern, in dem allein sie ihre eigene Schönheit sehen kann. Sie wird den Menschen vielmehr – wie alle anderen Spezies vor ihm, die sich nicht erfolgreich ins kreative Plussummenspiel der Schöpfung einklinken konnten – einfach langfristig aus der Evolution entlassen.

»Eine vom Menschen beherrschte, vom Menschen zu gestaltende und zu bewahrende, eine vom Menschen zu verantwortende Natur, mit einem Wort: eine Natur unter Menschenhand« soll nach Markl die einzig mögliche Rettung unseres belebten Planeten vor seiner Zerstörung sein. Einer Zerstörung wohlgemerkt, die vom Menschen selbst (besser: dem »Manager« der nördlichen Hemisphäre) verursacht worden ist und weiter betrieben wird. Welch eine Anmaßung spricht aus einer solchen Proklamation. Und dies aus der Mitte Europas, vor dem Hintergrund der letzten 150 Jahre Industriegeschichte, die geprägt sind

– durch unermessliche Zerstörungen von natürlichen (physischen und biologischen) Ressourcen mit wachsender Beteiligung von Wissenschaft und Technik, deren bisherige »Höchstleistung« die Atombombe darstellt;
– durch unseren Verstand überschreitende industrielle Vernichtungsorgien von Menschen, von sozialen Strukturen und unersetzlichen Werten durch zwei von den Industriestaaten, insbesondere Deutschland, angezettelten Weltkriegen;
– durch einen Wachstumsglauben, der die Umwelt fälschlicherweise nicht als natürliche beschränkt robuste Lebensgrundlage, sondern als einen dem Menschen zugeeigneten, unendlich ergiebigen Steinbruch und als beliebig schluckfähige Müllkippe betrachtet.

Ausgerechnet die ökonomischen, sozialen und wissenschaftlichen Eliten, die für diese Fehlentwicklungen verantwortlich waren und sind, sollen in Zukunft die Biosphäre »managen«? Eine Biosphäre, von deren wundervollem Funktionieren wir nicht einmal ein Pikoprozent wirklich kennen? Ja, mehr noch, von der uns – in Kenntnis der durch die moderne Physik ausgewiesenen prinzipiellen Grenzen des Wissbaren – auch in Zukunft wohl vieles auf immer verborgen bleiben wird. Da wird von Protagonisten des wissenschaftlich-technischen Fortschritts wie Markl doch wahrlich die Katze zur Hüterin der Mäuse gemacht.

Der so forsch daherkommende und sich fundamentalistisch gebärdende wissenschaftlich-industrielle Komplex will nun darüber hinaus auch noch ein ganz neues Instrument für die globalen Managementaufgaben anbieten: die Gentechnik (Abbildung 8). Auch hier gebrauchte Markl in seinem SPIEGEL-Essay die erschreckende Sprache des Unmaßes: »Dass dabei [bei der

80 Kapitel II – Warum Wissenschaft nicht wertfrei ist

Gentechnik] die Schöpfung manipuliert wird, ist richtig. Dass dies notwendig und sittlich geradezu geboten ist, um eben diese Schöpfung vor völliger Zerstörung zu retten, ist jedoch ebenfalls richtig.«

Und die dunkle Ahnung trügt nicht, dass in dieses globale Biosphärenmanagement auch ein Großteil der Menschheit mit einbezogen werden soll (Markl: »der wichtigste Auftrag des Menschen ist es, seine Reproduktion zu zügeln«). So nebenbei erwähnt Markl »eine Milliarde Menschen« als Obergrenze, um die ökologische Tragfähigkeit der Erde langfristig nicht zu überfordern. Diese Zahl mag für den verschwenderischen Lebensstil eines US-Amerikaners, wenn man dessen Ressourcenverbrauch weltweit hochrechnet, vielleicht eine gute Abschätzung sein. Anstatt jedoch eine solche Zahl zu nennen, die ganz zufällig auch der heutigen Bevölkerung des reichen Nordens entspricht, wäre es wohl besser und humaner, neue, menschenwürdige und freudvolle Lebensstile zu entwerfen und deren Umsetzung anzustreben. Sie würden allen knapp sieben Milliarden heute lebenden Menschen bei einer gerechteren Verteilung der irdischen Güter und Früchte eine Zukunft auf diesem Planeten erlauben.

8 »Natur unter Menschenhand«
Am 14. Februar 2003 musste »Dolly«, das erste geklonte Säugetier, eingeschläfert werden. Es wurde lediglich 6,5 Jahre alt.

Auch wenn uns Wissenschaftlern als denjenigen, die die technische und wirtschaftliche Entwicklung unserer Gesellschaften in hohem Maße mit beeinflussen und ermöglichen, eine besondere Verantwortung für ihr Tun und Lassen zukommt, sollten wir umso vorsichtiger und bescheidener bei Versuchen sein, unsere Einsicht in die Zusammenhänge von Natur und Kultur so großzügig mit allgemeinen und gar noch gesellschaftspolitischen Ansprüchen zu verbinden, wie dies Markl in seinem Essay »mustergültig« vorgeführt hat. Und dies nicht nur wegen der erwiesenen Janusköpfigkeit der Wissenschaften, sondern auch wegen des Gebots intellektueller Redlichkeit. Kein Physiker, kein Biologe, Ökonom oder Chemiker ist mehr Experte für das Politische als alle übrigen nachdenklichen Staatsbürger.

KAPITEL III
Wie das Unlebendige
lebendig wird

*»Die Grundlage der Welt ist nicht
materiell, sondern geistig.«*

Altes Weltbild, neues Denken –
Revolution in der Physik

Zu Beginn des vorigen Jahrhunderts hat sich im Denkgebäude der Physik eine Revolution ereignet, die unser physikalisches Weltbild radikal verändert: die Quantentheorie. Durch sie wurden überraschende Möglichkeiten eröffnet, alte Streitfragen der Physik in einem ganz neuen Licht zu sehen und miteinander zu versöhnen. Es verlangt uns jedoch einiges ab, dieses »Neue Denken« als Grundlage und Chance für Veränderungen unseres Selbst- und Weltverständnisses anzunehmen und zu verstehen. Schließlich sind unsere Denkstrukturen, Vorstellungen und Handlungsmuster durch das klassische Weltbild entscheidend geprägt worden. Sein Fundament wurde durch Galilei, Descartes und Newton im 17. Jahrhundert gelegt und war seinerseits das Ergebnis eines mit der Renaissance einsetzenden beispiellosen Triumphzuges in der Entwicklung der menschlichen Zivilisation. Sie eröffnete dem selbstbewussten, fragenden und forschenden Menschen die prinzipielle Möglichkeit echter Aufklärung, verlässlichen Wissens, sicherer Prognosen und damit auch praktisch die Aussicht auf eine unbegrenzte Beherrschung der Natur.

Die Umkehrung des alten Weltbildes

Die klassische Welt ist mechanistisch, unserer greifenden Hand angemessen: Ihre Inhalte sind begreifbar und in unserem rationalen Denken, einem virtuellen Handeln gleichend, durch Begriffe symbolisch fassbar und deutbar. Diesem Weltbild zufolge ist Natur stofflich, materiell. Wir können sie zerlegen, ohne dass sie ihre materiellen Eigenschaften verliert. Daher war es für die Naturwissenschaftler und insbesondere die Physiker naheliegend, durch die präzise Erforschung der materiellen Welt und ihrer Naturgesetze die Welt zunächst vollständig zu zerlegen. Zu diesem Zweck ist es notwendig gewesen, nach der »reinen Materie« zu suchen. Die Suche nach der reinen Materie bedeutete die Suche nach dem »Unteilbaren«, dem »A-tom«. Es war die Suche nach dem Kleinsten, aus dem sich alle materiellen Formen zusammensetzen. Bei den kleinsten Bausteinen der chemischen Elemente glaubte man sich am Ziel und nannte sie »Atome«. Sie schienen unspaltbare Kandidaten reiner Materie zu sein und die Erkenntnis lautete: Primär existiert der Stoff, die Materie, die durch immer weitere Zerlegung schließlich unzerlegbar (atomar) wird. Wir sprechen von kleinsten Teilchen, die sich nicht weiter zerbrechen lassen. Ihnen wird die Eigenschaft zugeschrieben, dass sie im Laufe der Zeit immer mit sich selbst identisch bleiben. Durch die zeitliche Kontinuität der Materie wird so eine Kontinuität der Welt gewährleistet. Die beobachtbaren Veränderungen in der Welt geschehen in dieser Sichtweise durch Umordnen dieser kleinsten Teilchen. Die Welt ist ein großer Sandsack isolierter Teilwelten, die mit sich selbst identisch bleiben und nur mit ihren nächsten Nachbarn in Beziehung stehen, mit ihnen eine Wechselwirkung eingehen. Die Kräfte gehorchen einfachen Gesetzen und erlauben deshalb präzise Veränderungen durch gezielte Eingriffe. Sie ermöglichen Handeln mit gezielter Absicht.

Dies gelingt selbstverständlich nur, wenn wir uns als Menschen nicht als Teil dieses streng determiniert erachteten Mechanismus »Natur« verstehen, sondern gewissermaßen als Ebenbild Gottes außerhalb der Schöpfung stehen und damit über die Natur erhaben sind: der Mensch als Mitschöpfer, als Manipulierer und Herrscher über eine mechanisch versklavte Natur.

Diesem klassischen Naturkonzept zufolge steht der Stoff, das heißt die Materie, an erster Stelle und bleibt gleich; die Form, das heißt die Gestalt, steht dagegen an zweiter Stelle. Sie entsteht durch die Beziehungsstruktur des Stoffs, durch die Wechselwirkung der Materie, und ändert sich ständig im Ablauf der Zeit.

Die moderne Physik kommt nun zu der überraschenden Erkenntnis: *Materie ist nicht aus Materie aufgebaut!* Wenn wir die Materie immer weiter auseinander nehmen, in der Hoffnung die kleinste, gestaltlose, reine Materie zu finden, bleibt am Ende nichts mehr übrig, was uns an Materie erinnert. Am Schluss ist kein Stoff mehr, nur noch Form, Gestalt, Symmetrie, Beziehung. Diese Erkenntnis war und ist nach wie vor sehr verwirrend. Wenn Materie nicht aus Materie aufgebaut ist, dann bedeutet das: Das Primat von Materie und Form dreht sich um: Das Primäre ist Beziehung, der Stoff das Sekundäre. Materie ist der neuen Physik zufolge ein Phänomen, das erst bei einer gewissen vergröberten Betrachtung erscheint. Materie/Stoff ist geronnene Form. Vielleicht könnten wir auch sagen: Am Ende allen Zerteilens von Materie bleibt etwas, das mehr dem Geistigen ähnelt – ganzheitlich, offen, lebendig: Potenzialität, die Kann-Möglichkeit einer Realisierung. Materie ist die Schlacke dieses Geistigen – zerlegbar, abgrenzbar, determiniert: Realität.

In der Potenzialität gibt es keine eindeutigen Ursache/Wirkung-Beziehungen. Die Zukunft ist wesentlich offen. Es lassen sich für das, was »verschlackt«, was real geschieht, nur noch Wahrscheinlichkeiten angeben. Es gibt keine Teilchen, die unzerstörbar sind, die mit sich selbst identisch bleiben, sondern wir haben ein »feuriges Brodeln«, ein ständiges Entstehen und Vergehen. In jedem Augenblick wird die Welt neu geschaffen, jedoch im Angesicht, im »Erwartungsfeld« der ständig abtretenden Welt. Dies ist auch der Grund, warum uns die Zukunft verschlossen bleibt: Sie wird uns nicht vorenthalten, sondern sie existiert gar nicht. Die alte Potenzialität in ihrer Ganzheit gebiert die neue und prägt neue Realisierungen, ohne sie jedoch eindeutig festzulegen.

In diesem andauernden Schöpfungsprozess wird ständig ganz Neues, Noch-nie-Dagewesenes geschaffen. »Alles« ist daran beteiligt. Das Zusammenspiel folgt bestimmten Regeln. Physikalisch wird es beschrieben durch eine Überlagerung komplexwertiger Wellen, die sich verstärken und schwächen können. Es ist ein *Plussummenspiel*, bei dem Kooperation zur Verstärkung führt. Der zeitliche Prozess ist nicht einfach Entwicklung und Entfaltung beziehungsweise ein »Auswickeln« von bereits Bestehendem, von immerwährender Materie, die sich nur eine neue Form gibt. Es ist vielmehr echte Kreation: Verwandlung von Potenzialität in Realität, materiell-energetische Manifestation des Möglichen.

Das mag eine schlechte Nachricht für diejenigen bedeuten, die Natur manipulieren und letztlich fest in den Griff bekommen wollen. Denn wir können prinzipiell nicht genau wissen, was unter vorgegebenen Umständen in Zukunft passieren wird. Und dies, wohlgemerkt, nicht aus noch mangelnder Kenntnis, sondern als Folge der Sowohl-als-auch-Struktur der Potenzialität, die mehr die lose Verknüpfungsstruktur freier Gedanken besitzt beziehungsweise einer »Ahnung« gleicht. Dies imitiert die Entstehung von unabhängigen Subsystemen, die grob wie Teile des Gesamtsystems fungieren, aus denen dieses Gesamtsystem dann als »zusammengesetzt« erscheint. Dies ist aber nie der Fall, weil der Zusammenhang viel tiefer geht, so wie etwa die sichtbar getrennten weißen Schaumkronen auf stürmischer See nicht die Behauptung rechtfertigen, das Meer sei aus Wellen und Schaumkronen zusammengesetzt. Das Sinnstiftende im Zusammenwirken der Als-ob-Teile entsteht immer aus dem Ganzen, das sie einschließt. Dieses Ganze, Eine, ist immer da, ob das Meer »leer«, glatt und ruhig sich ausbreitet oder ob es »voll«, hoch differenziert sich im Sturme wellt. Das Zusammenspiel der Wellen führt zu einer Orientierung, die so aussieht, als gäbe es ein vorgegebenes Ziel. Aber der Weg, das konstruktive Zusammenspiel, *gebiert* das Ziel.

Das alte Weltbild stellt den Menschen in den Mittelpunkt des Geschehens. Es ist deshalb verständlich, dass wir in unserer westlichen, betont auf schöpferisches Wirken, Handeln, Machterwerb und Machterweiterung ausgerichteten Zivilisation, trotz unserer heute besseren Einsichten, so stark daran festhalten, uns die Wirklichkeit weiterhin als objekthafte Realität vorzustellen. Denn nur in dieser materiell geronnenen und lokal ausgeflockten Form bekommen wir sie in den Griff und können sie zum eigenen Nutzen manipulieren.

Wie kam es zu diesem neuen, unser Selbst- und Weltverständnis revolutionierenden Denken in der Physik? Der in England arbeitende neuseeländische Atomphysiker und spätere Nobelpreisträger Ernest Rutherford (Abbildung 1) stellte 1911 mit seinen Alphastrahlenversuchen fest, dass Atome doch eine innere Struktur haben: eine Art elektrisches Planetensystem mit einem winzig kleinen positiv geladenen Atomkern inmitten einer diffusen Hülle aus negativ geladenen rotierenden Elektronen. Atome waren also noch aus kleineren Bestandteilen aufgebaut; man nannte sie Elementarteilchen. Dann kam die große Überraschung: Dieses elektrische System aus Kern und Hülle konnte nach den Regeln der klassischen Physik nicht stabil sein, es müsste spontan unter Lichtausstrahlung in sich zusammenstürzen. Dieses System konnte nur stabil sein, wenn man eine ganz eigenartige Dynamik zugrunde legte: Die Elektronen mussten, wie Niels Bohr 1913 postulierte, mit ihrer elektrischen Ladung über ganz bestimmte Bahnen »verschmiert« sein. Es war 1923 Louis de Broglie, der den Vorschlag machte, dass es die Elektronen als Teilchen gar nicht gibt, sondern diese nur

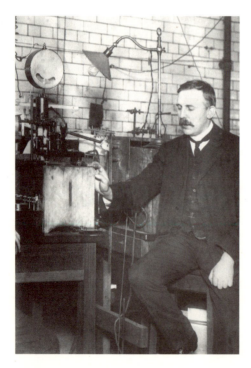

1 »Eine Art elektrisches Planetensystem«
Der Physiker Ernest Rutherford (1871–1937) entdeckte 1911, dass auch Atome noch eine innere Struktur besitzen.

88   Kapitel III – Wie das Unlebendige lebendig wird

durch stationäre immaterielle Schwingungen vorgetäuscht wurden. Daraus folgerte er die bereits oben erwähnte grundlegende Einsicht, dass Atome als kleinste Materieteilchen ihrerseits nicht mehr aus Materie aufgebaut sind. Die Materie verschwand sozusagen, zurück blieb nur – eine Form. Das alte Physikgebäude kam zum Einsturz, hatte man doch fest darauf vertraut, dass die Welt eine Struktur habe, bei der es sinnvoll ist zu fragen: Was ist? Was existiert? Sein und Existenz hingen eng mit dem Begriff Materie zusammen. Nun aber stellte sich heraus: Materie ist nicht aus Materie aufgebaut; das Fundament der Welt ist nicht materiell! Stattdessen finden wir hier Informationsfelder, Führungsfelder, Erwartungsfelder, die mit Energie und Materie nichts zu tun haben.

Ausgelöst wurde die neue Physik 1900 von Max Planck durch die Interpretation eines experimentellen Befundes, dass sich Licht, durch James Clerk Maxwell Mitte des 19. Jahrhunderts als elektromagnetische *Welle* etabliert, paradoxerweise wie ein *Teilchen* (Licht-Quantum oder Photon) verhielt. Dies wurde dann auch 1905 von Einstein in einem anderem Zusammenhang bestätigt. Planck und Albert Einstein erhielten 1918 beziehungsweise 1921 für diese Entdeckung den Nobelpreis. Den Grundstein für das daraus resultierende revolutionär neue Weltbild legten 1925 Werner Heisenberg und Niels Bohr und in der Folge eine Schar von enthusiastischen Zwanzigjährigen wie Paul Dirac, Wolfgang Pauli und andere (Abbildung 2). Weil sie vielleicht noch so wenig von der alten Physik kannten, fiel ihnen der verwegene Sprung in die neue Weltdeutung leichter als den »alten Herren«. Anstatt über das Absurde des neuen Weltbildes weiter zu rätseln und den Zusammenbruch des alten Weltbildes zu beklagen, erkannten sie mit Staunen die umfassendere Bedeutung und die größere Integrationskraft der neuen Weltsicht.

Werner Heisenberg und das neue Weltbild

Werner Heisenbergs Leben und Werk stehen vor uns wie ein Monolith – geschlossen, erhaben und wuchtig. Was können wir daraus für unser eigenes Leben und Tun lernen? Für das wirklich Große ist es eigentümlich, dass es nur Vorbild und nie Maßstab sein kann. Aber auch das Große und Außergewöhnliche entwickelt sich nicht einfach als Folge großer Talente, sondern erfordert bestimmte menschliche Qualitäten und besondere äußere Voraussetzungen.

Heisenbergs Einfluss auf die Physik war tiefgreifend und umfassend. Arnold Sommerfeld, sein Lehrer an der Münchner Universität, gab dem 19-jährigen Heisenberg 1920 in seinem ersten Semester eine Aufgabe über den anormalen Zeemann-Effekt. Dies war für ihn der Einstieg in die Atomphysik. Sommerfeld legte jedoch großen Wert auf solide Kenntnisse in der

2 »Sie erkannten mit Staunen die Bedeutung der neuen Weltsicht.«
Seit 1911 fanden in Brüssel die internationalen Solvay-Konferenzen statt: eine Art Gipfeltreffen der besten Physiker und Chemiker ihrer Zeit. Auf der wohl berühmtesten Konferenz, der fünften im Jahr 1927, wurden Heisenbergs Unschärferelationen und die neu formulierte Quantentheorie mit den damals führenden Wissenschaftlern Albert Einstein und Niels Bohr diskutiert.

17 der 29 Anwesenden besaßen oder bekamen in der Folgezeit den Nobelpreis. Das Bild zeigt in der ersten Reihe Albert Einstein (Mitte) und Max Planck (2. v. l., neben Marie Curie). In der zweiten Reihe: Paul Dirac (links hinter Einstein) sowie Niels Bohr und Max Born (1. u. 2. v. r.). Dahinter in der letzten Reihe: Werner Heisenberg neben Wolfgang Pauli (3. u. 4. v. r.).

Physik und vor allem auf gute handwerkliche Fertigkeiten bei der konkreten Lösung physikalischer Probleme. Er bestand deshalb darauf, dass Heisenberg für seine Doktorarbeit ein besser fundiertes und weniger spektakuläres Thema aus der Turbulenztheorie von Flüssigkeiten behandelte. Aber dies hinderte Heisenberg nicht daran, trotzdem voll und ganz in die aufregende und geheimnisvolle neue Welt der Atomphysik einzudringen. Sein persönlicher Kontakt mit Niels Bohr anlässlich der sogenannten »Bohr Festspiele« im Sommer 1922 in Göttingen und während seines Besuches 1924 in Kopenhagen gab ihm hierbei entscheidende Impulse. In schneller Folge erschienen damals all die berühmten Arbeiten, die begründeten, was wir heute »Quantenmechanik« nennen. Was war geschehen?

Heisenberg hatte damit begonnen, die richtigen Formeln für die Intensitäten der Linien im Wasserstoffatom zu erraten, war aber zunächst an der Kompliziertheit des Problems gescheitert. Er versuchte dasselbe dann an einem einfacheren dynamischen System. Um zu den gewünschten Resultaten zu gelangen, ersann er für die Rechnung neue »Spielregeln«, erprobte deren Widerspruchsfreiheit und physikalische Brauchbarkeit in mühseligen Einzeluntersuchungen und gelangte so schließlich zu einer neuen Rechenvorschrift, nach der man bei einer Multiplikation zweier Messgrößen auf deren Reihenfolge achten musste. Max Borns mathematisch geschulter Blick erkannte darin das den Mathematikern vertraute Matrizenkalkül. Damit war ein neuer formaler Rahmen für die Quantenphysik gefunden, an dessen erfolgreichem Ausbau insbesondere Pasqual Jordan beteiligt war. Heisenberg kümmerte sich weniger um diese mathematischen Interpretationen, er war darüber fast etwas irritiert. Sein Interesse richtete sich hauptsächlich auf die begriffliche Deutung dieser neuen seltsamen Mechanik.

Die Entwicklung hatte in aller Schärfe gezeigt, dass die Atomphysik den Rahmen der klassischen Newtonschen Mechanik sprengte. Vertraute Vorstellungen, wie die Bahnen der Elektronen, waren für die Beschreibung nicht nur unwesentlich, sondern widerspruchsvoll. Sie mussten einer »verwascheneren« Vorstellung weichen, in der die scheinbar widerstreitenden komplementären Bilder von »Korpuskel« und »Welle« verschmolzen waren. Die begriffliche Auflösung dieser klassischen Vorstellung hat Heisenberg im Jahr 1927 in seinen berühmten »Unbestimmtheitsrelationen« quantitativ formuliert. Seine mit Bohr erarbeitete »Kopenhagener Deutung« der Quantentheorie führte 1927 zum begrifflichen Abschluss der neuen Physik. Eine wesentliche Einsicht war dabei, dass »Dinge« als »Prozesse« interpretiert werden mussten.

Auch nach diesem großen Wurf war Heisenberg in den folgenden Jahren dabei, das geöffnete Neuland an den interessantesten Stellen zu erforschen: 1928 gelang ihm die quantentheoretische Deutung des Ferromagnetismus; mit Wolfgang Pauli begann er 1929 die Quantisierung von Wellenfeldern; 1932 und in den darauffolgenden Jahren schrieb er grundlegende Arbeiten über den Aufbau der Atomkerne und deren Kräfte; 1936 arbeitete er über die kosmische Höhenstrahlung und ihre Eigenschaften bei hohen Energien; in den Kriegsjahren berechnete er Kernreaktoren und war am Bau eines Prototyps beteiligt; nach Kriegsende versuchte er sich an einer Theorie der Supraleitung, die sich jedoch sehr viel später, 1957, nach den Arbeiten von John Bardeen, Leon Cooper und John Schrieffer als falsch erwies. Nach 1950 wandte sich Heisenberg dem Versuch einer einheitlichen dynamischen Beschreibung der kleinsten Bausteine der Materie, der Elementarteilchen, zu. Diese ehrgeizige und schwierige Aufgabe hat ihn mehr als 20 Jahre, bis zu seinem Tode im Februar 1976, intensiv beschäftigt.

Trotz seiner eindrucksvollen Fülle und Vielfalt lässt sich im wissenschaftlichen Werk Heisenbergs klar und deutlich ein Grundanliegen erkennen, nämlich zu einer einheitlichen Beschreibung der Mikrophänomene vorzustoßen, um auf diese Weise zu einem alles umfassenden dynamischen Grundgesetz der Natur zu gelangen. Sein Bemühen vollzog sich deshalb in gewis-

Altes Weltbild, neues Denken – Revolution in der Physik 91

ser Parallele zu dem Bestreben Albert Einsteins, der jedoch dasselbe Problem, da er die Bohr-Heisenbergsche Quantentheorie wegen ihres Widerspruchs mit der klassischen Physik ablehnte, von einer verallgemeinerten Beschreibung der Makrophänomene, der Gravitation, einzukreisen versuchte. Betrachtet man Heisenbergs der fundamentalen Dynamik der Elementarteilchen gewidmeten Forschungsarbeiten seiner letzten 20 Lebensjahre, so erscheinen die Arbeiten des jungen Heisenberg fast wie eine Vorbereitung für eine so ungeheuer vielschichtige und komplizierte Aufgabe.

Die mit Wolfgang Pauli begonnene Quantenfeldtheorie bot ihm den geeigneten methodischen Rahmen für die Formulierung einer Theorie. Er erkannte mit Erstaunen, dass die von Paul Dirac vorgeschlagene Einbeziehung der Einsteinschen Relativitätstheorie in die Quantentheorie auf natürliche Weise zu einer weiteren Auflösung des Teilchenbegriffes in dem Sinne führte, dass keine sinnvolle Unterscheidung mehr zwischen zusammengesetzten Systemen und ihren Bestandteilen unterhalb des Elementarteilchenniveaus möglich sein sollte. In dieser Aufweichung des Teilchenbegriffes sah er einen rettenden Ausweg aus den prinzipiellen Schwierigkeiten, mit denen die Quantenfeldtheorie von Anbeginn konfrontiert war.

Ich möchte an dieser Stelle nicht weiter auf Einzelheiten seiner einheitlichen Feldtheorie der Elementarteilchen eingehen. Zusammenfassend lässt sich wohl sagen: Viele der wesentlichen in seiner einheitlichen Elementarteilchentheorie entwickelten Ideen haben sich glänzend bewährt, die von ihm zusammen mit Wolfgang Pauli 1958 in einer unveröffentlichten Arbeit vorgeschlagene spezielle Form dieser Theorie ist jedoch heute mehr als umstritten, sie gilt in den Augen der meisten Physiker aufgrund der neuen Erkenntnisse als »erledigt«. Solange das Ziel einer einheitlichen Beschreibung der Elementarteilchen und ihrer Kraftwirkungen jedoch noch nicht erreicht ist, sollte man sich hüten, vorschnell zu einem endgültigen Verdikt zu kommen.

Die Atmosphäre zu jener Zeit war vielleicht ähnlich der Stimmung, wie sie Heisenberg in seinem autobiografischen Werk *Der Teil und das Ganze* so eindrucksvoll im Zusammenhang mit der Entdeckung der Quantenmechanik 1925 auf Helgoland beschrieben hat. Er berichtet in seinen Erinnerungen von einer Bergwanderung in den Alpen, wo er sich mit einer Gruppe junger Leute im Nebel verirrt hatte:

»Die Helligkeit fing an zu wechseln. Wir waren offenbar in ein Feld ziehender Nebelschwaden gelangt, und mit einem Mal konnten wir zwischen zwei dichteren Schwaden die helle, von der Sonne beleuchtete Kante einer hohen Felswand erkennen, deren Existenz wir nach unserer Karte schon vermutet hatten. Einige wenige Durchblicke dieser Art genügten, uns ein klares Bild der Berglandschaft zu vermitteln [...]«.

Auf seinem Totenbett bei seinem letzten Gespräch mit mir, wenige Tage vor seinem Tode, rief er diese Tage seiner engen Zusammenarbeit mit Pauli Ende 1957 nochmals mit folgenden Worten in Erinnerung:

»Es war ähnlich und doch ganz anders als auf Helgoland. Ich wusste, die Elementarteilchenphysik war viel komplizierter und undurchsichtiger und die Hoffnung auf einen schnellen Durchbruch eigentlich kaum gegeben. Aufgrund langjähriger Untersuchungen hatte ich immer schon den Eindruck, auf dem richtigen Weg zu sein, aber Pauli war immer ganz dagegen und hat mich mehrfach energisch aufgefordert, diesen ganzen Unsinn aufzugeben. Von der neuen Form der Gleichung war er dann plötzlich ganz begeistert, und das hat mich angesteckt. Als Pauli dann so euphorisch wurde, hat mich das wieder etwas ernüchtert, denn ich wusste von meinen vorangegangenen Arbeiten, wie Vieles und Schweres noch zu leisten war.«

Wolfgang Pauli war Anfang 1958 – kurz bevor ich aus Kalifornien in Göttingen ankam – für einen Gastaufenthalt nach Kalifornien gegangen und so konnte, zu großem Bedauern von Heisenberg, die wissenschaftliche Diskussion zwischen diesen beiden alten Freunden nur brieflich weitergeführt werden. Das war äußerst unbefriedigend, denn bald traten Probleme auf, die dringend eine mündliche Besprechung verlangten. Pauli war durch diese Schwierigkeiten tief enttäuscht. Seine Ernüchterung wurde erheblich beschleunigt durch eine Lawine von Pressemeldungen, die Ende Februar 1958 mit verrückten Schlagzeilen, wie »Die neue Weltformel« überall in der Welt losbrach und sogar »Das Ende der Physik« ankündigte. Heisenberg hatte im Rahmen des üblichen Physikkolloquiums der Göttinger Universität über seine mit Pauli verfasste Theorie einen begeisterten und optimistischen Vortrag gehalten und ohne irgendeine persönliche Schuld (etwa durch ein Interview oder ähnliches) diese Lawine losgetreten. Pauli, im fernen Kalifornien, war – wie viele andere Physiker auch – verärgert und empört. Pauli schickte darauf seinem Freund und Kollegen George Gamow am 1. März 1958 eine Postkarte, auf der als Kommentar zu »Heisenbergs Ankündigung« nur ein leeres Quadrat gezeichnet war mit der Bemerkung: »Ich kann malen wie Tizian.« Darunter stand in kleiner Schrift: »Es fehlen nur die Details.«

Ich selbst war empört über dieses Verhalten, obgleich ich aus eigener Erfahrung die Ablehnung Heisenbergs als vermeintlichem »Bombenbauer Hitlers« durch viele meiner amerikanischen Kollegen (Edward Teller ausgeschlossen) kannte. Diese Auseinandersetzung erreichte einen gewissen Höhepunkt auf der Hochenergiekonferenz im Sommer 1958 in Genf, bei der Heisenberg und Pauli zum ersten Mal wieder zusammentrafen. Heisenberg hielt dort nach Hideki Yukawa das zweite Referat bei einer Nachmittagsveranstaltung, die Pauli als Vorsitzender mit den folgenden Worten eröffnete:

Altes Weltbild, neues Denken – Revolution in der Physik   93

»*Das Thema der Sitzung lautet* Grundlegende Gedanken zur Feldtheorie, *wie wir jedoch gleich sehen werden, oder bereits wissen, gibt es überhaupt keine neuen Grundgedanken [...]*«. Ich habe damals die Bescheidenheit und Zurückhaltung von Heisenberg bewundert, mit der er auf diesen Affront reagierte. Die vorbereitete »Einheitliche Feldtheorie« wurde jedenfalls nie von Heisenberg und Pauli gemeinsam veröffentlicht. Eine Versöhnung von Pauli mit Heisenberg fand jedoch später noch statt.

Erstaunlich ist, dass dieser tiefgreifende Wandel in unserem Verständnis der Wirklichkeit auch heute noch, über 100 Jahre nach den paradoxen Erkenntnissen von Max Planck und Albert Einstein und tiefgreifenden Neuerungen 25 Jahre später durch Niels Bohr und Werner Heisenberg in unserer Gesellschaft und ihren Wissenschaften kaum philosophisch und erkenntnistheoretisch nachvollzogen worden ist. Und dies nicht etwa aufgrund eines Versagens der neuen Vorstellungen. Im Gegenteil, die Quantenphysik, welche diese neue Entwicklung bezeichnet, hat in den 80 Jahren seit ihrer Ausdeutung einen beispiellosen Triumphzug durch alle Gebiete der Physik angetreten und sich bis zum heutigen Tage unangefochten bewährt. Sie ist es, die vor allem die ungeahnten technischen Entwicklungen angestoßen hat, die unserem Zeitalter – zum Guten wie Schlechten – unverkennbar ihren Stempel aufgedrückt hat. So wären die moderne Chemie, die Atomkerntechnik und die modernen Informationstechnologien ohne die neuen Einsichten nicht möglich gewesen. Obwohl alle diese vielfältigen, erstaunlichen und gewaltigen Konsequenzen wissenschaftlich akzeptiert wurden, fühlt sich auch heute noch die Wissenschaft in gewisser Hinsicht überfordert, gleichzeitig die in hohem Maße überraschenden Vorstellungen zu übernehmen, aus denen die neue Physik eigentlich erst verständlich wird. Durch die neuen Erkenntnisse der Physik im Mikrokosmos zu Beginn des letzten Jahrhunderts veränderte sich das bisherige wissenschaftliche Weltbild grundlegend. Umso erstaunlicher, dass sich diese revolutionären Einsichten in den vergangenen 80 Jahren seit ihrer theoretischen Klärung kaum auf die anderen Wissenschaften ausgewirkt und nur ganz oberflächlich Eingang in das allgemeine Denken unserer Gesellschaft gefunden haben.

Materie, Form, Gestalt

Wenn man über die neue Physik berichtet, ist es schon deshalb schwierig, weil sie für unsere Sprache gar nicht geschaffen ist, obgleich sie sich doch an unserer täglich erfahrenen Umwelt entwickelt hat. Heisenberg hat diese Eigentümlichkeit und Schwierigkeit in seinem Buch *Der Teil und das Ganze* so ausgedrückt: »Die Quantentheorie ist ein wunderbares Beispiel dafür, dass man einen Sachverhalt in völliger Klarheit verstanden haben kann und gleichzeitig doch weiß, dass man nur in Bildern und Gleichnissen von ihm reden kann.« Die Umgangssprache versagt also, um das Neue zu beschreiben, obwohl man alles genau »verstanden« hat. Die Physiker haben es da etwas leichter. Die große Genauigkeit eines solchen »Verständnisses« von nicht unmittelbar Vorstellbarem erzielen sie dabei durch höhere Abstraktion und mithilfe der flexibleren Sprache der Mathematik.

Die ursprünglichen Elemente der Quantenphysik sind *Beziehungen der Formstruktur*. Sie sind nicht Materie. Wenn diese Nicht-Materie gewissermaßen gerinnt, zu Schlacke wird, dann wird daraus etwas »Materielles«. Oder noch etwas riskanter ausgedrückt: *Im Grunde gibt es nur Geist*. Aber dieser Geist »verkalkt« und wird, wenn er verkalkt, Materie. Und wir nehmen in unserer klassischen Vorstellung den Kalk, weil er »greifbar« ist, ernster als das, was vorher da war, das Noch-nicht-Verkalkte, das geistig Lebendige. Es gibt folglich gar nichts Seiendes, nichts, was existiert. Es gibt nur Wandel, Veränderung, Operationen, Prozesse. Wir verkennen die Änderung in ihrer primären Bedeutung, wenn wir sie ontologisch beschreiben als: A hat sich mit der Zeit in B verwandelt. Denn es gibt im Grunde weder A noch B noch Zeit, sondern nur die Gestaltveränderung, nur die Metamorphose. Solche Gestaltveränderungen lassen sich prinzipiell nicht isolieren, weil sie offene Beziehungsstrukturen sind. Es gibt deshalb nur eine einzige Gestalt und diese ist die »Welt«, die potenzielle »Wirklichkeit«. Es gibt nur das Eine. Und dieses Eine lässt sich prinzipiell nicht in Bestand-Teile aufteilen, es ist das Nicht-Zweihafte. Denn Aufteilen hat etwas mit unserer materiellen Sichtweise zu tun und mit unserer Vorstellung, dass Teile ähnliche Eigenschaften haben wie das Ganze oder zumindest mit denselben Begriffen beschrieben werden können. Die Welt stellt sich somit als etwas Nicht-Auftrennbares, als etwas Ganzheitliches dar. Die Elementarteilchenprozesse sind nicht so, dass sie ursächlich sind und dann zu einer bestimmten Wirkung führen, sondern es geht ganz »lebendig« und spontan zu. Ein Teilchen verschwindet hier und entsteht wieder dort, und dann sagen wir: Es hat sich von hier nach dort bewegt.

In dem alten materiellen Weltbild haben wir – um die Welt zu erklären – mit dem Getrennten angefangen, dann die energietragende Wechselwirkung hinzugefügt und uns erstaunt gefragt, wie es diesem wilden Gemisch aus getrennter Materie und Wechselwirkung gelang, immer kompliziertere Formen zusammenzubasteln, bis schließlich am Ende auch der Mensch möglich wurde. Konkret geschieht dies so, dass der gegenwärtige Zustand als ein Ensemble einer großen Anzahl von nicht mehr weiter zerlegbaren, strukturlosen und unzerstörbaren Bausteinen, etwa »Atomen« oder »Elementarteilchen«, aufgefasst wird. Sie bleiben mit sich identisch und, aufgrund ihrer naturgesetzlich geregelten Wechselwirkungen, verändern mit der Zeit ihre Anordnungen im Raum auf exakt determinierte Weise. Die Zeit wird als eine lineare Abfolge und ohne weitere Deutung von Anfang an vorgegeben. Aber das zeitlich Unveränderliche spielt in unserer Wahrnehmung und Beschreibung eine besondere Rolle und wird von uns unmittelbar als »Materie« begriffen. Die zeitlich unveränderlichen Bausteine der Materie verbürgen gewissermaßen bei dieser klassischen Vorstellung die zeitliche Kontinuität unserer Welt. Sie untermauern die Vorstellung einer »Notwendigkeit« zukünftiger Existenz.

Was machte die klassische Physik so erfolgreich? Die klassische Physik hat folgende Vorstellung: Außerhalb von uns existiert eine Welt, die ohne uns, als ihren Betrachter, auch existiert in Form von Objekten, Gegenständen. Die Wirklichkeit ist Realität. Realität (lateinisch res: das Ding) meint, dass die Welt aus Dingen, das heißt aus Materie, besteht. Diese Materie existiert in einem dreidimensionalen Raum und in der Zeit. Das Bemerkenswerte an der Zeit ist dabei, dass diese sich anders artikuliert als die drei Raumdimensionen. Nur ein Zeitpunkt, die augenblickliche Gegenwart, ist uns zugänglich. Das Jetzt, was wir unmittelbar erleben, ist kurz und wird sofort unwiederbringlich Vergangenheit. Denn schon ist eine neue Gegenwart da, ein neues Jetzt, das uns aus einer vorgestellten Zukunft erreicht. Es bleibt dabei unverständlich, warum uns die Wirklichkeit nur in einem Nacheinander, Schicht für Schicht, aufgetischt wird, wo doch, was in Zukunft passiert, für unser Leben und Überleben so wichtig ist. Es gelingt uns jedoch, diese Ignoranz durch die erlebte Feststellung zu überwinden, dass die jeweiligen Gegenwarten nicht einfach aufeinander folgen, sondern dass hier ein tieferer Zusammenhang besteht, eine »kausale Verknüpfung«, bei der bestimmte »Ursachen jetzt« zu bestimmten »Wirkungen später« führen. Die Belegungen der Schichten folgen bestimmten Gesetzmäßigkeiten, Naturgesetzen. Das Zukünftige wird dadurch in seiner speziellen Ausprägung festgelegt und für uns vorhersehbar. Die Welt läuft, ähnlich wie ein mechanisches Uhrwerk, eindeutig determiniert ab.

In der Technik verwenden wir diese Gesetzmäßigkeiten, um das Zukünftige für unsere Zwecke geeignet zu gestalten. Doch diese Gestaltungsmöglichkeit funktioniert nur, wenn der Mensch als Zukunftsgestalter nicht selbst Teil des determinierten Uhrwerks ist. Wir postulieren deshalb für den Menschen eine zusätzliche geistige Dimension und mit dieser die Möglichkeit des Wissens. Die geistige Dimension soll nichts mit der mechanistischen Natur zu tun haben, sondern sie ist »Gott ähnlich«. Wir erleben uns praktisch als vom »lieben Gott« beauftragt, auf dieser Erde in seinem Namen, gewissermaßen als Mitschöpfer, einzugreifen und das Weltgeschehen möglichst in Richtung des Guten zu lenken. Daraus erwächst die Maxime: »Wissen ist Macht«.

Wir haben also im Rahmen der klassischen Beschreibung die Vorstellung einer streng determinierten Natur, die sich von einem mit Geist begabten und einsichtsvollen sowie mit erlerntem Wissen und vielfältigen Fertigkeiten ausgestatteten Menschen absichtsvoll manipulieren und in den Griff bekommen lässt. Er muss dazu den Zustand der Welt und ihre Gesetzmäßigkeiten möglichst genau kennen. Aufgrund der Verschiedenartigkeit der geistigen und materiellen Dimension fallen bei dieser Betrachtungsweise Mensch und Natur prinzipiell auseinander. Der Mensch wird göttlich erhöht, die Natur gottlos erniedrigt, der Trennungsstrich willkürlich gezogen. Ist jeder Mensch in diesem erhöhten Sinne ein Mensch oder, wie in der Vergangenheit angenommen, eigentlich nur der Mann? Oder anders: Warum soll der Mensch so verschieden sein von seinen näheren und entfernteren Verwandten im Tierreich, abgetrennt vom ganzen wunderbaren Reich des Lebendigen?

Aufgrund der klassischen Vorstellungen bedeutet mehr Wissen einen Machtzuwachs. Man möchte immer genauer beschreiben, was *ist*. Man stellt fest: Was ist, ist Materie. Aber die Materie hat auch noch Form. Wir sagen deshalb: Die Materie ist das Grundlegende, die Form ist eine abgeleitete Eigenschaft, die etwas mit der Anordnung der Materie zu tun hat. Gibt es Materie, die keine Form mehr hat? Um sie zu finden, zerlegen wir Materie immer weiter, um schließlich formlose Materie zu erhalten. Kleinste Teilchen, die sich nicht weiter zerlegen lassen, sollten formlos sein. Wir nennen sie »A-tome«, die Unzerlegbaren. Auf der Suche nach diesen »Atomen« kommen wir zu immer kleineren Teilchen, auch den so bezeichneten Atomen, den Bausteinen der chemischen Elemente. Aber auch sie erweisen sich bei genauerer Betrachtung als zerlegbar in kleinere Einheiten: Atomkerne, Elementarteilchen usw. Kaum wähnen wir uns beim Allerkleinsten angekommen zu sein, geht es weiter und der Verdacht verdichtet sich, dass wir nie an ein Ende kommen werden. Aber wir kommen zu einem Ende, doch auf eine ganz unerwartete Weise. Schon bei den Atomen und ihren Bausteinen stellen wir nämlich fest, dass sie gar keine Materie mehr sind. Wir kommen also zu dem oben bereits hergeleiteten Ergebnis: *Materie ist nicht aus Materie zusammengesetzt.* Atome und ihre »Bausteine« haben nicht mehr die Eigenschaften von Materie. *Es sind reine Gestaltwesen.* Das heißt: Wir haben auf einmal im Vergleich zur klassischen Vorstellung eine Umkehrung der Rangordnung.

Die klassische Ansicht war doch: Die Materie ist das Primäre und das eigentlich Wichtige: Materie bleibt Materie, und sie ist deshalb so verlässlich, weil sie – im Gegensatz zur Form, die sich nach Maßgabe der Naturgesetzlichkeit ständig verändert – zeitlich gleich bleibt. Die neue Erkenntnis lautet nun: Die Form (oder allgemeiner: eine Art Gestalt) ist es, die sich im Laufe der Zeit nicht verändert. Materie gibt es im Grunde gar nicht. Diese bildet sich erst als »Als ob«-Erscheinung bei größeren Anhäufungen der atomaren Gestaltwesen auf einem räumlich höheren Niveau durch Ausmittelung heraus. Das ist der revolutionäre Anfang der modernen Physik.

Welt als Beziehung – eine neue Sichtweise

Als Physiker bin ich bislang letztlich immer noch bei der Beschreibung der materiellen Welt im Mikrokosmos, der Welt der Atome, hängen geblieben. Doch um von unserem Weltbild und vom Menschen zu sprechen, ist es notwendig, ein neues Wort einzuführen. Statt von »Teilchen« der klassischen Physik spreche ich nun von *Wirks*. Das sind immaterielle Kleinstprozesse, die so »wuselig« sind wie die Ameisen in einem Ameisenhaufen. Wenn eine Menge solcher *Wirks* gut durchschüttelt werden, dann kommt zu unserer großen und freudigen Überraschung tatsächlich als durchschnittliches Verhalten wieder das heraus, was der alten Physik und ihrem Weltbild entspricht. Die uns vertraute Mittelung ist aber eher eine vergröberte Betrachtung. Wie grob sie ist, hängt von der Zahl der *Wirks* und ihrer Durchmischung ab. In einem Gramm Materie haben wir Billionen mal Billionen von diesen *Wirks*, was heißt, dass die Abweichung vom Mittelwert extrem klein (ein Billionstel) wird – vorausgesetzt, die *Wirks* sind gut durchgemischt. Könnte es so sein, dass nur die tote Materie gut durchgeschüttelt und ausgemittelt ist, aber dass für lebendige Organismen diese Durchmischung auf irgendeine Weise behindert wird, sodass etwas von der ursprünglichen Lebendigkeit in unsere Welt und für uns erkennbar nach oben schwappt?

Die Vergröberung besteht dabei nicht nur darin, dass die Korrelationen, welche die Wirklichkeit zu einem nicht zerlegbaren Ganzen machen, ignoriert werden (dies mit dem Vorteil, dass man nun getrost von »Teilen« sprechen kann), sondern dass die dadurch möglichen »Teile« auch nur in einem vergröberten Sinne die Eigenschaften von klassischen Teilchen haben. Sie sind entsprechend den Heisenbergschen Unschärferelationen »unscharf«. In der Beschreibung bevorzugt man deshalb nicht eine Darstellung in Form von Massenpunkten, sondern von »ausgeschmierten Teilchen«, wie sie etwa in den bekannten Kalottenmodellen der Chemiker als Abbild der Elektronenverteilung in den Atomhüllen zum Ausdruck kommen.

Vom Standpunkt der neuen Physik aus entsteht eine *Beziehungsstruktur* nicht nur durch vielfältige und komplizierte Wechselwirkungen der vorgestellten »Bausteine« (Atome oder Moleküle), so etwa durch die elektromagnetischen Kräfte der Atomhülle. Sie existiert darüber hinaus aufgrund der wesentlich innigeren und für die Quantenphysik typischen, holistischen Beziehungsstruktur. Sie verbietet uns streng genommen, überhaupt sinnvoll von Bausteinen, also von »Teilen« eines Systems in der ursprünglichen Bedeutung zu sprechen.

Das elektromagnetische Feld, das ohne materiellen Träger (den vermuteten Äther gibt es nicht) den Raum erfüllt, ist eine solche immaterielle »Gestalt«, gewissermaßen ein formiertes Nichts, eine ganzheitliche, hoch differenzierte Formstruktur, in deren spezieller Differenzierung wir zum Beispiel die für uns bestimmten Telefongespräche, die Radio- und Fernsehprogramme, die Existenz und Beschaffenheit von Sonne, Mond und Sternen und vieles mehr abtasten können. Oder nehmen wir als ein anderes, vielleicht noch anschaulicheres Beispiel eine Schallplatte mit der Matthäuspassion von Bach. Wir hören eine Geige, ein Cello, einen Sopran, einen vielstimmigen Chor und ein differenziertes Orchester. Wir nehmen die Schallplatte in die Hand und fragen uns: »Wo ist dieser Sopran?« Wir sehen auf der Platte nur eine spiralförmig aufgewickelte Rille. Auch wenn wir ein Vergrößerungsglas oder ein Mikroskop zu Hilfe nehmen, werden wir den Sopran nicht finden. Der Sopran mit seinen vielfältigen Klangfarben ist nämlich in der Gestalt der Rille verborgen, in einer Beziehungsstruktur verschlüsselt. Die materielle Schallplatte ist dabei nur ein nebensächlicher, austauschbarer Träger; es könnte auch eine CD oder ein magnetisches Tonband sein.

Im Hinblick auf die allgemeine Quantenphysik ist der Schallplattenvergleich vielleicht irreführend, da bei der Schallplatte die genaue Positionierung der Rille insgesamt alle Information für die Schwingungsform enthält, die sich dann unserem Ohr als Tongestalt erschließt. Eine genaue Position nehmen wir als eine sich lokal verstärkende Überlagerung von sehr vielen Tönen, als Kurzkrach wahr, wie ihn ein Kratzer verursacht, während ein reiner Ton aus einer über die ganze Rillenlänge verteilten Form resultiert. Hier besteht also eine Analogie zu der Partikel- und Wellenbeschreibung etwa eines Elektrons oder Photons in der Quanten*mechanik*. In der allgemeinen Quantenphysik »lebt« die Gestalt in höherdimensionalen Räumen, die nichts mehr mit dem dreidimensionalen Raum unserer begreifbaren Welt gemein haben, in denen aber sehr wohl die Gestalt »Abdrücke« (Realisierungen) hinterlässt.

Da es nach den Vorstellungen der Quantenphysik das Teilchen im alten klassischen Sinne nicht mehr gibt, gibt es streng genommen auch keine zeitlich mit sich selbst identischen Objekte und damit auch nicht mehr die für uns so selbstverständliche, zeitlich durchgängig existierende, objekthafte Welt. Was bedeutet das? Keine noch so genaue Beobachtung aller Fakten in der Gegenwart würde ausreichen, um das zukünftige Geschehen eindeutig vorherzusagen. Die Beobachtung eröffnet lediglich ein bestimmtes Erwar-

Welt als Beziehung – eine neue Sichtweise 99

tungsfeld von Möglichkeiten, für deren Realisierung sich bestimmte Wahrscheinlichkeiten angeben lassen. Das zukünftige Geschehen ist in seiner zeitlichen Abfolge weder bestimmt noch eindeutig festgelegt, sondern es bleibt in gewisser Weise *offen.*

Im Mikroskopischen lässt sich das Zukünftige nicht eindeutig vorherbestimmen aus dem, was in der Gegenwart passiert. Die Zukunft ist offen, jedoch nicht ganz offen, nicht zufällig, denn es lassen sich immer noch bestimmte Wahrscheinlichkeiten angeben für das unendlich Vielfältige, was sich in der Folge ereignen kann. Das Beispiel eines Würfels verdeutlicht dies. Ich kann nicht vorhersagen, welche Zahl ich würfeln werde. Wenn ich aber gleichzeitig eine Million Würfel auf den Tisch werfe, wird das Resultat praktisch eindeutig: Alle Augenzahlen kommen gleich oft vor, in diesem Fall mit einer mittleren Abweichung von etwa einem Tausendstel. Die Zukunft ist folglich durch gewisse allgemeine Bedingungen eingeengt, die mit den sogenannten Erhaltungssätzen zusammenhängen und aus Symmetrieeigenschaften der Dynamik resultieren. Hierzu gehört insbesondere die Erhaltung der Energie, welche – nach Einstein – die »Masse« als eine konzentrierte Form der Energie einschließt, doch auch die Erhaltung der elektrischen Ladung und anderer. Sie sorgen dafür, dass bei der Mittelung im Großen überhaupt Eigenschaften, die Kenngrößen der klassischen Physik, übrig bleiben und greifbar werden.

Die indeterminierte Naturgesetzlichkeit im Mikroskopischen ist demzufolge so verfasst, dass im statistischen Mittel makroskopisch die uns wohlbekannten klassischen Naturgesetze herauskommen. Die Zukunft erscheint in dieser Vergröberung determiniert. *Es sieht so aus,* als hätten wir ein Kausalgesetz: Aus A folgt B; und das ziemlich genau, bis auf winzige kleine Abweichungen. Es formiert sich so etwas wie Materie. Sie lässt sich in Bruchstücke teilen, die wieder Materie sind und Materie bleiben. Gestalteigenschaften, die im Untergrund, im Mikroskopischen, eine fundamentale Rolle spielen, finden nun in der uns gewohnten größeren Welt durch Ausmittelung einen Ausdruck in entsprechenden materiellen Eigenschaften.

Die Vorstellung, dass die Gestalt fundamentaler sei als Materie, macht uns erhebliche Schwierigkeiten, weil wir Gestalt und Form in unserer Lebenswelt eigentlich immer nur sekundär als Anordnung von Materie begreifen. Genau betrachtet stimmt dies aber nicht. Jede Erfahrung und jedes Erlebnis ist zunächst eine *Beziehung*, eine unaufgelöste Relation zwischen dem Beobachter und dem Beobachteten. Das physikalisch definierte Objekt, der vom Subjekt isolierte materielle Gegenstand, ist *Ergebnis einer Abstraktion*, bei der wir die spezielle Sichtweise des Beobachters gewissermaßen durch Mittelung über alle möglichen Standpunkte abtrennen. Durch diese Objektivierung gelangen wir zu einer begrifflichen Sprache und einer unserer Wahrnehmung geläufigen objektivierbaren, reduzierbaren Welt, die insbesondere für eine Wirtschaft prädestiniert ist, bei der sich Werte an der Tauschfähigkeit orientieren. Im Übrigen spielen im lebendigen Leben und in den meisten Hochkulturen Beziehungsstrukturen eine weitaus wesentlichere Rolle als das Materielle.

3 »Die Grundlage der Welt ist nicht materiell, sondern geistig.« Hans-Peter Dürr erläutert das »Verrückte« am neuen Weltbild der modernen Physik und bedient sich dabei einer bilderreichen Sprache. – So auch sein Lehrer Werner Heisenberg: »Die Quantentheorie ist ein wunderbares Beispiel dafür, dass man einen Sachverhalt in völliger Klarheit verstanden haben kann und gleichzeitig doch weiß, dass man nur in Bildern und Gleichnissen von ihm reden kann.«

Was wir »lebendige« Materie nennen, ist nicht eine andere Materie als die übliche, die »tote« Materie. Die lebendige Materie ist im Grunde dieselbe »Materie« – die eigentlich keine Materie ist. Ihre Lebendigkeit tritt makroskopisch in Erscheinung, wenn das Gesamtsystem in einen Zustand instabiler Balance gebracht wird. In einem labilen Schwebezustand können sich auf einmal diese Lebendigkeit, diese Offenheit, Unvorhersehbarkeit, die Kreativität und all die Dinge entfalten, die der Wirklichkeit eigentlich zugrunde liegen und die wir nach bisheriger Anschauung nie in der Materie vermutet haben. Auch in der »toten« Materie herrscht diese Lebendigkeit, doch wird sie dort herausgemittelt. Eingeprägte Instabilitäten sorgen bei den »lebendigen« Konfigurationen dafür, dass durch einseitige und sensible Verstärkungsmechanismen solche Ausmittelungen nicht mehr greifen können.

Ordnung des Lebendigen

Die Grundvoraussetzung des makroskopisch Lebendigen ist Chaos. Das leuchtet uns einerseits ein, doch klingt es andererseits wenig plausibel, weil Lebendiges offensichtlich doch auch eine Ordnung zeigt. Wenn jedoch Chaos mit Chaos verkoppelt wird, dann braucht daraus nicht ein Superchaos zu resultieren, sondern es können dabei auch geordnete Strukturen entstehen. Diese Strukturen sind allerdings nicht fest bestimmt, sondern nur durch gewisse Muster charakterisiert. Dies soll anhand eines Experimentes vorgeführt werden: Ich gebe auf den Boden eines Hohlzylinders aus Plexiglas einen Schmieröltropfen. Schmieröl ist eine viskose Flüssigkeit, bei der die Flüssigkeitsteilchen einerseits gegeneinander beweglich sind, andererseits aber, was die Zähflüssigkeit der Flüssigkeit verrät, doch stark von ihrer jeweiligen Umgebung beeinflusst werden; dies kann zu einem chaotischen Strömungsverhalten führen. Ich schiebe dann in den Hohlzylinder einen Zylinderpfropfen hinein und drücke ihn herunter. Der Schmieröltropfen wird dadurch auf dem Boden zu einem dünnen Film platt gedrückt. Dann ziehe ich langsam den Zylinderpfropfen heraus. Es strömt Luft von allen Seiten hinein. Was passiert? Es entsteht eine filigrane, verästelte Ölstruktur. Ich kann das Hineindrücken und Herausziehen mehrmals wiederholen. Ich bekomme immer wieder ein bestimmtes Muster, eine ähnliche Struktur, bei der keine Form genau der anderen gleicht. Dies mag als ein Beispiel dafür dienen, dass, wenn Chaos mit Chaos verkoppelt wird, wieder Ordnungsstrukturen entstehen können, die aber nicht im Detail miteinander identisch sind.

Ist dies nicht ein Charakteristikum des Lebendigen? Ein Eichenblatt wird wieder ein Eichenblatt, und ich erkenne es als solches, aber jedes Blatt ist doch anders. Dieselbe Nicht-Materie, wie die tote Materie, führt destabilisiert (oder sollte man sagen: sensibilisiert?) im Verband zu Strukturen, die dem Lebendigen ähneln. Geht das wirklich so? Könnte man sich vorstellen, dass das, was wir lebendige Materie nennen, eigentlich die Grundstruktur der Materie widerspiegelt, in der die »Teile« so miteinander kooperieren, dass etwas wie eine lebendige Zelle oder gar ein Mensch entsteht? Und was bedeutet das nun für unser Weltbild? Da Zukunft im Wesentlichen offen ist, wird die Welt in jedem Augenblick neu erschaffen, aber wohlgemerkt vor dem Hintergrund, wie sie vorher war. Gewisse Dinge sind vorgezeichnet, die im Wesentlichen von den alten herrühren. So wie man Gewohnheiten hat, die man auf diese Weise immer wieder auslebt. Doch *alles* ist an der Gestaltung der Zukunft mitbeteiligt. Die Zukunft ist nicht etwas, das einfach hereinbricht, sondern die Zukunft wird gestaltet durch das, was jetzt passiert. Das Naturgeschehen ist dadurch kein mechanistisches Uhrwerk mehr, sondern hat den Charakter einer fortwährenden kreativen Entfaltung. Die Welt ereignet sich gewissermaßen in jedem Augenblicke neu nach Maßgabe einer »Möglichkeitsgestalt« und *nicht* rein zufällig im Sinne eines »anything goes«. Die Wirklichkeit, aus der sie jeweils entsteht, wirkt hierbei als eine Einheit im Sinne einer nicht zerlegbaren »Potenzialität«, die sich auf vielfältig mögliche Weisen realisieren kann, sich aber nicht mehr streng als Summe von Teilzuständen deuten lässt. Die Welt »jetzt« ist nicht mit der Welt im vergangenen Augenblick materiell identisch. Nur gewisse Gestalteigenschaften (Symmetrien) bleiben zeitlich unverändert, was phänomenologisch in Form von Erhaltungssätzen – wie etwa den Erhaltungssätzen für Energie, Impuls, elektrische Ladung – zum Ausdruck kommt. Doch setzt die Welt »im vergangenen Augenblick« die Möglichkeiten zukünftiger Welten auf solche Weise voraus, dass es bei einer gewissen vergröberten Betrachtung so *erscheint*, als bestünde sie aus Teilen und *als ob* bestimmte materielle Erscheinungsformen wie zum Beispiel Elementarteilchen oder Atome ihre Identität in der Zeit bewahren.

Der Bruch, den die neue Physik fordert, ist tief. Er bezeichnet nicht nur einen Paradigmenwechsel, sondern deutet darauf hin, dass die Wirklichkeit im Grunde keine Realität im Sinne einer dinghaften Wirklichkeit ist. Wenn Wirklichkeit sich primär nur noch als *Potenzialität* offenbart, als ein »Sowohl-als-auch«, dann ist sie nur die *Möglichkeit* für eine Realisierung in der uns vertrauten stofflichen Realität, die sich in objekthaften und der Logik des »Entweder-Oder« unterworfenen Erscheinungsformen ausprägt. Potenzialität erscheint als das *Eine*, das sich nicht auftrennen, grundsätzlich nicht zerlegen lässt. Auf dem Hintergrund unserer gewohnten, durch das klassisch physikalische Weltbild entscheidend geprägten Vorstellungen klang dies ungeheuerlich, eigentlich unannehmbar – die Paradoxien waren offensichtlich. Es gab kein Ausweichen und man musste die Grundanschauung der Physik an dieser Stelle ändern.

Was bedeutete das? Die Natur ist demnach in ihrem Grunde nur Verbundenheit, das Materielle stellt sich erst hinterher heraus. Wenn Verbundenheit sich mit Verbundenheit verbindet, dann erscheint – in der Grobform – die Materie so, *als ob* es sie ursprünglich gäbe. »Nur Verbundenheit« klingt in unserer Sprache seltsam: Etwas ist zusammengesetzt und trotzdem elementar? Wir können kaum über Verbundenheit nachdenken, ohne zu überlegen, was womit verbunden ist. Es gibt nur wenige Substantive in unserer Sprache, die Verbundenheit elementar ausdrücken: Liebe, Geist, Leben. Letztlich sind dafür eher Verben geeignet: leben, lieben, fühlen, wirken, sein. Wir sagen also: Wirklichkeit ist nicht dingliche Wirklichkeit, Wirklichkeit ist reine Verbundenheit oder Potenzialität. Wirklichkeit ist die Möglichkeit, sich unter gewissen Umständen als Materie und Energie zu manifestieren, aber nicht die Manifestation selbst. Diese fundamentale Verbundenheit führt dazu, dass die Welt eine Einheit ist. Es gibt streng genommen überhaupt keine Möglichkeit, die Welt in Teile aufzuteilen, weil alles mit allem zusammenhängt. Damit ist uns im Grunde die Basis entzogen, die Welt reduktionistisch verstehen zu wollen, also sie auseinanderzunehmen, nach ihren Bestandteilen zu fragen und diese dann in einer uns geeignet erscheinenden Form wieder zusammenzukleben.

Es wird aber noch »verrückter«: Wenn wir in unserer gewohnten Sprache von einem Teilchen sprechen, das sich von A nach B bewegt, so heißt dies in der modernen Form: Es gibt Prozesse, bei denen so etwas wie ein

Welt als Beziehung – eine neue Sichtweise 103

Elektron am Ort A auftaucht und dann später an einer anderen Stelle, etwa bei B, wieder so etwas wie ein Elektron nachgewiesen werden kann. Es hat also den Anschein, als ob ein Elektron von A nach B gelaufen sei. Diese Interpretation ist aber unrichtig, weil zwischen A und B kein Elektron zu beobachten ist. Es ist also richtiger zu sagen, dass das sogenannte Elektron bei A *verschwunden* und im Umkreis von B wieder *erzeugt* worden ist.

Wir stellen also fest: Die Wirklichkeit ist im Grunde keine Realität, keine dingliche Wirklichkeit. Was bleibt, ist – wie wir es nennen – *Potenzialität*. Es ist nicht die *Realität* selbst, sondern nur eine mögliche Fähigkeit, sich auf verschiedene Weise zu *realisieren*, sich in Materie zu verwandeln. Im Grunde gibt es nur Gestalt, eine reine Beziehungsstruktur ohne materiellen Träger. Wir können dazu vielleicht auch sagen: *Information* oder besser: »*informiert sein*«, denn es handelt sich um eine Information, die sich nicht greifen lässt. Aber es ist bemerkenswert, dass wir eine Struktur haben, die sich – wenn sie sich genügend verdichtet – wie Materie anfühlt und uns vorgaukelt, wir könnten sie greifen. Die Beziehungsstruktur ist grundlegender als die Existenz des aufeinander Bezogenen. Unbelebtes und Belebtes sind nicht mehr grundsätzlich unterschiedlich, sondern erscheinen als statisch stabile beziehungsweise dynamisch stabilisierte, jedoch statisch instabile *Artikulationen*, geformte Teilhabende des Ganz-Einen. Mit der wichtigen Konsequenz: Mensch und Natur sind, wie alles, bei dieser Sichtweise prinzipiell nicht getrennt.

Das bedeutet nicht, dass sich im Großen nicht qualitative Unterschiede herausbilden können, wie insbesondere die Möglichkeit kreativer Gestaltung im Rahmen der bedingt offenen Zukunft. Diese prinzipielle Offenheit der Zukunft hat wesentliche Folgen für unser Verständnis der Welt, ihre Entwicklung und unsere Beziehung zu ihr. Das heißt: Leben basiert nicht auf anderer Materie, sondern ist Ausdruck normaler Materie, die eigentlich keine Materie ist, sondern die das Wesentliche, was das Lebendige ausmacht, im Grunde schon *hat*. Dieses Wesentliche, das Potenzielle, lässt sich wohl besser mit dem Geistigen als mit dem Materiellen (Realen) charakterisieren. Dieser geistigen Struktur ist eigen, dass sie nicht nur im Wesentlichen indeterminiert ist, sondern dass sie im Grunde unauftrennbar eine Einheit bildet. Die Wirklichkeit und in ihr das Biosystem bildet ein innig verwobenes Ganzes, das nur in einer Vergröberung oder Näherung als aus Teilen bestehend betrachtet werden kann.

Dieses Biosystem der vielfältigen Lebensformen darf hierbei nicht als ein stabiler Granitkegel vorgestellt werden, der sich in einer dreieinhalb Milliarden Jahren währenden Evolution langsam aufgetürmt hat und auf dessen Spitze der Mensch als Krönung der Schöpfung thront. Wegen der inhärenten Instabilität des Lebendigen gleicht dieser Kegel mehr einem Kartenhaus, in dem sich die instabilen Karten wechselseitig stützen. Das Lebendige ist deshalb im Grunde ungeheuer verletzbar. Weniger verletzbar allerdings aufgrund eingebauter dynamisch stabilisierender Kräfte: ähnlich wie beim Kartenhaus und doch anders, weil die Struktur beim Biosystem nicht durch Reibung am »Zusammenklappen« gehindert wird, sondern weil gewissermaßen an jeder Karte ein gegenwirkendes Kräftepaar dauernd die Karten so hin- und herschiebt, dass die Gesamtbalance in jeder Bauphase des Gebäudes gesichert wird.

Die Ausbalancierungsfähigkeit der Kräfte hat jedoch ihre Grenzen. So können wir als Menschen nicht beliebig auf der Spitze herumtanzen, ohne Gefahr zu laufen, dass die ganze Struktur plötzlich zusammenklappt. Insbesondere dann, wenn oben zu viele zu ausgelassen herumtoben und sich noch zusätzlich daran machen, Karten unten am Gebäude herauszuziehen mit der Vorstellung: Warum brauche ich dieses oder jenes Tierchen, warum diese Pflanze? Und dies nur, weil immer schneller und höher weitergebaut werden soll. In unserer Vermessenheit und Beschleunigungswut erliegen wir immer mehr der Versuchung, unserem Bio-Kartenhaus gedankenlos Karten zu entnehmen, ohne zu sehen, dass wir als Menschen oben auf der Spitze thronend auf komplexe Weise existenziell abhängig sind von allem, was unter und neben uns ist.

Das Biosystem ist ein metastabiles System und kein stabiler Granitkegel. Die Sensibilität, mit der wir die Wirklichkeit geistig erfassen, wird durch Instabilität erkauft. Wenn wir im stabilen Grundzustand sind, passiert uns nichts, aber das Geistige könnte in uns nicht mehr zum Ausdruck kommen, die Welt der Ahnungen und Gedanken wäre verschüttet, denn alles Lebendige mit seiner Offenheit, Kreativität, mit Geist und Seele wäre in diesem Fall sozusagen weggemittelt, verrauscht und verflimmert.

In dieser Welt, in der es keine Materieteilchen gibt, die zeitlich mit sich selbst gleich bleiben, entstehen und vergehen Dinge. Es gibt *echt kreative Prozesse* und etwas entsteht aus dem Nichts und vergeht im Nichts. Wenn ich sage »echt kreative Prozesse«, dann heißt das, wir dürfen nicht mehr die Vorstellung der »Evolution« in ihrer ursprünglichen Bedeutung verwenden. Wir haben ein neues Bild von der Welt, in dem sich die Schöpfung nicht in der Zeit entwickelt (also wie ein zerknülltes Papier sich auswickelt), sondern: *In jedem Augenblick ereignet sich die Welt neu*, aber mit der »Erinnerung«, wie sie vorher war. Das heißt, sie wird nicht total anders, sondern sie ähnelt der Welt, wie sie vorher war. Bei dieser Neuschaffung der Welt sind aber einige »Langweiler« dabei, wie beispielsweise ein Tisch. Diesem Tisch ist im Prozess der ständigen Neuschöpfung nichts anderes eingefallen, als sich selbst wieder zu reproduzieren, also eine Kopie von sich zu machen. Diese letztlich uninteressanten Phänomene nennen wir dann Materie oder Energie. Also alles, was sozusagen phantasielos ist, erscheint als Energie oder Materie (geballte Energie). Dummerweise ist es aber leider genau das, woran wir uns orientieren!

Wirklichkeit ist im Prinzip kreativ, hat keine Grenzen, ist offen, dynamisch, *instabil*, das unauftrennbare Ganze. Ich habe diese Wirklichkeit bereits als Geist charakterisiert. *Die Grundlage der Welt ist nicht materiell, sondern geistig.* Und die Materie ist gewissermaßen die Schlacke des Geistes, sie bildet sich hinterher durch eine Art Gerinnungsprozess.

Aus den bisherigen Ausführungen ergibt sich, dass das Wesentliche des Lebendigen in seiner Instabilität liegt. Nur in einem labilen, instabilen Zustand, der kurzfristig zusammenbricht, können sich prinzipiell hoch geordnete, differenzierte Strukturen bilden. Hier schließt sich die Frage an: Gibt es Möglichkeiten, Instabilität zu stabilisieren? Eine solche Situation gibt es in der Tat. Wir praktizieren sie täglich: Wir stehen auf einem Bein und sind, *statisch betrachtet*, instabil. Wir stehen auf dem anderen Bein und sind in der gleichen wackligen Lage. Sobald wir aber gehen, wechseln wir von einer Instabilität in die andere und erreichen dadurch einen *dynamisch stabilen* Gang, ohne dabei hinzufallen (Abbildung 4). Das ist das Wesen des Lebendigseins: statische Instabilität in eine Dynamik einzugliedern, bei der der Vorzug der Instabilität, nämlich offen zu sein (also nicht determiniert und deshalb unter Umständen auch kreativ und entscheidungsfähig zu sein), verbunden wird mit einer bestimmten Beständigkeit. Also nicht zu Boden zu fallen und in den statisch stabilen Zustand zu wechseln, der Sterben bedeuten würde. Manche von uns schaffen diese Balance ja tatsächlich achtzig Jahre und länger.

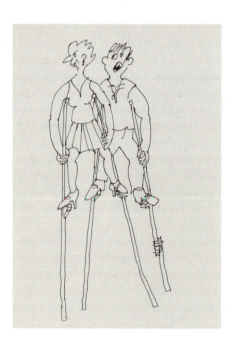

4 »Leben ist immer in Gefahr.«
Das Gehen auf zwei Beinen ist ein Musterbeispiel für das Wesen des Lebendigseins: der dynamische und in sich stabile Wechsel von einer Instabilität in die andere, der ein Fortkommen jeglicher Art erst ermöglicht.

Grenzen des Wissens

Nach diesen Ausführungen über die neue Physik stellt sich eine weitere Frage: Was können wir wirklich wissen? Wie steht wissenschaftliche Erkenntnis und unser naturwissenschaftlich fundiertes Wissen in Beziehung zu unserem spontanen Erleben, zu unserer allgemeinsten Erfahrung von Wirklichkeit, was immer wir darunter verstehen wollen? Durch die Erkenntnisse der modernen Physik stellen sich diese Fragen in einer überraschend neuen Weise, und eine prinzipielle Schranke wissenschaftlichen Wissens wird nun deutlich sichtbar. Nicht alles ist wissbar, genauer gesagt: Es gibt ein Wissen um *prinzipielles Unwissen*. Eine solche Beschränkung sollte jedoch nicht negativ gewertet werden, denn Wissen ist nicht alles. Im Gegenteil, die prinzipiellen Grenzen des Wissens öffnen in unserer vorgestellten Wirklichkeit wieder Räume, die nur durch *Glauben* zugänglich sind, ein Glauben, der mehr bedeutet als ein Noch–nicht–Wissen.

Eine wesentliche Konsequenz des neuen physikalischen Weltbildes ist also, dass es *prinzipielle* Grenzen des Wissens gibt, Grenzen, die sich nicht nur aus unserer augenblicklichen Ignoranz definieren. Selbstverständlich wissen wir, dass wir viele Dinge nicht wissen. Wir empfinden das als einen Mangel, den wir mit Anstrengung im Laufe der Zeit zu beseitigen hoffen und versuchen, eifrig von anderen das schon Bekannte zu lernen, was uns selbstverständlich nur zu einem winzigen Teil gelingen kann. Aber wir geben uns nicht damit zufrieden. Weiter fragend stoßen wir in das noch Unbekannte vor und betreiben systematisch Wissenschaft. Die Grenzen des Wissens verschieben sich durch unsere Forschungen immer weiter ins Neuland. Jetzt haben wir allenfalls ein biologisches Problem: Mir geht als Wissenschaftler oder als Wissen Suchender die Lebenszeit aus.

Doch wir haben eben nicht nur temporäre Grenzen, *frontiers*, sondern auch echte Grenzen des Wissens, *limits*, die prinzipiell nicht überschritten werden können. Was wir Wissen nennen, was also wissbar ist, erfordert nämlich notwendig gewisse Vorbedingungen. Diese führen dazu, dass vieles, was für unser Leben sehr wichtig ist, nicht erfasst werden kann und deshalb draußen bleibt. Es gibt folglich ein Drinnen und Draußen, Lebenserfahrungen auf der Basis von *Wissen* und solche auf der Basis von *Glauben*. Historisch betrachtet ist dies übrigens keine revolutionäre Einsicht, sondern nahezu eine Binsenwahrheit. Überraschend jedoch war, dass diese Einsicht gerade von einer Wissenschaft – und auch noch von der Physik! – bestätigt wurde, wo die Physik doch mit der festen Überzeugung angetreten war, dass alles gewusst werden kann und der Glaube bestenfalls nur die Rolle eines zeitweiligen Lückenbüßers spielt.

Es benötigte allerdings über ein Vierteljahrhundert, bevor sich die neue Weltdeutung wissenschaftlich etablierte. Weil das gewohnte Verständnis versagte, war dieser Prozess schmerzhaft und der Widerstand dagegen groß. Noch heute ist der Lernprozess nicht abgeschlossen, ja es scheint sogar, als ob die aus dem neuen Weltbild gezogenen wesentlichen Lektionen wieder in Vergessenheit zu geraten drohen. Dies ist einigermaßen erstaunlich. Denn wesentliche Elemente der modernen Technik, zum Beispiel die für die Informationstechnik entscheidende Mikroelektronik oder die Atombombe, um zwei herausragende Entwicklungen unserer Zeit zu benennen, würden ohne diese neuen Erkenntnisse gar nicht funktionieren. Trotzdem klammern wir uns in der Wissenschaft und der Wirtschaft noch immer an eine »Denke« früherer Jahrhunderte. Denn sie verspricht uns, dass wir die Welt am Ende begreifen und »in den Griff« bekommen können und vermittelt uns den Eindruck, alle komplexen Probleme ließen sich am besten lösen, wenn sie nur genügend analysiert und zerlegt würden. Wir wehren uns deshalb instinktiv gegen die im Hintergrund auftauchenden neuen Vorstellungen, die solche Unternehmungen streng genommen zum Scheitern verurteilen.

Diese mangelhafte Einsicht ist letztlich die Ursache für viele unserer heutigen gesellschaftlichen Schwierigkeiten. Wir versuchen in den Gesellschaftswissenschaften, in der Politik wie in der Wirtschaft, mit den veralteten Vorstellungen die neuen Kräfte zu bändigen, die uns aufgrund der ganz andersartigen Einsichten im 20. Jahrhundert zugewachsen sind. Diese Erkenntnis wäre noch kein Grund zur Beunruhigung, wenn es nur darum ginge, nun einfach geduldig abzuwarten, bis die neuen Vorstellungen auch in die Gesellschaftswissenschaften und in unserem politischen Alltag eingedrungen sind. Doch die zeitweilige Unfähigkeit, unser Handeln mit dem angemessenen Denken in Einklang zu bringen, könnte angesichts der entfesselten Einwirkungspotenziale die Menschheit leicht aus der Evolution des Lebendigen hinauskatapultieren. Dabei wäre das sich langsam herauskristallisierende, neue naturwissenschaftliche Weltbild in hohem Maße geeignet, die verschiedenen Wissenschaftszweige – die Naturwissenschaften, Sozial- und Geisteswissenschaften – wieder enger zusammenzuführen und darüber hinaus, Brücken zu den Religionen zu schlagen.

Physik und Alltagserfahrung –
Versuch einer Annäherung

Leben ist ein erstaunliches Phänomen. Eine außerordentliche Seltenheit in unserer Welt, wenn nicht sogar einzigartig in unserem großen Kosmos, der sich vor etwa 15 Milliarden Jahren aus einem Urknall entwickelt haben soll. Doch wir wissen dies nicht, da unsere fernrohrbewehrten Augen wohl die hellsten Sonnen, aber nicht die erkalteten Planeten sehen können, auf denen allein sich Leben, so wie wir es hier auf der Erde finden, entwickeln kann. Von unserer Kenntnis der unbelebten Materie her, die uns auf der Erde umgibt und das Universum in Form von unzähligen Sonnen, Sternhaufen, Galaxien, Galaxiensystemen füllt, erscheinen die belebten Formen der Materie wie reine Wunder, als äußerst unwahrscheinliche, komplexe, empfindliche und verletzbare Organisationen von Materie, die nur unter ganz begrenzten äußeren Bedingungen existieren können. Kleinste Abweichungen dieser Bedingungen bringen sie zum Kippen, führen zu ihrem Tode, verwandeln sie in stabilere unbelebte Formen.

Wie konnten solche komplexen Systeme überhaupt in der viereinhalb Milliarden Jahre währenden Erdgeschichte entstehen? Das klingt für uns lang, aber es ist trotzdem eine extrem kurze Zeit, wenn wir uns die heute gängige Vorstellung zu eigen machen, dass alles Leben auf unserer Erde mit seiner vielfältigen Flora und Fauna bis hin zu uns Menschen sich aufgrund einer spielerischen Strategie von »Versuch und Irrtum« entwickelt haben soll. Es liegt hier nahe, dabei nicht so ganz auf ein reines Glücksspiel zu setzen, sondern irgendwelche Korrelationen im Hintergrund zu vermuten, welche diesen Evolutionsprozess wesentlich beschleunigt haben. So gibt es insbesondere interessante Vorschläge, welche die äußeren ökologischen Bedingungen der Erdoberfläche (Atmosphäre, Hydrosphäre, Litho- und Pedosphäre) nicht als etwas fest Vorgegebenes, sondern als ein zusammen mit der Biosphäre stetig gewachsenes System betrachten (Gaia-Hypothese). Sollte dies der Fall sein, so würden zweifellos die Chancen steigen, dass Leben in irgendeiner Form auch noch anderswo in unserem Universum entstehen konnte.

Leben, so besehen, ist immer in Gefahr, weil es nicht auf einem stabilen Gleichgewicht beruht. Es verdankt seine relative hohe Beständigkeit einer ausgleichenden Bewegung, einem Fließgleichgewicht, ganz ähnlich wie wir dies beim Gehen bewerkstelligen, indem wir geschickt von einem labilen Bein zum anderen wechseln. Ja, es hat sogar den Anschein, als ob wir unsere primitiven Nachbildungen der Wirklichkeit Schritt für Schritt so verbessern und verfeinern könnten, dass sie uns letztlich jegliche Unsicherheit zu beseitigen erlauben. Doch immer genau zu wissen, was uns künftig erwartet, hätte kaum Vorteile für uns. Im Gegenteil: Die eine große, umfassende Unsicherheit würde durch eine noch bedrückendere Gewissheit vielfältigen Scheiterns abgelöst, wofür uns die Gewissheit einiger spärlicher Erfolge kaum entschädigen würde. Die Situation ändert sich jedoch grundlegend, wenn wir als Menschen wirklich – und nicht nur in eingebildeter Weise – auch die Fähigkeit besitzen, absichtsvoll zu handeln. Dann haben wir prinzipiell die Möglichkeit, mit unserem Wissen und durch geeignetes Verhalten, die als sicher prognostizierten negativen Folgen zu vermeiden und unsere Überlebenschancen erheblich zu verbessern. Wir können darüber hinaus durch bewusste Manipulationen unserer Mitwelt versuchen, die für uns erwünschten Folgen herbeizuzwingen. Wissen wird hierdurch zu einem Machtinstrument und lässt in uns die Hoffnung wachsen, durch fortschreitende Verfeinerungen unseres Verständnisses die Zukunft in immer höherem Maße zu meistern, zu beherrschen. In vielen Fällen, wenn auch meistens nur kurzfristig, scheint uns dies ja auch zu gelingen: Macht bezieht ihre Stärke aus der Einfalt – durch Bündeln von Kräften und nicht durch deren Differenzierung. Aber sie ist wegen dieser Einfalt vergänglich.

Die aus der rationalen Reflexion geborene Erkenntnistheorie hat frühzeitig darauf aufmerksam gemacht, dass Verstärkungsmechanismen bei Instabilitätslagen auftreten, in denen Systeme sensibilisiert werden und sich chaotisches Verhalten ausbildet. Hier kann letztlich auch die eingeprägte Lebendigkeit makroskopisch zur Geltung kommen. So braucht der für uns so augenfällige Unterschied zwischen der belebten und unbelebten Form der Materie nicht davon herrühren, dass im belebten Falle etwas gänzlich Neues, das Geistige, unvermittelt hinzukommt. Die belebte und unbelebte Form könnten vielmehr nur verschiedene Strukturen derselben »Materie« sein, einer Materie allerdings, die im Grunde, wie es uns die moderne Physik aufzeigt, ja gar keine Materie ist, sondern der das Lebendige gewissermaßen schon in einer »embryonalen« Form zu eigen ist. Der unbelebte Fall entspräche dann einer gut durchmischten, ausgemittelten Organisationsform in der Nähe stabiler Gleichgewichtslagen, der belebte Fall einer statisch instabilen Gleichgewichtsform, die jedoch dynamisch durch »energetisches Pumpen« in einem dynamisch stabilisierten Fließgleichgewicht gehalten wird.

Neues Denken – alte Sprache

Aber unser Weltbild ist immer noch mechanistisch geprägt – und damit zu eng. Diese alte mechanistische Physik beschreibt nämlich zunächst die Realität der Dinge mit den bekannten Naturgesetzen, wobei kein Unterschied zwischen belebt und unbelebt gemacht wird. Wenn wir einen Apfel fallen lassen, folgt er dem Gesetz der Schwerkraft und fällt zu Boden. Alles ist determiniert und vorherbestimmt. Aber für lebendige Systeme reicht diese mechanistische Beschreibung nicht aus. Lebendige Wesen wie der Mensch sind im Grunde instabile Systeme. Ihre scheinbare Stabilität erhalten sie durch ein dynamisches Ausbalancieren, das ständige Energiezufuhr benötigt. Die neue Physik, die Quantenphysik, entspricht jedoch der Logik der Natur: Teilchen verhalten sich wie Wellen und Wellen wie Teilchen. Und genau diese Unschärfe verweist auf den Ursprung alles Lebendigen – auf einen zugrunde liegenden universellen Code, der eben nichts anderes ist als Information. Die neue Physik bezieht auf diese Weise auch unsere Alltagserfahrungen mit ein und damit die Lebendigkeit. Es gibt nur ein Beziehungsgefüge, ständigen Wandel, nur einen Zusammenhang ohne materielle Grundlage, etwas, was wir nur spontan erleben und nicht greifen können. Wir tun uns schwer, uns dies vorzustellen. Materie und Energie treten erst sekundär in Erscheinung – gewissermaßen als etwas Geronnenes, Erstarrtes. Wenn wir über die Quantenphysik sprechen, sollten wir also besser eine Verbsprache verwenden. In der subatomaren Quantenwelt gibt es keine Gegenstände, keine Materie, keine Substantive, also keine Dinge, die wir anfassen und begreifen können. Es gibt nur Bewegungen, Prozesse, Verbindungen und Informationen. Auch diese genannten Substantive müssten wir eigentlich übersetzen in: Es bewegt sich, es läuft ab, es hängt miteinander zusammen, es weiß voneinander. So bekommen wir eine Ahnung von diesem Urgrund der Lebendigkeit. Besser gesagt: Wir ahnen und erleben. Nehmen wir das Beispiel *Liebe*: Wir stellen uns Liebe als Beziehung zwischen zwei Menschen vor. Aber die Liebe selbst, als Phänomen, bereitet uns enorme Schwierigkeiten, sie zu beschreiben und zu erklären. Es sei denn, wir geben uns einfach hin – und lieben.

Leider ist unser Gehirn nicht darauf trainiert, die Quantenphysik zu verstehen. Mein Gehirn soll mir im Wesentlichen helfen, den Apfel vom Baum zu pflücken, den ich für meine Ernährung und letztlich für mein Überleben brauche. Unsere Umgangssprache ist eine Apfelpflücksprache. Sie hat sich herausgebildet, weil sie außerordentlich lebensdienlich ist. Bevor ich eine Handlung ausführe, spiele ich diese erst einmal in Gedanken durch, um zu erfahren, ob sie zum gewünschten Ziel führt – ja oder nein? Das ist die zweiwertige Logik. Aber diese zweiwertige Ja-oder-Nein-Logik ist eben nicht die Logik der Natur. Die Quantenphysik beschreibt die Natur viel besser, denn

Physik und Alltagserfahrung – Versuch einer Annäherung 111

in der Quantenwelt herrscht die mehrwertige Logik, ein Dazwischen, das Unentschiedene. Daran müssen wir uns gewöhnen. Solange wir uns etwas vorstellen können, liegen wir falsch. Wenn mir etwas schwammig vorkommt, komme ich der Wirklichkeit am nächsten. Denn Aussagen über sie sind unendlich vieldeutig. Auf emotionaler Ebene haben wir damit weniger Schwierigkeiten. Unsere Gefühle sind ja in diesem Sinne alle ein bisschen schwammig, ohne dabei unverständlich zu sein. Sie sind Bewegung, ihre Grenzen fließen. Wir verspüren eine Ahnung von etwas in uns und deuten dann dies oft als etwas, was sich in uns bewegt und uns zum Schwingen und Klingen bringt. Dies empfinden wir als eine Resonanz mit etwas viel Umfassenderem.

In der Physik sagen wir: Die Wirklichkeit ist nicht die Realität. Unter Realität verstehen wir eine Welt der Dinge, der isolierten Objekte und deren Anordnung. Jene Welt, die die alte Physik mit ihrem mechanistischen Weltbild beschreibt, mag für unseren Alltag ausreichen, trifft aber nicht das Ganze. Deshalb gebrauche ich ja die Begriffe *Teilchen* oder *Atom* nicht mehr und sage stattdessen *Wirks* oder *Passierchen*. Diese Wirks oder Passierchen sind eine winzige Artikulation der Wirklichkeit, etwas, das wirkt, das passiert, das etwas auslöst. Betrachten wir ein instabiles System wie etwa ein nasses Schneefeld: Dort kann ein kleiner Fuß eine riesige Lawine auslösen.

Die Felder in der Quantenphysik sind aber nicht nur immateriell, sondern wirken in ganz andere, größere Räume hinein, die nichts mit unserem vertrauten dreidimensionalen Raum zu tun haben. Es ist ein reines Informationsfeld und hat nichts mit Masse und Energie zu tun. Dieses Informationsfeld ist nicht nur innerhalb von mir, sondern erstreckt sich über das gesamte Universum. Der Kosmos ist ein Ganzes, weil dieser Quantencode keine Begrenzung hat. Es gibt nur das Eine, ähnlich wie ein See viel mehr als eine Sammlung von Wassertropfen ist, da der einzelne Tropfen nur außerhalb eines Sees existiert. Wenn er Teil des Sees wird, verliert der Begriff »Tropfen« seinen Sinn.

Die Quantenphysik sagt uns also, dass die Wirklichkeit ein großer geistiger Zusammenhang und unsere Welt voller Möglichkeiten ist. Darin steckt ungeheuer viel Ermutigung und Optimismus. Wir leben in einer noch viel größeren Welt, als wir gemeinhin annehmen. Und wir können diese Welt gestalten! Unsere westliche Konsumkultur, unser Leben verachtendes wirtschaftliches Wettrennen stellt nur eine winzige Nische innerhalb unserer Möglichkeiten dar. Trotzdem glauben viele Menschen, dass die wirtschaftlichen Sachzwänge Naturgesetze seien. Nein, es sind menschengemachte Zwänge.

Naturprozesse nachhaltig nutzen

Die neue Weltsicht erlaubt, alte Gegensätze zu versöhnen. So ermöglicht sie insbesondere, den Menschen in die Natur mit einzubeziehen, ohne dass wir ihn zu einer Maschine degradieren müssen. Die Natur ist hierbei eine andere, eine weit umfassendere, ja eine geistige und beseelte. Wir sind dadurch der alten Streitfrage enthoben, wann der Mensch mit seinen geistigen Vermögen und der Fähigkeit zum absichtsvollen Handeln aufhört und die Natur mit ihrer vorgestellten streng determinierten Gesetzlichkeit anfängt. Es gibt keine scharfe Grenze zwischen Mensch und Natur. Trotzdem bleibt die Besonderheit des Menschen gültig, nicht nur kreativ in dieses Geschehen einzugreifen, sondern dieses auch bewusst tun zu können.

Unsere Beziehung zur Mitwelt und insbesondere auch unser mitmenschlicher Umgang sind durch diese Einsicht wesentlich betroffen. Wir können davon ausgehen, dass das, worüber wir uns verständigen wollen, nicht erfordert, dass alles im Detail ausgebreitet und beschrieben werden muss. Ich muss nicht alles aussprechen, damit der andere mich versteht, nicht alles vom anderen erfahren, bevor ich verstehe, was er sagt. Es gibt Kommunikation zwischen Menschen bereits bevor sie überhaupt ein einziges Wort ausgetauscht haben. Als Teile eines größeren Ganzen können wir auf einem uns gemeinsamen Untergrund aufbauen. Dieses Gemeinsame umfasst nicht nur das, was das Menschengeschlecht in seiner Gesamtheit in allen Zeiten erlernt hat, sondern stellt ein ganzheitliches geistiges Potenzial dar, gewissermaßen als eine in einem ständigen Lernprozess sich immer weiter differenzierende Gestalt, in der Wissen, Ahnung und noch dunklere Informationen verschlüsselt sind und uns zu dem machen, was wir sind. Das steckt alles in unserem Untergrund, zu dem wir einen individuellen Zugang haben, wobei der Untergrund uns nicht privat zugeordnet ist. Sehr viel von dem, was wir Kommunikation nennen, ist gar nicht Kommunikation, sondern ähnelt mehr einer Kommunion, einer Erweiterung unseres Selbst, da wir uns an der gemeinsamen Wurzel treffen. Die Erfahrung des Untergrundes ist nicht direkt greifbar, nicht begreiflich, wir können nur in Gleichnissen über sie sprechen. Sie erlaubt uns Einsichten, die wir nicht objektivieren können, und die trotzdem oder gerade deshalb für die menschliche Gesellschaft wesentlich sind, weil sie Orientierungen erlauben.

Die materielle, mechanistische Welt hat jedoch in vielen praktischen Bereichen unserer Lebenswelt eine überzeugende Gültigkeit. Die mechanistische Welt erscheint wie eine Kruste des Geistes. Das Wesentliche am Lebendigen ist, dass es nicht nur Kruste ist. Biologen teilen heute in ihrer überwiegenden Mehrheit nicht diese Meinung. Sie orientieren sich, unter dem Eindruck ihrer großen Erfolge, immer noch an dem mechanistischen Naturbild der Physik des letzten Jahrhunderts. Aus meiner Sicht missverstehen sie ihre Erfolge, wenn sie darin einen überzeugenden Hinweis sehen, dass das Lebendige, wie schon das Tote, in ausreichendem Maße als »Kruste« begriffen werden kann. Das mag für Prozesse stimmen, die sie experimentell beobachten und untersuchen können, erklärt aber wenig über die Logistik, die den Ablauf und das Zusammenspiel dieser Prozesse steuert. Ich stimme mit den Biologen überein, dass biologische Systeme einschließlich des Menschen nicht von der übrigen Natur auf grundlegende Weise abgetrennt sind. Aber dieser enge Zusammenhang darf das Lebendige nicht zur Maschine machen, sondern umgekehrt ist die ganze Natur etwas prinzipiell Lebendiges. Der Mensch, wie die übrige Natur, ist im Grunde kreativ. Alles und alle sind an der Gestaltung der Zukunft beteiligt. Der Mensch erfährt dies – wohl als einziger – auch in einem bewussten und absichtsvollen Sinne. Er ist bewusst kreativ und trägt deshalb auch Verantwortung für die Zukunft.

Die Naturwissenschaft hat uns tiefe Einblicke in die Struktur unserer Welt und ihre zeitliche Entwicklung verschafft. Sie hat dem absichtsvoll handelnden Menschen vielfältige Möglichkeiten eröffnet, Naturprozesse für seine Zwecke zu nutzen. Die auf diese Weise aufgewachsene Technik hat unsere Lebenswelt dramatisch verändert. Und dies – aufgrund der Ambivalenz der Zwecke – nicht nur zum Vorteil des Menschen, sondern auch zu seinem Nachteil, wie dies für uns immer deutlicher wird. Naturwissenschaft und Technik haben der Menschheit eine ernste Existenzkrise beschert. Wir sind nicht nur in einer »Krise der Immanenz«, weil uns die unmittelbare Erfahrung verloren gehen könnte, als Menschen unauflösbar im Transzendenten verankert zu sein. Wir stehen bereits mitten in einer zweiten Krise, welche die »Erschöpfung der Moderne« genannt werden könnte. Diese zweite Krise lässt uns die Brüchigkeit und Unzulänglichkeit unserer heutigen säkularisierten, materialistischen Weltbetrachtung immer deutlicher gewahr werden. Die Krise besteht darin, dass wir – und hier meine ich vornehmlich uns in der nördlichen, industrialisierten, »entwickelten Welt« – in all der Üppigkeit und all dem Trubel unseres Alltags unter einem Hunger nach Geistigem und Sinnhaftem, unter einem Gefühl von Verlorensein und Einsamkeit leiden. Uns werden die tieferen Ursachen unserer Frustration gar nicht bewusst, und wir sind deshalb auch nicht bereit und willig, geeignete Nahrung aufzunehmen. Der Widerstand, das im eigentlichen Sinne Vernünftige zu tun, resultiert aus einem falschen Verständnis oder mangelhaften Gebrauch unserer Rationalität. Die Rationalität stellt sich uns verengt als eine Fähigkeit dar, Wissen – exaktes Wissen, wie wir vielfach glauben – über die Wirklichkeit, die Welt, sammeln und kritisch denkend verarbeiten zu können, damit es sich zu einer besseren Steuerung unseres *absichtsvollen* Handelns eignet.

Unsere heute immer noch ungebrochene Zuversicht, unser Leben und Handeln auf Rationalität in diesem eingeschränkten Sinne nahezu ausschließlich zu gründen und die andere Seite der Rationalität, die abwägende, wertebezogene Vernunft nicht wesentlich einzubeziehen, basiert vornehmlich auf den eindrucksvollen Erfolgen moderner Wissenschaft, insbesondere den Naturwissenschaften, und den vielfältigen praktischen Umsetzungen dieses Wissens in Form unserer modernen Technik. Wie so oft in unserer Geschichte kommen wir Menschen dabei immer wieder in die alte Versuchung: Gelingt es uns einmal, einen kleinen Zipfel der »Wahrheit« zu erhaschen, dann meinen wir, in diesem Zipfel gleich die einzige und ganze Wahrheit zu sehen. Wir betrachten das ganze Weltgeschehen nur unter dieser einen neuen Einsicht. Wir zwängen, was nicht so recht passen will, mit Intelligenz, Schlauheit, Eloquenz, doch auch mit unbewusster oder bewusster Mogelei und Gewalt in dieses enge Korsett. Dieser Impuls entspringt nicht nur unserer Dummheit und Ungeduld. Es ist wohl der verständliche Wunsch, die undurchsichtige Komplexität unserer Mitwelt auf etwas für uns Einfacheres und damit Einsehbareres, Überschaubareres zu reduzieren. Durch diese simplifizierten Vorstellungen von Wirklichkeit gelingt es uns, die Unsicherheit des Zukünftigen auszuhalten, die wir ständig als existenzielle Bedrohung empfinden und im nächsten Augenblick auch als dramatische, schmerzhafte, tödliche Realität erfahren.

Kommunikation und Dialogfähigkeit –
die Rolle der Zivilgesellschaft

Mit der rasant zunehmenden Menge an Informationen, die uns die modernen Technologien erschließen, können wir zunächst wenig anfangen. Es passiert nämlich überhaupt nichts Wesentliches, wenn wir nur Informationen austauschen. Information wird für mich erst fruchtbar, wenn ich sie verarbeitet und daraus Wissen geschaffen habe. Der unterscheidende Verstand und die bewertende Vernunft sind hierbei der eigentliche Engpass. Die Qualität ihres Wirkens erfordert Zeit. Wachsende Beschleunigung gibt ihnen keine Chance. Deshalb darf die sich formierende Datenaustauschgesellschaft nicht mit einer viel schwerer zu verwirklichenden Wissensgesellschaft gleichgesetzt werden. Dass sich eine solche herausbildet, wird durch die wachsende Datenflut eher erschwert.

Wir sagen, unsere Welt sei komplex geworden. Die Welt ist immer komplex gewesen. Uns bedrückt nur in zunehmenden Maße die Komplexität unserer Welt, weil wir glauben, dass wir nur dann mit ihr zurechtkommen, wenn wir sie zuvor auseinandergenommen und ausreichend begriffen haben, um sie zu unserem Nutzen manipulieren zu können. Nein, Leben heißt, mit komplexen Dingen ohne große Ängste umgehen zu lernen. Es verlangt, das Wenige für mich und in meiner augenblicklichen konkreten Situation Relevante, was auch die fernere Zukunft betreffen kann, zu erkennen und notwendige Handlungen einzuleiten. Alles Übrige kann in den Hintergrund treten. Der nächste Augenblick kann schon zu einer anderen Auswahl führen, was ständige Aufmerksamkeit verlangt. Wir müssen lernen, mit einer unbestimmten Zukunft zuversichtlich leben zu können; lernen, ein Mehr an Sicherheit durch bessere Orientierung, durch topologische Wahrnehmung und Mustererkennung zu erreichen. Sicherheit stellt sich über die Fähigkeit her, Zusammenhänge grob zu erfassen, und weniger durch exaktes Faktenwissen. Letzteres kann uns ein Computer verlässlicher und umfassender bieten.

Wesentlich für das Lebendige ist weniger die Fülle an erreichbarer Information, sondern die Fähigkeit, die im Augenblick jeweils irrelevanten Informationen zu unterdrücken. In einer Welt, in der vornehmlich chaotische Prozesse ablaufen, sind langfristige Prognosen kaum möglich. Deshalb ist auch derjenige nicht am erfolgreichsten, der ein festes Ziel im Auge hat und versucht, dieses auf beste Weise zu erreichen. Das Ziel läuft ihm zwischenzeitlich einfach davon. Es sei denn, er versucht dieses durch umfassende Manipulation der Natur gewaltsam zu »fixieren«. Trotz der »Genialität« des Menschen kann ihm dies nur in einem ganz beschränkten Maße gelingen. Wer in der Evolution des Lebens mit ihren verrutschenden Zielen letztendlich überlebt, muss die Fähigkeit zum Spielen haben: Er darf sich nicht auf ein festes Ziel konzentrieren, sondern muss die Möglichkeit schaffen, verschiedenartigen zukünftigen Herausforderungen erfolgreich begegnen zu können. Dies verlangt Lebendigkeit, Flexibilität, Vermehrung der Optionen anstatt Maximierung einer bestimmten Option. Es wäre wie bei der Vorbereitung einer neuartigen Olympiade, bei der erst am Vorabend der Spiele entschieden würde, in welcher Disziplin ein Sportler oder eine Gruppe von Sportlern zum Wettkampf antreten soll. In diesem Falle müssten sich die Sportler oder ihr Team auf ganz andere Weise vorbereiten, um am Ende eine gute Leistung zu erbringen. Dies würde mehr der Vorbereitung auf das wirkliche Leben entsprechen. Es ist seine enorme Flexibilität und nicht seine besondere physische Stärke, die dem Menschen bisher eine so erfolgreiche Entwicklung beschert hat. Flexibilität wird hierbei durch große Vielfalt und konstruktive Kooperation des Verschiedenartigen erreicht.

Glauben, Verstehen und Begreifen – die vergessene Transzendenz

In dieser konstruktiv zusammenwirkenden Gemeinsamkeit von Verschiedenem und nicht in einem ihre Chancen verengenden Gegeneinander erkennen wir ein Welt- und ein Gottesbild, wie es uns auch die großen Hochkulturen und Weltreligionen vermitteln. Wir haben heute vergessen, sie richtig zu interpretieren. Weil wir in zunehmendem Maße auf kurzfristige Erfolge zielen, anstatt langfristig zu disponieren, haben wir den Eindruck, dass ethische Forderungen, religiöse Einsichten und kulturelle Beziehungsformen sich bestenfalls nur noch für den Sonntag und Feierabend und nicht mehr für den tätigen Werktag eignen. In der Geschäftigkeit, der Hetze und dem Lärm des Alltags verlieren wir die Fähigkeit, unsere Verbundenheit in der Tiefe intuitiv zu erleben und aus dieser ergiebigen Quelle Kraft und Weisheit zu schöpfen.

Aus dem Studium von 3.000 Jahren Wissenschafts- und Kulturgeschichte habe ich gelernt, dass zu jeder Zeit die Gefahr besteht, die Wahrheiten, die wir gefunden zu haben glauben, in ihrer konkreten Ausdeutung und Bedeutung zu überschätzen. Aber wir sollten auch nicht in den umgekehrten Fehler verfallen, alles, was nun nicht allen rationalen Argumenten standhält, komplett zu verwerfen. Interessant erscheint mir aus heutiger Sicht vielmehr, dass vieles, was sich einmal in einem tieferen Sinne als wahr erwiesen hat, in gewisser Interpretation auch wahr bleibt, obwohl die Aussagen in ihrer Fülle, konkret betrachtet, auseinanderklaffen und sich sogar widersprechen. Solche Aussagen dürfen immer nur als Gleichnisse für das nicht begreifliche Transzendente gesehen werden. Sie werden deshalb gewissermaßen erst von einer höheren Warte aus miteinander verträglich. Dazu möchte ich ein Beispiel geben.

5 »Wir glauben, vieles zu verstehen, was wir nicht begreifen können.«
Der »durchsichtige« Würfel ist ein Kipp-Phänomen: Je nachdem, »von wo aus« ich ihn betrachte, zu welchem visuellen »Standpunkt« ich mich entscheide, schaue ich mal von unten, mal von oben, mal von links, mal von rechts in die Raumtiefe des Gebildes. Entsprechend »korrekt« sind die Menschen im Raum angeordnet. Die zweidimensionale Zeichnung verweist auf die Mehrdeutigkeit eines dreidimensionalen Körpers.

Selbst bei reicher Phantasie gelingt es nicht, sich einen Körper in vier Raumdimensionen vorzustellen. Denn wir sind nur an die drei Raumdimensionen Höhe, Breite und Tiefe gewöhnt und haben auch nur diese in unseren Vorstellungen vor Augen. Unser Verständnis geht aber etwas weiter. Wir glauben, vieles zu verstehen, was wir nicht begreifen können, also auch das, wovon wir keine anschauliche Vorstellung haben. Ein vierdimensionaler

Körper gehört vielleicht in diese Kategorie. Wie verschaffen wir uns nun dafür ein Verständnis? Wir nehmen als Analogie den begreiflichen dreidimensionalen Körper (Abbildung 5). Den kann ich auch aus der zweidimensionalen Perspektive verstehen. Wie ein Architekt brauche ich dazu drei verschiedene Ansichten: Grundriss, Aufriss und Seitenriss. Ich kann ihn auch auf dem zweidimensionalen Fernsehschirm darstellen, in dem ich durch Drehung des Körpers im Bild die jeweils verdeckte Dimension sichtbar mache. Auf ähnliche Weise könnte ich nun auch einen vierdimensionalen Körper durch seine vier Projektionen, die alles dreidimensionale Körper sind, *verständlich* machen. Aber *begreiflich* wird uns der vierdimensionale Körper durch diesen Trick immer noch nicht.

Ich will dies mit einem Gleichnis erläutern, das der englische Astrophysiker Arthur Eddington vor einigen Jahren in seiner Naturphilosophie beschrieben hat (Abbildung 6). Ein Naturwissenschaftler – ein Ichthyologe, ein Fischsachverständiger –, der das Leben im Meer erforschen will und dazu einfach Fische fängt, findet nach jahrelangem Fischen ein Grundgesetz der *Ichthyologie*: »Alle Fische sind größer als fünf Zentimeter.« Denn bei keinem Fang war je ein Fisch dabei, der kleiner als fünf Zentimeter war. Auf dem Heimweg trifft er seinen besten Freund, den Metaphysiker, und erzählt ihm von seiner Entdeckung. Aber dieser sagt: »Mein Lieber, das ist doch gar kein Grundgesetz. Wenn du die Maschenweite deines Netzes gemessen hättest, hättest du festgestellt, dass du gar keine kleineren Fisch fangen konntest.« Aber der Ichthyologe ist von dieser Entgegnung nicht beeindruckt und erwidert: »Entschuldige, du verstehst nichts von Naturwissenschaften. Du bist kein Fischer, kein Ichthyologe. In der Ichthyologie ist ein Fisch definiert als etwas, das man mit Netzen fangen kann. Was ich nicht fangen kann, ist kein Fisch. Im Übrigen, wenn du das Fangbare als eine Einschränkung empfindest, muss ich dir sagen: Ich sehe es nicht als Einschränkung. Ich fange ja Fische, um sie auf den Markt zu tragen. Es hat mich noch nie jemand nach einem Fisch gefragt, den ich nicht fangen kann.«

Beim Vergleich mit den Naturwissenschaften entspricht der Metapher des Netzes nicht nur die spezielle experimentelle Messmethodik, die eine gute Messung ausmacht, sondern vor allem unsere zerlegende, fragmentierende Art des Denkens. Darüber hinaus dominiert in der heutigen Gesellschaft das Marktgeschehen. Wir beschränken uns deshalb vornehmlich auf eine Lebensphilosophie, ein Weltbild, bei dem es um Dinge geht, die man »fangen« kann, also Dinge, die sich vom Menschen ablösen lassen, die tauschfähig sind. Doch dies sind genau die verkrusteten Dinge, die sich aus der Evolution des Lebendigen ausgeklinkt haben. Per Definition kommt in dieser Welt des »Fangbaren« das Transzendente nicht mehr vor. Das Gute, Schöne und Wahre hat keinen Platz mehr und der Verlust der Transzendenz, des Göttlichen, hinterlässt nicht einmal ein Loch.

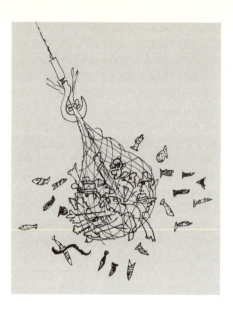

6 »Was ich nicht fangen kann, ist kein Fisch.«
Was immer wir auch tun und erkennen, wir brauchen Bezugssysteme, in die wir das neu Erfahrene einordnen. Wirklichkeit lässt sich ohne solche begrifflichen »Netze« nicht beschreiben. Was insofern beweisbares Wissen erst möglich macht, definiert jedoch auch die prinzipiellen Grenzen dieses Wissens: Alles, was durch die Maschen dieses Netzes geht, »existiert« nicht.

Doch die Wirklichkeit ist nicht nur Realität. Sie spiegelt sich in der Evolution des Lebendigen, deren bisherige Krönung der entwicklungsfähige, in die Schöpfung unabtrennbar eingebundene *Homo sapiens* ist. Viele betrachten die gegenwärtige Situation jedoch nur als ein Zwischenstadium einer sich weiter beschleunigenden rationalen Evolution, der keine Geheimnisse auf Dauer verschlossen bleiben werden. Gegen unser Ichthyologen-Gleichnis würden sie einwenden, dass es für die Anwendung auf unsere Wirklichkeit zu primitiv wäre. Der Mensch sei doch ein viel intelligenterer und einfallsreicherer Ichthyologe, der sehr schnell lernen würde, auch mit Netzen geringerer Maschenweite zu fischen. Das ist richtig. Das Netz ist hier als Gleichnis zu einfach. Aber dies ändert nichts an der prinzipiellen Aussage: Was immer wir auch tun, wir brauchen irgendwelche Netze, um zu fischen, Bezugssysteme, in die wir das neu Erfahrene einordnen. Wir können nicht die Wirklichkeit, über die wir in der Außenansicht sprechen, ohne ein Netz beschreiben, und deshalb bleiben wir immer in dieser Beschränktheit gefangen. Netze, die beweisbares Wissen möglich machen, definieren gleichzeitig auch die prinzipiellen Grenzen dieses Wissens, und zwar Grenzen im Sinne von *border*, nicht nur von *frontier*. Die Wissenschaft basiert auf fragmentierendem, reduktionistischem Denken.

Die sogenannte exakte oder quantifizierende Wissenschaft geht sogar noch ein Stück weiter. Sie formuliert, wie unser Ichthyologe, Aussagen wie: Ein Fisch ist größer als fünf Zentimeter. Die Aussage bezieht sich letztlich nur auf die »fünf«, eine Zahl in einer Beziehung zwischen einem Fisch und einem bestimmten Stück Holz, das als Messlatte dient. Die »wissenschaft-liche« Aussage sagt nichts darüber, *was* ein Fisch und *was* ein Stück Holz ist, die ich beide nicht verstehe. Die Aussage erschöpft sich im »Wie« und ver-schweigt das »Was«. Durch diese Beschränkung sind Quantifizierung und durch Zahlen bemessene Exaktheit (und als weitere Konsequenz die mathe-matische Formulierung der exakten Naturwissenschaften) möglich. Obgleich die moderne Wissenschaft eindrucksvoll zeigt, dass sehr vieles vom »Was« seine Erklärung in einem »Wie« findet, ist doch gut nachvollziehbar, dass die so reduzierte Wirklichkeitsbeschreibung nur noch sehr bedingt mit der grö-ßeren Wirklichkeit zu tun hat, in die sie eingebettet ist. Aber diese Einsicht ist wichtig für einen konstruktiven Dialog, zum Beispiel zwischen Naturwis-senschaft und Religion. Sie ist als Hinweis wertvoll, dass auch Religion ihr eigentliches Ziel verfehlen muss, wenn sie in ihrem verständlichen Bestre-ben, ihre Botschaften schärfer und einprägsamer zu fassen, *metaphorisch Zeigendes* durch eindeutig *Begreifbares* zu fixieren versucht. Das ist übrigens eine gute Nachricht für alle diejenigen, die den Menschen als einen Teil der-selben einen, großen Wirklichkeit betrachten und erleben, *ohne* bei dieser Einbindung in das Eine den Menschen und die übrige lebende Kreatur zu leblosen Maschinenteilen zu reduzieren. Die Mitwelt kann von keinem mehr absolut verlässlich manipuliert werden, aber jeder, jede und jedes kann in gewissem Grade an einer Gestaltung der Zukunft kreativ mitwirken.

Umsteuern, aber wie?

Doch zurück in die aktuelle Gegenwart mit ihren großen Herausforderun-gen. Was sind die Gründe dafür, dass es uns nicht gelingt, Krisen abzuwen-den, ja sie gar nicht erst entstehen zu lassen? Meiner Meinung nach stehen die Krisensymptome in unserer wissenschaftlich-technisch-ökonomischen Zivilisation im Zusammenhang mit einer notorischen Vernachlässigung des »Systemischen« gegenüber dem »Lokal-Ursächlichen«, einer bewussten Un-terbetonung des »Gemeinsamen« gegenüber dem »Individuellen« und einer Abwertung von »Solidarität und Gemeinsinn« gegenüber der isolierten Eigenleistung und dem »Eigennutz«. Dabei stellt sich nicht die Frage nach einem Entweder-oder, denn das eine wie das andere ist notwendig. Langfris-tige Überlebensfähigkeit, Zukunftsfähigkeit von komplexen Systemen, setzt nicht nur Stärke und Beweglichkeit der einzelnen Glieder voraus, sondern die »Einsicht«, dass in der Vielfalt der Glieder nicht nur eine Bedrohung lau-ert, sondern auch ungeahnte Möglichkeiten liegen, im kommunikativen wie geistigen Einvernehmen mit anderen auch schwierigere Aufgaben zu meis-tern, die der Einzelne allein nicht lösen kann. Weit besser als bei den auf ganz bestimmte Situationen hin starr optimierten Systemen, eröffnen sich für eine individuell hoch entwickelte, differenzierte, pluralistische und kooperative Gesellschaft vielfältige Chancen, auf überraschend veränderte äußere Bedingungen flexibel reagieren zu können und eben darum langfristig überlebensfähig zu werden. Zukunftsfähig ist deshalb, was zum Plussummenspiel bereit ist, was im anderen, dem Mitmenschen, der *Mit*natur, vornehmlich den Mitspieler und nicht den *Gegen*spieler sieht. So stehen soziale Verträglichkeit und ökologische Nachhaltigkeit nicht im Widerspruch zueinander, sondern streben das gleiche auf zwei verschiedenen Ebenen an.

Ein Plussummenspiel muss jedoch scheitern, wenn eine Gesellschaft wie die unsere im wirtschaftlichen Bereich »den Kampf aller gegen alle« gewissermaßen als Naturprinzip propagiert und darüber hinaus auch noch alle zu einem gemeinsamen Feldzug gegen die übrige »Natur« aufruft, eine Natur, die sie nur mehr als »Umwelt« im Sinne einer Arena für ihre vielfältigen, eigensüchtigen Beutezüge, als unendlich ergiebigen Steinbruch und beliebig schluckfähige Müllkippe begreift und nicht als das, was sie eigentlich ist: die natürliche Grundlage allen (menschlichen) Lebens. Selbstverständlich wird dies so nicht offen verkündet, doch wir alle fühlen uns genötigt, täglich in diesem Sinne zu handeln, weil die harte »Realität«, so glauben wir, dies eben von uns so erfordert. Und dahinter steckt ja auch eine sehr »realistische« Variante der Realität, die besagt, dass achtlose Gesellschaften, die starrköpfig, engstirnig und kurzsichtig ihre längerfristigen Vorteile nicht wahrnehmen, am Ende einfach aus der Evolution hinausgeworfen werden – und dies leider ohne Rücksicht darauf, ob in diesen Gesellschaften einige wenige oder gar ganze Völker (die gewöhnlich von den zum Abgrund keuchend Spurtenden als »unterentwickelt« tituliert werden) noch rechtzeitig warnend den Finger gehoben haben.

Die Individuen in einer solch achtlosen Gesellschaft kommen sich dabei allesamt recht schlau vor, da sie ganz auf kurzfristige Ziele orientiert und in deren Verfolgung meist auch recht erfolgreich sind. Wenn man Erfolg dabei vor allem an schnellem Wachstum und zunehmender Beschleunigung misst, so wird eine zu Tale donnernde Lawine geradezu zum Erfolgssymbol – soweit man von der Zerstörung von all dem überrollten schwächlichen Kleinkram auf ihrer Bahn absieht (»Sorry, wo gehobelt wird, fallen Späne!«) und dann auch noch alle düsteren Spekulationen über die fernere Zukunft als Panikmache diffamiert. So haben sich längst die meisten damit abgefunden, dass es auf der Erde eben Reiche und Arme gibt, weil es schon immer so war und Unterschiedlichkeit ja ein unvermeidlicher Aspekt der gepriesenen Vielfalt ist. Mag sein, aber die bedrohliche Eigendynamik der Wirtschaft sollte uns nachdenklich stimmen: Die wachstumsorientierte, kapitalistische, »freie« Marktwirtschaft hat Rahmenbedingungen und Spielregeln geschaffen, nach denen mit zunehmendem Tempo die Reichen immer reicher und die Armen immer ärmer werden.

Auf welche Weise demgegenüber Nachhaltigkeit, insbesondere ökologische Nachhaltigkeit, erzielt werden kann, ist nicht einfach zu beantworten. Dies liegt nicht zuletzt an einer gewissen Schwammigkeit des Begriffes »Nachhaltigkeit«, der sich nur schwer in Form eines Rezeptbuches operationalisieren lässt. Dies hat jedoch nicht nur mit augenblicklicher Unkenntnis zu tun, sondern hat prinzipielle Gründe. Genau betrachtet sind wir nämlich bei einer Verwirklichung der Nachhaltigkeit in keiner schlechteren Situation als die Natur selbst. Denn die »Natur« versucht ja auf der Erde (unserer heutigen Kenntnis nach) nicht ihre langfristigen, nach immer weiterer Differenzierung strebenden Ordnungsstrukturen aufgrund eines vorgefassten Superplanes (mit einem bestimmten Ziel im Auge) zu verwirklichen. Die Natur muss diese Differenzierung nach dem Prinzip von »Versuch und Irrtum«, gewissermaßen spielerisch, aber unter optimaler Ausnützung synergetischer Vorteile – also konstruktiven Zusammenwirkens schon existierender Lebensformen – herausfinden. Nachhaltig ist, tautologisch, was nachhält, was sich langfristig bewährt. Nachhaltigkeit wird also nicht in der genauen Befolgung ganz bestimmter Rezepte erreicht, sondern durch eine *offene, aufmerksame, umsichtige, flexible, kreative, einfühlende und liebende Lebenseinstellung.* Hierdurch wird bereits deutlich, dass für die richtige gesellschaftliche Orientierung echte, verantwortungsbewusste Menschen unentbehrlich sind, die kaum durch mehr oder weniger bürokratische Institutionen, wie sie Staat und Wirtschaft anbieten, ersetzt werden können.

Es gibt allerdings Nachhaltigkeitsbedingungen, die auch von Staat und Wirtschaft administriert werden können. So ist es leichter anzugeben, welche Maßnahmen und Verhaltensweisen definitiv ökologische Nachhaltigkeit verschlechtern. Hierfür lässt sich gewissermaßen ein »Negativkatalog« für Nachhaltigkeit (»Killer«-Bedingungen) erstellen. Damit ist man allerdings der Lösung dieser Aufgabe noch nicht wesentlich näher. Denn die eigentlichen Schwierigkeiten treten doch bei der praktischen Umsetzung auf. Hierbei müssen wir einerseits schmerzhaft erkennen, dass wir uns selbst als Verbraucher und potenzielle Nutznießer im Wege stehen. Andererseits müssen wir zusätzlich auch gegen alle die vielfältigen Machtstrukturen ankämpfen, deren Reichtum und Einfluss zu wesentlichen Teilen ja bisher aus »nichtnachhaltigem Wirtschaftsverhalten« gespeist wurden. Um bei dem Änderungsbemühen nicht sofort wie Don Quichotte zu scheitern, ist es deshalb wichtig, sorgfältig nach geeigneten Einstiegen und katalytischen Mechanismen zu suchen, wie die bestehenden wirtschaftlichen und politischen Kräfte konstruktiv für die notwendigen Transformationen eingespannt werden können. Auch hierzu bedarf es der kundigen Einsichten von verantwortungsbewussten Menschen direkt vor Ort.

Wie soll ein Umsteuern gelingen? Es bestand in den führenden Industrienationen bisher wenig Neigung, vom bisherigen wirtschaftlichen Dogma abzuweichen, da doch gerade erst die westliche Wirtschaftsform in der Auseinandersetzung mit der östlichen Kommandowirtschaft eindeutig als Siegerin hervorgegangen zu sein schien. Damit war sie nun, so glaubte man, hinreichend als die schlechthin angemessenste Wirtschafts- und Lebensform ausgewiesen. Dass dies ein gefährlicher Trugschluss war, können wir täglich in der Zeitung lesen. Die westliche, wachstumsorientierte Wirtschaftsform mit ihrem aufwendigen und verschwenderischen Lebensstil steht im krassen Widerspruch zu den Bedingungen einer sozialen und ökologischen Verträglichkeit. Sie kann deshalb kein Vorbild für eine zukunftsfähige Weltwirtschaft und Lebenswelt für alle Menschen sein.

Die dritte globale Kraft

Eine freie Marktwirtschaft erscheint vielen immer noch als die beste Form, um die Bedürfnisse der Bürgerinnen und Bürger einer Gesellschaft angemessen zu befriedigen. Jeder hat dabei die Möglichkeit, nach eigenem Ermessen und in eigener Kompetenz seine für ihn beste Auswahl zu treffen. Diese Idealsituation ist jedoch praktisch nur in seltenen Fällen gegeben. Denn bei der noch immer idealisierten liberal-kapitalistischen freien Marktwirtschaft ist nicht jeder Bedürftige ein möglicher Kunde am Markt, sondern nur diejenigen, welche über ausreichend Geld verfügen. Bei steigender Arbeitslosigkeit fallen immer mehr – und hierbei gerade die Bedürftigsten – als verhandlungsfähige Käufer aus.

Ohne Zweifel ist es die Aufgabe des Staates und seiner Institutionen, die Rahmenbedingungen und Spielregeln für eine freie Wirtschaft so vorzugeben, dass sich im freien Spiel der Marktkräfte auch die notwendigen Voraussetzungen für ökologische Nachhaltigkeit und soziale Verträglichkeit ergeben. Es ist jedoch offensichtlich, dass die Politik mit dieser Aufgabe *de facto* überfordert ist. Ihre Kräfte werden durch die immer schwieriger werdende Tagespolitik aufgezehrt und dies insbesondere, weil keine langfristigen Perspektiven existieren und nicht einmal Anstalten gemacht werden, solche zu entwickeln. In der gegenwärtigen Situation eines globalen gesellschaftlichen Umbruchs wären dringend soziale Innovationen notwendig. Anstatt diese zielstrebig und mutig anzugehen, wird weiterhin nur auf »Reparatur« gesetzt, die bestenfalls eine Atempause schafft; die alten sozialen Spannungen treten dann zu einem späteren Zeitpunkt – meist in verschärfter Form – wieder in Erscheinung.

Es ist klar, dass soziale Innovationen weitaus schwieriger zu initiieren und zu administrieren sind als wissenschaftlich-technische Innovationen, da diese wegen ihrer vergleichsweise geringeren Komplexität, bei Vorgabe der richtigen Fragestellungen und Rahmenbedingungen, meist von alleine üppig aufsprießen. Die durch die vergangenen Erfolge gut gestützte Gewohnheit, gesellschaftliche Schwierigkeiten durch technische Neuerungen auflösen zu wollen, also im Wesentlichen neue Freiräume zu schaffen (»Going West!«) und nicht auf Schlichtung von Konflikten zu drängen, ist einer der Gründe, warum die Technik immer weniger dem Menschen und der Befriedigung seiner Grundbedürfnisse dient. Stattdessen wird eine Entwicklung neuer Lebensformen des Menschen gefordert, die nun umgekehrt den Menschen auf diese, von einer kleinen Minderheit entwickelten und mit der Mehrheit gar nicht abgestimmten und unterstützten Technik ausrichten und anpassen soll. Die großen Opfer an einer wirklich gelebten Humanität, wie sie angeblich den *Homo sapiens* auszeichnen soll, werden dabei von einer triumphierenden Minderheit, die einfach den primitiven wissenschaftlich-technischen wirtschaftlichen Fundamentalismus als geschichtlich unausweichliche Heilslehre für alle verkündet, der großen Mehrheit mitleidlos aufgebürdet – im Sinne etwa des Gorbatschowschen Ausspruchs: »Wer zu spät kommt, den bestraft das Leben!«.

Der Staat, der zweifellos den Verfassungsauftrag hat, die Rahmenbedingungen der gesellschaftlichen Entwicklung im Lande vorzugeben, kann meines Erachtens nicht nur de facto, sondern auch grundsätzlich diese Aufgabe unter den heutigen Bedingungen nicht mehr leisten. Durch die globale Einbindung fehlt ihm vielfach die dazu notwendige Kompetenz und Souveränität. Durch die Vielzahl und Komplexität der Sachverhalte und die wachsende Geschwindigkeit der Veränderungen sind die verantwortlichen Politiker auf den fachmännischen Rat von Wissenschaft, Industrie, Wirtschaft und mächtigen Interessengruppen wesentlich angewiesen, die sich auf diese Weise als Souffleusen, im Hintergrund und für die Öffentlichkeit unbemerkt, unentbehrlich gemacht haben. Versuche, die Wissenschaft, Industrie und Wirtschaft direkt auf die Bewältigung der drängenden Probleme einzuschwören, scheitern mit dem Hinweis auf die Richtlinienkompetenz der Politik. So wandert der »schwarze Peter« von einem zum anderen, und keiner fühlt sich für die Untätigkeit wirklich verantwortlich.

Es ist jedoch für jeden offensichtlich, der sich aktiv an den vielfältigen und mit großem Engagement betriebenen, öffentlichen gesellschaftspolitischen Diskussionen beteiligt, dass die Gesellschaft über ein großes Potenzial an profunden Einsichten und erprobtem Sachverstand, an konstruktiven Zukunftsvorstellungen und praktischen Umsetzungsvorschlägen sowie an persönlichem Verantwortungsbewusstsein und ethischer Standfestigkeit verfügt. Und dies in einem Maße, das weit über das im politischen Raum erkennbare Niveau hinausgeht. Die Aufgabe müsste deshalb darin bestehen, das in der Gesellschaft verborgene intellektuelle, geistige und sittliche Potenzial für die Gesellschaft in geeigneter Form zu mobilisieren. Letzten Endes heißt dies wohl: Die sich in unzähligen Initiativen formierende Zivilgesellschaft als ernst zu nehmende dritte globale Kraft neben Staat und Wirtschaft voll zu etablieren und als konstruktives, lebendiges, kreatives sowie kritisches Element in die Gestaltung der zukünftigen Weltgesellschaft einzubinden.

Vor dem Hintergrund der Hilflosigkeit der Politik und der ruinösen Eigendynamik der Wirtschaft versuchen die vielfältigen Kräfte der Zivilgesellschaft eine Flotte von kleinen Rettungsbooten für den täglichen und zukünftigen Ernstfall zu entwickeln. Diese Vielfalt ist erstaunlich und das Engagement eindrucksvoll. Die Solidarisierung der Gruppen gelingt mehr und mehr. Spontane wie organisierte Zusammenschlüsse verschieden orientierter Gruppen auf gemeinsame übergeordnete Ziele hin wie etwa Abrüstung und Friedenssicherung, Kernenergie, nachhaltige Entwicklung oder sozialen Frieden lassen zunehmend ein Wir-Gefühl entstehen, das in immer mehr gemeinsamen Aktionen und konstruktiven Vorschlägen sichtbar wird (Abbildung 7).

Offensichtlich hat die Zivilgesellschaft eine Vielzahl unterschiedlicher Ziele. Sie sind direkt oder indirekt verkoppelt mit den unterschiedlichen Unzulänglichkeiten von Staat und Wirtschaft, den Bürgerinnen und Bürgern das ihnen in einem demokratischen System zugebilligte Recht einzuräumen, in angemessener Weise gemeinsam über die Formen ihres Zusammenlebens entscheiden zu können. Da die rasante ökonomische Entwicklung der wissenschaftlich-technischen Zivilisation zu den dramatischen ökonomischen, sozialen und ökologischen Ungleichgewichten geführt hat, bestimmen sich die Ziele der Zivilgesellschaft vornehmlich darin, die sich anbahnende Krise allen deutlich zu machen. Ebenso soll diese Krise mit all ihren Symptomen durch geeignete Gegenmaßnahmen erfolgreich bewältigt oder wenigstens so weit entschärft werden, dass größere Katastrophen verhindert werden, die die Zukunftsfähigkeit unserer Zivilisation gefährden könnten.

Für die Bewältigung dieser existenziellen Herausforderung der Gesellschaft bieten sich mögliche Lösungsstrategien und konkrete Einstiege an. Da Wirtschaft und Staat als maßgebliche Problemlöser ungeeignet zu sein scheinen, kommt meiner Meinung nach nur eine weiterentwickelte, differenzierte Zivilgesellschaft infrage. Aufgrund der vielfältigen hervorragenden Kompetenzen könnten diese bei geeigneter Abstimmung ihrer unterschiedlichen Zielvorstellungen und einer guten Kooperation bei der Durchführung konkreter Aufgaben sehr wohl dieser schwierigen Aufgabe gerecht werden. Entscheidend ist hierbei eine weitgehende Vernetzung und ein unmittelbarer Informationsaustausch zwischen den Akteuren.

Die vielen großen und internationalen Konferenzen sind für die globale Zivilgesellschaft hervorragende Plattformen für erste und weiterführende intensive internationale Kontakte, die über die medialen Informationsnetze

7 »Die Politik ist zunehmend hilflos, die Eigendynamik der Wirtschaft ruinös.« Je größer die Unzulänglichkeiten von Staat und Wirtschaft, desto entscheidender die Rolle der Zivilgesellschaft: Proteste auf dem Weltsozialforum 2005 in Porto Alegre, das unter dem Motto stand: »Eine andere Welt ist möglich.«

mannigfach verbreitert und vertieft werden können. Die enorme Stärkung des Einflusses der Zivilgesellschaft war für mich besonders auf dem Städtegipfel Habitat II in Istanbul 1996 spürbar. Hier tagten auf dem gleichen Gelände zum ersten Mal in zwei getrennten Strängen die Regierungsvertreter (Commission I) und die Zivilgesellschaft (Commission II) nebeneinander; das Ganze mündete in getrennte *und* gemeinsame Verlautbarungen. Gerade bei Problemen über die Zukunft der Städte wurde offensichtlich, welch entscheidende Kompetenz hier bei der Zivilgesellschaft, insbesondere den Vertretern der kommunalen Verwaltungen und den vielen an kommunalen Fragen orientierten Nichtregierungsorganisationen (NGOs) liegt. Aus diesem Grunde hatte auch der damalige Generalsekretär der Vereinten Nationen (UNO) Boutros Boutros-Ghali zu seiner persönlichen Unterrichtung gesondert eine Beratungsgruppe, der auch ich angehörte, aus Vertretern und Multiplikatoren der Zivilgesellschaft zur Habitat II-Konferenz nach Istanbul eingeladen.

Global denken – vernetzt handeln

Ein Blick zurück: Schon früher, insbesondere auch während des Kalten Krieges, haben NGOs eine wesentliche Rolle beim Konfliktmanagement und der Entschärfung gefährlicher politischer Spannungen gespielt. Mir sind insbesondere erfolgreiche Initiativen aus dem Umfeld von Pugwash (Pugwash Conferences on Science and World Affairs), einer Bewegung, der auch ich seit frühen Jahren angehörte, und Ärzte gegen Atom/IPPNW (International Physicians for the Prevention of Nuclear War) in guter Erinnerung. So hatten zum Beispiel die Initiativen der Vereinigung Deutscher Wissenschaftler (VDW) und Pugwash in Richtung einer »Defensiven Verteidigung« (»Non-Provocative Defense«) oder »Strukturellen Nichtangriffsfähigkeit« und auch eines »Umfassenden Kernwaffen-Test-Stopps« (»Comprehensive Nuclear Test Ban CNTB«) einen sehr günstigen Einfluss gehabt auf die Entspannungspolitik zwischen Ost und West.

Insbesondere hatte das vom amerikanischen Präsidenten Ronald Reagan im Frühjahr 1983 verkündete »Verteidigungsprogramm der Zukunft«, das den Startschuss für die »Strategic Defense Initiative« (SDI) gab, zu einem engagierten Widerstand der Friedensgruppen und vor allem der Wissenschaftler aus der Friedensbewegung geführt. Das SDI-Konzept, auf das ich bereits näher eingegangen bin (S. 58–61), sah einen gigantischen Waffenschild im erdnahen Weltraum vor, mit dem die Menschheit gewissermaßen von der atomaren Geisel befreit werden sollte. Es war leicht einzusehen, dass dies, trotz der Vokabel »Verteidigung«, nur eine weitere Stufe in der Rüstungseskalation bedeutete. Die militärisch-technischen Anstrengungen dafür überstiegen alle bis dahin gekannten Dimensionen. Um das Programm trotzdem erfolgreich durchzuführen, forderte Reagan damals alle Wissenschaftler und Ingenieure der Welt auf, gemeinsam an einem groß angelegten und mit etwa 70 Milliarden US-Dollar hoch dotierten mehrjährigen Forschungsprogramm mitzuwirken. Fünfzig brillanten und hochspezialisierten Wissenschaftlern, Technikern und Militärexperten wurde im Rahmen der amerikanischen Fletcher-Kommission der Auftrag erteilt, die utopische Vision SDI auf den Weg zu bringen. In intensiver Arbeit zerlegte diese Gruppe den gesamten Problemkomplex fachgerecht in Hunderte hochkomplizierte und wissenschaftlich immer noch höchst schwierige Teilprojekte, die sie dann getrennt dafür kompetenten Wissenschaftlern zur Bearbeitung und Lösung antrugen. Dieser Trick, das unmöglich Erscheinende in eine Vielzahl von sehr Schwierigem zu zerstückeln, hat mich damals sehr beeindruckt. Ich habe deshalb 1985 vorgeschlagen, die gleiche Methode für ein anderes, aus meiner Sicht viel dringlicheres und wichtigeres, aber ähnlich unlösbar erscheinendes Problem anzuwenden, nämlich die langfristige globale Friedenssicherung. Dies hat im Januar 1987 zu meiner Gründung des Global

Challenges Network GCN, einem Netzwerk zur Bewältigung der globalen Herausforderungen, in Starnberg bei München geführt (Abbildung 8). GCN sollte – gemäß dem Leitspruch »global denken, vernetzt handeln« – langfristig ein Netz aus Projekten und Gruppen knüpfen, die arbeitsteilig und koordiniert an der Bewältigung umfassender, menschheitsbedrohender Probleme arbeiten. Durch die Konzentration auf die für alle Menschen gleichermaßen wesentlichen Anliegen sollte es wirksam zur Vertrauensbildung zwischen West und Ost beitragen. Die Tätigkeitsfelder des Vereins sollten dabei nicht auf wissenschaftliche und technische Belange beschränkt sein, sondern ebenso kulturelle Projekte mit einschließen. Global Challenges Network will vom Nachdenken und Forschen über globale Probleme – wie diese etwa vom Club of Rome oder von Global 2000 begonnen wurden – zum konkreten Handeln übergehen. Es soll den institutionellen Rahmen liefern, innerhalb dessen die praktische Umsetzung der Problemlösung möglich wird.

GLOBAL DENKEN –
VERNETZT HANDELN

8 »Probleme benennen und Lösungswege aufzeigen.«
Logo und Leitspruch der 1987 von Hans-Peter Dürr
gegründeten Organisation Global Challenges Network (GCN) e.V.

Die Gründung des Global Challenges Network wurde von den Engagierten freudig aufgenommen und auf dem von Michail Gorbatschow initiierten großen internationalen Friedenskongress im Februar 1987 in Moskau durch unsere Aufforderung zu einem öffentlichen Plenarvortrag gewürdigt. Es stellte sich allerdings sehr schnell heraus, dass GCN die für eine befriedigende Vernetzung notwendige Logistik mit seinen bescheidenen finanziellen Mitteln und Kräften nicht bereitstellen konnte. Unsere Vision bei GCN hatte, wie leicht zu erkennen ist, bereits vieles gemein mit dem, was heute durch das Internet verwirklicht ist. Trotz großer Anstrengungen ist es GCN damals nicht gelungen, die Software zu finden oder selbst zu schreiben, wie sie für ein solch ehrgeiziges Unterfangen erforderlich gewesen wäre. Aufgrund der hohen Komplexität der Aufgabe und der Notwendigkeit leistungsfähigerer Computer ist unser damaliges Scheitern aus heutiger Sicht mehr als verständlich.

Das heute existierende Internet, das aus einer großräumigen Vernetzung der an und mit den großen Beschleunigerzentren arbeitenden Hochenergiephysiker hervorgegangen war, gibt uns jetzt eine phantastische Chance, Vorstellungen einer weltweiten Vernetzung, von der wir bei der Vereinsgründung geträumt haben, in hohem Maße realisieren zu können. Die Bürger und Bürgerinnen haben heute die Möglichkeit, schnell und effizient an die von ihnen gewünschten Daten heranzukommen und diese auszutauschen. Prinzipiell kann dies zu einem Empowerment der Menschen in großer Zahl führen, da nun die Möglichkeit besteht, sich vermehrt und gezielter an der kreativen Gestaltung von Zukunft und Gesellschaft zu beteiligen.

Die Frage bleibt aber bis heute unbeantwortet, ob das Internet, so wie es sich global innerhalb der Weltgesellschaft entfaltet hat und noch weiter entwickeln wird, tatsächlich dazu beitragen kann, nicht nur das Angebot an relevanten Informationen zu vergrößern und deren Austausch zu erleichtern, sondern damit auch die Kommunikation zwischen den Menschen und Völkern zu verbessern. Diese Bedingung ist nicht automatisch erfüllt. Zunächst erlaubt ja ein elektronisches Netzwerk wie das Internet nur die schnelle und unkomplizierte Bereitstellung einer ungeheuren Datenfülle für alle, die über die geeigneten Sender- und Empfangswerkzeuge verfügen. Kommunikation zwischen Menschen verlangt jedoch mehr als Datenaustausch. Der Datentransfer muss das Bewusstsein der vernetzten Menschen ansprechen, muss bei ihnen Betroffenheit und Nachdenklichkeit auslösen. Daten müssen gedeutet, inhaltlich verarbeitet, gedanklich »verdaut« werden, um nichttriviale Schlüsse für nichtautomatische Reaktionen daraus ziehen zu können. Kommunikation zwischen zwei Personen, die über den unreflektierten Austausch von Daten hinausgeht, ist ein kreativer Prozess, durch den ein neues Ganzes geschaffen wird, das mehr ist als die Summe aller ausgetauschten Daten. Gewiss, ohne die Möglichkeit des Datenaustausches gibt es keine Kommunikation. Doch gilt auch umgekehrt: Bei einer Datenüberschwemmung sinken die Möglichkeiten der Kommunikation, da keine Zeit mehr bleibt, die Daten entsprechend ihrer Relevanz zu gewichten und werten zu können und ihnen die angemessene Aufmerksamkeit zukommen zu lassen.

Gerade in der Möglichkeit einer Informationsüberflutung liegt eine große Gefahr des Missbrauchs. Die auf unserer Erde in über drei Milliarden Jahren entstandenen, vielfältigen Lebensformen zeichnen sich nicht durch eine Maximierung ihrer Kommunikationsmöglichkeiten mit ihrem Umfeld aus. Ihre Überlebensfähigkeit hängt vielmehr entscheidend davon ab, in welchem Maße es ihnen gelingt, die für ihr Überleben *irrelevante* Information erst gar nicht wahrzunehmen oder sie effizient zu unterdrücken.

Eine globale und interaktive Vernetzung erlaubt schnelle Kontaktaufnahme und weltweite Dialogfähigkeit sowie den raschen Zugriff auf mentale Werkzeuge wie Anleitungen und Datenspeicher verschiedenster Art. Prinzipiell könnte sie deshalb geeignet sein, die geografischen und nationalen Eingrenzungen von Kulturen zu überwinden, ohne dabei die kulturelle Vielfalt zu opfern. Die Weltgemeinschaft könnte sich zu einem Kulturmosaik entwickeln, das seine Lebendigkeit aus einer dezentralen Bindungsstruktur bezieht und gleichzeitig durch die Unterschiedlichkeit seiner Komponenten eine hohe Flexibilität besitzt, die dem Menschen seine Zukunftsfähigkeit sichern hilft.

Die Frage bleibt allerdings, ob diese neuen globalen Beziehungsstrukturen nicht wieder Machtzusammenballungen von einer ganz neuen Art provozieren und somit zur alten Problematik zurückführen, bei denen kleine Eliten über viele Entrechtete herrschen. Gefahren für die Herausbildung neuer Machtstrukturen im Internet sind leicht auszumachen. Die Informationsfülle schreit nach geeigneten Auswahlprinzipien, damit jeder schnell und effizient jeweils das für ihn Relevante finden kann. Es gibt deshalb viele spezialisierte Wegekundige, die ihre Dienste als Führer durch den Daten-Dschungel anbieten. Dies hat mannigfache Möglichkeiten eröffnet, auf unbemerkte Weise in die neu erworbene größere Freiheit der Netzbenutzer einzugreifen. Diese Manipulation hat vielfach das Maß überschritten, mit denen die Medien heute schon den Menschen traktieren und ihn mit psychologischer Raffinesse zu einer selbst gewählten Versklavung verführen. Darüber hinaus – und im Gegensatz zu der normalen zwischenmenschlichen Kommunikation – findet der Informationsaustausch immer unter dem stets wachen, alles wahrnehmenden und nichts vergessenden Auge eines »Big Brother« statt, der für die kleine Elite, welche das System kennt und beherrscht, hemmungslos jede Auskunft geben wird. Auch dafür hat es in der jüngsten Vergangenheit bereits zahlreiche Beispiele gegeben (Datenmissbrauch).

Des Weiteren dürfen wir nicht vergessen, dass dieses neue Kommunikationsmittel zunächst einen neuen »Analphabetismus« schafft, dem die Mehrzahl der Menschen noch zugerechnet werden muss. Das wäre nicht weiter schlimm, wenn sich dieser Zustand nach einiger Zeit ausgleichen würde. Bei der zunehmenden Armut in der Welt erscheint es jedoch nicht wahrscheinlich, dass dieses – auch trotz immenser Verbilligung in der Zukunft – leicht und bald erreicht werden kann. Auch beschleichen mich große Zweifel, ob eine weitgehende Ablösung der direkten zwischenmenschlichen Kommunikation durch den virtuellen Austausch über den Bildschirm wirklich erstrebenswert ist, wenn wir ein kulturelles Hauptziel, nämlich »die volle Entfaltung des Menschen *als Homo sapiens* mit allen seinen physischen, emotionalen und spirituellen Potenzialen«, nicht opfern wollen. Wir wären wohl gut beraten, wenn wir das Instrument der globalen Vernetzung maßvoll nutzen lernen und es nur als ein weiteres mögliches Instrument betrachten, mit dem wir insbesondere versuchen, die globalen Probleme, die alle Menschen betreffen – und hierzu gehört an wesentlicher Stelle die Zukunftsfähigkeit des *Homo sapiens* –, im Geiste eines Gewinn-Gewinn-Spiels gemeinsam einer Lösung zuführen. Wie das *vielleicht* funktionieren könnte, möchte ich abschließend an einem geplanten GCN-Projekt darstellen.

Anders als bei der Vereinsgründung vor über zwanzig Jahren gibt es heute das Internet, das für die GCN-Zielsetzung – Probleme benennen (global denken), Lösungswege aufzeigen (vernetzt handeln) – eingesetzt werden kann. Eine Realisierung des damaligen Vereinsziels, langfristig ein Netz aus Projekten und Gruppen zu knüpfen, die arbeitsteilig und koordiniert an der Bewältigung der heutigen, umfassenden, menschheitsbedrohenden Probleme arbeiten, scheint uns mithilfe des Internets machbarer als zu Zeiten der Gründung von GCN. Die von uns geplante Internetplattform soll dazu beitragen, dass es durch neue Darstellungsformen attraktiver und einfacher wird:

... aus den Erfahrungen von Netzwerken und persönlichen »Geschichten« von engagierten Menschen wichtige Informationen, aber auch neue Ideen, Orientierung und Inspiration zu beziehen;

... erfolgreiche praxiserprobte Modelle kennenzulernen und zu multiplizieren;

... Kommunikation und Austausch zwischen Menschen und Netzwerken zu schaffen, die an ähnlichen globalen Herausforderungen arbeiten;

... über Menschen und Netzwerke mit positiven Erfahrungen im Umgang mit globalen Herausforderungen zu recherchieren und die konkreten Erfahrungen und »Geschichten« solcher Menschen und Netzwerke in Bildungs- und Unterrichtszusammenhängen zu nutzen und darüber in den Medien zu berichten;

... Meinungsbildner und Entscheidungsträger aus Politik und Wirtschaft auf relevante Aspekte eines Problems und seiner Lösung aufmerksam zu machen und mit Information über erfolgreich praktizierte Alternativen zu versorgen;

... Menschen und Netzwerke mit noch »unsichtbaren« positiven Erfahrungen zu ermutigen, ebenfalls ihre individuellen »Erzählungen« und (Erfolgs-)Geschichten mitzuteilen.

Das Netzwerk soll die Funktion eines »Transmissionsriemens« zwischen der Top-down-Organisation World Future Council (WFC) und den vielen Bottom-up-Organisationen und Gruppen bilden, die in den letzten zwei Jahrzehnten bereits hervorragend konkrete Arbeit bei der Lösung praktisch aller relevanten Menschheitsprobleme geleistet haben.

Bei all diesen Vorhaben dürfen wir nicht vergessen, dass die Zukunftsfähigkeit des Menschen Nachhaltigkeit auf drei Ebenen erfordert: der ökologischen, der sozialen und der human-individuellen. Nachhaltigkeit (sustainability) geht hierbei über den statischen Begriff der substantiellen Erhaltung hinaus, sie bezeichnet dynamisch die aktive Unterstützung der Vitalität und Entwicklungsfähigkeit des Ökosystems einschließlich des Menschen. Alle drei Ebenen sind gleich wichtig, aber nicht gleichwertig. Die *ökologische* Nachhaltigkeit ist die umfassendste: Sie zielt darauf ab, die natürlichen Lebensgrundlagen des Menschen (und darüber hinaus: allen Lebens auf diesem Planeten) zu sichern. Die *soziale* Nachhaltigkeit verlangt ein friedliches und kooperatives Zusammenspiel innerhalb der verschiedenen Kulturen und Religionen und miteinander. Die *human-individuelle* Nachhaltigkeit schließt die ökonomische Komponente, die materielle Sicherung der natürlichen Lebensbedürfnisse, ein, erschöpft sich jedoch nicht in dieser, sondern umfasst auch die für einen Menschen wesentliche Entfaltung seiner geistigen und emotionalen Potenziale.

Offensichtlich stehen diese Forderungen der Nachhaltigkeit im Widerspruch zum Wirtschaftsparadigma der heute dominanten industriellen Zivilisation, die sich immer noch an einem ungehemmten materiellen Wachstum orientiert, obwohl die Gegenwart zeigt, wie wenig solide und zukunftsfähig dieses Paradigma ist. Um die offensichtliche und notwendige Umsteuerung zu erreichen, sind einschneidende Änderungen der wirtschaftlichen Rahmenbedingungen und Spielregeln nötig.

Die menschliche Gesellschaft steht deshalb vor der existenziellen Herausforderung, die eskalierenden und nun brüchig werdenden materiellen Wachstumsprozesse durch geeignete Maßnahmen umzulenken. Staat und Wirtschaft, welche die Macht in unserer Gesellschaft verkörpern, erscheinen als Akteure für eine solche Umsteuerung kaum geeignet, weil ihr Einfluss immer noch eng mit den Energie- und Stoffströmen zusammenhängt. Denn auch in Zukunft kann aus diesen Strömen, die nach bisheriger Praxis aus primär kostenlosen Naturressourcen gespeist werden, nur wirkliches (und nicht nur virtuelles) Geld erwirtschaftet werden, solange sie nicht versiegen. Selbstverständlich wird der Dienstleistungsanteil der Wirtschaft künftig stärker anwachsen als der materielle Anteil. Doch ist kaum vorstellbar, dass eine Weltwirtschaft vornehmlich als Dienstleistungsunternehmen ohne wesentliche materielle Basis florieren kann.

Der Herausforderung wird deshalb nur erfolgreich begegnet werden können, wenn sich neben dem Staat und der Wirtschaft eine geeignete dritte Kraft, die Zivilgesellschaft, noch stärker als bisher formiert.

KAPITEL IV
Wie das neue Denken
zum Handeln führt

»Wirklichkeit ist keine starre Realität,
sie ist voller Möglichkeiten –
und sie ist in uns.
Sie kann von uns geändert und
neu gestaltet werden.«

Schmetterling und Pendel –
Die Kreativität der Instabilität

Wenn wir die Bewegungsgesetze der Natur kennen beziehungsweise die Ausgangssituation eines Systems, so ist es möglich, dessen zukünftige zeitliche Entwicklung vorherzusagen. Die Himmelsmechanik gibt uns davon eindrucksvolle Beispiele: So führen die Newtonschen Bewegungsgesetze materielle Körper aufgrund des Gravitationsgesetzes, das die anziehende Kraftwirkung zweier Massen aufeinander beschreibt, zu einer eindeutigen Bestimmung der Bahn der Erde um die Sonne (Keplersche Ellipsenbahn). Die spezielle Form der Ellipse, ihre Achsenlage und Exzentrizität, wird hierbei durch die Vorgabe von Ort und Geschwindigkeit der Erde zu einem bestimmten Zeitpunkt eindeutig festgelegt.

Die sprichwörtliche Gewissheit, mit der wir jeden Morgen präzise mit dem Aufgang der Sonne glauben rechnen zu können, ist für uns paradigmatisch für die zwingende Notwendigkeit naturgesetzlicher Bewegungsabläufe. Sie haben unser abendländisches Denken tiefgreifend beeinflusst und unsere westliche Zivilisation entscheidend geprägt. Bot doch die prinzipielle Möglichkeit einer Vorhersage zukünftigen Geschehens auf der Basis einer vorgegebenen Ausgangssituation nun auch umgekehrt die Chance, durch ein geeignetes Arrangement von Teilen eines Systems und ihren kräftemäßigen Verknüpfungen hier und jetzt dem System einen ganz bestimmten, von uns erwünschten Bewegungsablauf in Raum und Zeit aufzuzwingen. Dies schien dem Menschen die Möglichkeit zu eröffnen, sich von den Zwängen der Natur weitgehend zu befreien und letztlich diese durch Technik »in den Griff« bekommen zu können und für seine Zwecke dienstbar zu machen. Dies nicht nur theoretisch, sondern auch praktisch zu erreichen, verlangte eine ausreichend exakte Kenntnis der allgemeinen Naturgesetze und die genaue Einstellung ganz spezieller Ausgangskonfigurationen eines Systems. Durch detaillierte wissenschaftliche Untersuchungen der allgemeinen Zusammenhänge und durch sorgfältige technische Konstruktionen sollten diese Bedingungen, so vermutete man, in der erforderlichen Genauigkeit realisierbar sein, was sich tatsächlich auch in einer fast unübersehbaren Vielzahl erfüllt hat. Dies hat zu den eindrucksvollen

Erfolgen unserer Technik geführt und bildet heute die Grundlage für unsere ungebrochene Überzeugung, dass aufgrund menschlicher Phantasie letztlich *alles* machbar ist.

Die scheinbar so harmlose Forderung einer exakten Kenntnis der Naturgesetze und einer exakten Festlegung und Beschreibung eines Systems erwies sich jedoch in der Folge zur großen Überraschung der Naturwissenschaftler als prinzipiell unerfüllbar. Dies war zunächst ein Ergebnis der mikrophysikalischen Forschung, die bei der Enträtselung der Eigenschaften der Atome die Quantenphysik entdeckte. Für die von uns direkt wahrgenommene Welt ergab sich jedoch eine ähnliche Konsequenz viel unmittelbarer durch die Entdeckung des »chaotischen« Verhaltens von nichteinfachen und stark nichtlinear wechselwirkenden Systemen. Bei diesen lässt sich die Eigentümlichkeit beobachten, dass kleine Änderungen in der Ausgangssituation dieser Systeme im Allgemeinen nicht zu entsprechend kleinen Abweichungen in der vorhergesagten Endkonfiguration führen, sondern dass *radikal andere* Endzustände auftreten können. Überraschend war außerdem, dass dieses unerwartete Verhalten eigentlich mehr die Regel als die Ausnahme darstellt.

Chaos und Leben

Wie können wir uns diese Unberechenbarkeit anschaulich vor Augen führen? Es gibt dafür ein einfaches mechanisches System, das wir auf den Tisch stellen können: Das physikalische Doppelpendel (Abbildung 1). Ein Doppelpendel ist ein Pendel an einem Pendel, das durch seine Aufhängung und das Schwerefeld mit der Erde kräftemäßig verbunden ist. Die beiden verkoppelten Pendel entsprechen gewissermaßen der Bewegung von Erde und Mond um ihr gemeinsames Schwerkraftzentrum Sonne. Im Gegensatz zum Dreikörpersystem Sonne-Erde-Mond läuft allerdings unser Doppelpendel nicht reibungslos – es kommt nach einiger Zeit von alleine zum Stillstand. Wir können diesem Mangel etwas abhelfen, wenn wir das Doppelpendel an einem größeren dritten Pendel aufhängen, wodurch dem Doppelpendel eine Zeit lang noch zusätzlich Energie zugeführt und damit die Reibungsverluste etwas kompensiert werden können. Dieses Tripelpendel ist ein eindrucksvolles Beispiel für einen unberechenbaren »chaotischen« Bewegungsablauf. Dafür muss das Pendel genügend stark angeworfen werden, denn bei schwachen Anstößen ergeben sich nur Bewegungsabläufe, die verschiedenen Schwebungen zwischen den Pendeln (Hin- und Herschwingen der Energie) entsprechen und die sich mit unseren geläufigen mathematischen Methoden gut beschreiben und berechnen lassen. Da auch bei sehr starken Ausschlägen des Tripelpendels aufgrund der Reibung in den Drehlagern und der

1 »An diesem Punkt ›spürt‹ unser Pendel, was in der ganzen Welt los ist.«
Hans-Peter Dürr erläutert an den chaotischen Bewegungen
des Dreifachpendels das neue Denken in der Physik.
Das Pendel kommt immer wieder in Lagen höchster Instabilität,
wo der Fortgang der Bewegung nicht vorhersehbar ist.
Es sind zugleich Phasen höchster »Sensibilität« des Pendels
für seine Umgebung: In ihnen zeigt sich seine hochkomplexe
Einbettung in den lebendigen Kosmos.

Schmetterling und Pendel – Die Kreativität der Instabilität

Pendelarme mit der Luft die Bewegung letztlich in eine solche kleinere Energie mit entsprechend kleinen Ausschlägen übergeht, zeigt das Tripelpendel, streng genommen, nie das langfristig unberechenbare, chaotische Verhalten. Im Gegenteil, es wird letztlich immer in der unteren, einzig stabilen Lage zur Ruhe kommen. Die Unberechenbarkeit wird hierbei also auch bei starkem Anstoß eigentlich nur in Zwischenzeiten sichtbar.

Schauen wir uns das Ganze genauer an: Zunächst bewegt sich das Pendel exakt nach den uns bekannten Naturgesetzen. Seine Hin- und Herbewegungen lassen sich einfach und genau ausrechnen. Am Ende hängt es, aufgrund der Reibung, nach unten, die Bewegungsenergie wurde in Wärme umgewandelt, und am Schluss bewegt es sich nicht mehr. Aber dieses Pendel hat einen Punkt, an dem eine Aussage und Prognose unmöglich wird: Wenn ich es nämlich auf den Kopf stelle, das heißt den Pendelarm ganz oben festhalte. Wenn ich diesen loslasse, weiß ich in diesem Augenblick nicht, ob er nach links oder rechts fällt.

Jetzt könnte man einwenden, ich müsste ja nur ganz genau hinsehen, ob der Pendelarm links oder rechts von »genau oben« steht. Dazu würde ich dann ein Vergrößerungsglas benötigen, um zu wissen, ob der Schwerpunkt des Pendels wirklich genau auf der Linie der Erdmittelpunkt-Drehachse liegt. Aber wenn ich noch genauer »ganz in die Mitte« gehe, dann passiert in steigendem Maße etwas völlig anderes: Es wird auf einmal deutlich, dass dieses Pendel nicht einfach isoliert im Raum balanciert, sondern noch andere Dinge um das Pendel herum Einfluss haben. Das bin ich zum Beispiel selbst, da ich auf der einen Seite des Pendels stehe und es anziehe, genauso wie die Sonne einen Planeten anzieht. Wenn ich auf die andere Seite gehe, dann wandert die Seite des Herunterfallens einfach mit. Aber nicht nur von mir hängt es ab, sondern von uns allen! Jemand greift nach seiner Nase – und schon ist meine Rechnung im Eimer. Oder ein Auto fährt vorbei, oder der Zug fährt am Hauptbahnhof ein, oder der Andromedanebel sendet ein Lichtquant ab, das dieses Pendel erreicht und letztlich entscheidet, in welche Richtung es fällt.

Das Pendel ist in der Ganz-oben-Stellung instabil. Diesen Instabilitätspunkt sollten wir besser »Punkt der höchsten Sensibilität« nennen. Viele kennen die Geschichte von dem Flügelschlag des Schmetterlings in Indien, der einen Taifun über Nordamerika auslösen kann. Selbstverständlich geschieht dies nur unter bestimmten Bedingungen. Es setzt eine bestimmte Wetterlage voraus, die – wie unser Pendel – genau »auf der Kippe« steht. Auch hier ist die Voraussetzung für den kleinen Effekt mit der großen Wirkung eine Instabilitätslage, also höchste Sensibilität. An diesem Punkt »spürt« unser Pendel, was in der ganzen Welt los ist. Aber es »spürt« nicht die alte, sondern die neue Welt! Es »erlebt« jetzt das Hintergrundfeld, die Potenzialität, die eben keine Realität mehr ist, sondern eine Vielzahl von Verbindungen, eine Welt, in der alles mit allem zusammenhängt. Wir könnten auch sagen: Das Pendel wird an diesem Punkt »lebendig«. Es tritt in Kontakt mit dem Informationsfeld des Ganz-Einen. Aber dieses aufregende Ereignis gelingt zunächst nur an diesem einen oberen Punkt, und dieser Punkt wird nach dem Herunterfallen nie wieder erreicht. Aber was bedeutet das? Einmal nur lebendig sein – ohne Wiederkehr? Das reicht noch nicht aus für ein Leben, so wie wir es verstehen. Ein bisschen mehr Lebendigkeit wäre schon nötig. Wie könnte das gelingen?

Wenn wir bei einem Pendel zwei Arretierungen anbringen, dann brauche ich nur die beiden Stöpsel herauszuziehen und aus einem einfache Pendel wird jetzt ein Tripelpendel, ein Dreifachpendel: ein Pendel an einem Pendel an einem Pendel. Dieses Tripelpendel hat nun drei Möglichkeiten der Instabilität, und damit mehr Chancen, das Leben zu erleben, und nicht nur dreimal so viele, sondern beliebig viele mehr, je geringer die Reibung der Kugellager ist. Wenn ich dieses Pendel anstoße, dann geht es immer wieder über die verschiedenen Sensibilitätspunkte hinweg. Man kann die Bewegung dieses Pendels (ein sogenanntes Chaospendel) nicht prognostizieren, weil es immer wieder in die Instabilitätslage kommt. Die sporadische oder chaotische Einwirkung der ganzen Welt, die hochkomplexe Einbettung in den lebendigen Kosmos zeigt jetzt ihre Effekte. Bei der realen Ausführung verliert das Pendel aufgrund der Reibung immer mehr an Schwung, verliert stufenweise seine Sensibilität und kommt letztlich am untersten Punkt völlig zur Ruhe. Aber es ist dem, was wir Leben nennen, auch ein bisschen ähnlicher geworden. Auch wir kommen nach einiger Zeit mit unserem Tod letztlich zur Ruhe.

Nur ein paar Minuten lebendig zu sein, wie das Tripelpendel, reicht uns aber nicht. Wie kann man erreichen, dass die Instabilität, die Sensibilität bedeutet, nicht verloren geht, sondern erhalten bleibt? Ich muss dafür die Instabilität stabilisieren, was zunächst wie ein Widerspruch klingen mag, aber nicht ist. Denn warum laufen wir eigentlich auf zwei Beinen? Wenn wir nur auf einem Bein stehen, ist das instabil. Eigentlich wäre es viel besser, auf drei Beinen sicher zu stehen. Ein Bein gibt uns aber das Erlebnis, frei zu sein. Ich kann in jede gewünschte Richtung fallen. Was für ein Glücksgefühl! Das zweite Bein kennt auch dieses Glücksgefühl. Aber jedes Bein hätte dafür nur einmal die Chance. Doch es gibt einen Ausweg: Wenn die beiden Beine geeignet kooperieren und es ihnen gelingt, im Wechseltakt hintereinander diesen Punkt zu erreichen, also wenn mein zweites Bein genau dann nach vorne kommt, wenn ich auf dem ersten umfalle (und umgekehrt), dann falle ich nicht mehr, sondern gehe beschwingt dahin. Ich habe meine beiden instabilen Systeme dynamisch stabilisiert.

Zwei instabile Systeme, die das Entgegengesetzte machen, sind in diesem Falle keine Gegner, sondern Kollaborateure. Zusammen können sie ein Spiel

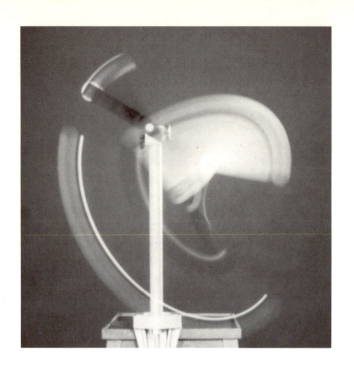

2
Dreifachpendel
in Aktion

inszenieren, das zu einer Bewegung führt, mit der ich kilometerweit durch die Gegend laufen kann, ohne zu fallen. Jetzt erst wird das Leben lebenswert, weil ich mich durch diesen ständigen Wechsel lange aufrecht halten kann. Gehen ist aber nicht nur kooperierendes, ewiges Fallen, sondern bei jedem Schritt weiter muss das nach vorne geschwungene Bein etwas in die Knie gehen und sich wieder strecken. Ich muss ihm also Energie zuführen, um am Ende nicht doch noch am Boden zu landen. Ich brauche *Energie*, um überhaupt in diese *sensible* Lage zu kommen.

Durch energieunterstützte, dynamische *Stabilisierung von Instabilitäten* haben wir die Möglichkeit, die hohe Sensibilität, die uns nun in reichem Maße die Welt öffnet, lange Zeit aufrecht zu erhalten und uns lebendig zu fühlen. Manche sprechen auch von einem Zustand der Inspiration, die wir in gewisser Weise mit unserer Innenwahrnehmung in Verbindung bringen und damit mit einer höheren Orientierungsebene. Ein Problem ist, dass der Instabilitätspunkt von uns als unangenehm, ja oft als zutiefst bedrohlich empfunden wird. Bedeutet er doch, sich in einer Situation extremer Unsicherheit und Unberechenbarkeit wiederzufinden: Wir müssen loslassen und uns öffnen, nur so erreichen wir Empfindsamkeit und stehen vor dem Konflikt: Freiheit oder Sicherheit? Aber erst diese dynamische Stabilisierung führte zu der stetigen Höherentwicklung des Lebendigen auf unserer Erde.

Die ordnende Hand

Die Beobachtung des Lebendigen beschreibt einen interessanten Prozess. Ich möchte es das »Paradigma des Lebendigen« nennen, im Gegensatz zu dem »Paradigma des Unlebendigen«. Letzteres erleben wir jeden Tag auf unserem Schreibtisch. Wenn ich den ganzen Tag herumhantiere, wird der Schreibtisch immer nur unordentlicher, nie ordentlicher. Nichts anderes sagt der zweite Hauptsatz der Thermodynamik: In Zukunft passiert das Wahrscheinlichere wahrscheinlicher. Oder anschaulicher: Ein geordneter Schreibtisch ist eine sehr unwahrscheinliche Konfiguration. In Zukunft wahrscheinlicher ist der unaufgeräumte Schreibtisch. Wenn er total unordentlich ist, dann kann ich jedoch noch stundenlang darin herumwühlen. Er wird nicht noch unordentlicher. Jetzt ist der natürliche Endzustand, der *thermodynamische Grundzustand*, erreicht. Aber wir, die wir am Wochenende den Schreibtisch *mit ordnender Hand* aufräumen, um wieder »erledigt« und »unerledigt« zu trennen, brauchen dazu Energie. Dabei ahmen wir gewissermaßen die Sonne nach. Aber wir brauchen mehr als nur geordnete Energie, nämlich auch diese schon beschriebene Sensibilität, um bewerten zu können, was und wie wir ordnen wollen. Wenn

144   Kapitel IV – Wie das neue Denken zum Handeln führt

ich mir nämlich nicht anschaue, was ich wie ordne, dann ist es wie beim Mischen von Spielkarten und ich führe die Unordnung nur noch schneller herbei.

Im Lebendigen ist es nun genau dieser Prozess der *ordnenden Hand*, der zu einer Differenzierung führt: Mit Energie versorgt und ausreichend sensibilisiert strebt alles danach, sich zu unterscheiden, was hier heißt, in verschiedenen Formen vorzukommen. Genau das ist der lebenden Natur von vornherein eingeprägt beziehungsweise von der überlebenden erlernt. Aber diese Differenzierung bedeutet nicht, dass wir getrennte Dinge produzieren, sondern alles bleibt immer im Ganzen verknüpft. Es ist so wie in einer Familie, wo jeder innerhalb eines Hauses in ein anderes Zimmer geht, aber keiner das Haus verlässt. Alle sind unter einem Dach und trotzdem macht jeder, was er will, wohl wissend, dass es die anderen auch noch gibt, die anderen kreativen Tätigkeiten, ganz nach ihren Fähigkeiten, nachgehen. Jeder behält seine spezielle Eigenart und Unterschiedlichkeit, erlernt gewissermaßen ein Musikinstrument, das er besonders liebt oder gut beherrscht. Die unterschiedlichen Musiker können dann ein Orchester bilden und ein gemeinsames Konzert inszenieren, in dem sie mit ihren Instrumenten auf eine sich ergänzende und bereichernde Weise zusammenspielen. So wird das Ganze mehr als die Summe seiner Teile.

Die Höherentwicklung des Lebendigen durch eine Kombination aus Differenzierung und kooperativem Zusammenspiel von Verschiedenartigem ergibt eine neue Ganzheit, ein neues »Holon«. Auch der Mensch ist so ein Ganzes, das eine gewisse Abgeschlossenheit hat. Aber wenn wir sehen, wie viel Gegensätzliches in uns wirkt, auf wie vielen Ebenen wir immer wieder dieses Gleichgewicht herstellen müssen, dann offenbart sich hier eine hoch integrierte, globale Struktur des Systems. Globalisierung ist also an sich nichts Bedrohliches, im Gegenteil, sie ist notwendig, um eine höhere Entwicklungsstufe zu erreichen, vorausgesetzt, dass Verschiedenartigkeiten zu einem Plussummenspiel führen. Dieses muss sich nicht nur für alle verständlich und verträglich erweisen, sondern in diesem Spiel muss der Vorteil des einen auch zum Vorteil der anderen werden. Es kann nicht eine Gruppe von Menschen behaupten, diese oder jene Eigenschaft wird deshalb *globalisiert*, weil sie wichtiger oder wertvoller ist als anderes, was dann unterdrückt und als störend behandelt wird.

Wir müssen dafür sorgen, dass alle Kulturen dieser Welt in ihrer Substanz bestehen bleiben. Denn nur die Summe aller kann in diesem Zusammenspiel eine Weltkultur schaffen, die ein neues »Holon« bildet, das eine höhere Entwicklungsstufe aufweist. Denn wenn ich mein Bein an das andere festzurre, falle ich genauso schnell wie mit einem Bein. Wir müssen deshalb zunehmend verschieden werden, damit wir immer mehr Stützfunktionen übernehmen können, die wiederum immer mehr dynamische Stabilisierungen ermöglichen und wir ohne zu fallen auf interessante Weise durch eine neue Welt mit mehr Dimensionen und Entfaltungsmöglichkeiten gehen können.

Wenn folglich ein Kulturkreis meint, er allein sei der wesentliche, dem sich alle anderen unterordnen zu hätten, entspricht das einem gewaltsamen Beine-Zusammenbinden, verletzt das Paradigma des Lebendigen und bedeutet Stolpern und Fallen. Wenn ein Kind Radfahren lernt, muss man es nur ein paar mal kurz halten, vielleicht fällt es auch einige Male hin, aber schon bald ist es so geschickt, dass es allein losfahren kann. Nicht anders funktioniert der Evolutionsprozess des Lebendigen. Jede Beherrschung einer neuen Instabilität verlangt Übung und braucht Zeit. Doch trotz aller Differenzierung sind wir miteinander verbunden und werden es immer bleiben. Wir haben bereits eine lange gemeinsame Entwicklung hinter uns, auf der wir aufbauen können. Wir sind nicht getrennt!

Die Diät der Energiesklaven – Lebensstil und Verantwortung

Die Sonne schickt uns unentwegt 450 Milliarden Energiesklaven, um das ganze Biosystem zu stabilisieren, wobei ein Energiesklave das Äquivalent einer Viertel Pferdestärke ist und zwölf Stunden am Tag ununterbrochen arbeitet. Dies sind etwa 0,1 Kilowattstunden pro Stunde oder 900 Kilowattstunden pro Jahr. Diese Umrechung habe ich aus einer Erfahrung nach dem Kriegsende abgeleitet, als viele Bauern ihre Ackerpferde durch Tieffliegerangriffe verloren hatten und vier kräftige erwachsene Männer nötig waren, um gemeinsam einen Pflug zu ziehen. Das taten sie allerdings nur für jeweils kurze Zeit und mussten dann verschnaufen.

Diese 450 Milliarden »Energiesklaven«, die uns die Sonne schenkt, justieren die »Karten« des Biosystems immer wieder neu und verhindern so einen Kollaps der fragilen Konstruktion. Wir haben heute also nicht nur sechseinhalb Milliarden Menschen auf dieser Erde. Wir Menschen verstärken unsere schwachen Körperkräfte durch eine Vielzahl kraftvoller Maschinen, die arbeitsfähige Energie verbrauchen (Abbildung 2). Wenn wir die Primärenergie, die wir dafür benötigen, umrechnen, dann beschäftigen die jetzt sechseinhalb Milliarden Menschen etwa 140 Milliarden Energiesklaven. Das ist weit mehr als ein Viertel der Energiesklaven, die die Sonne zur Stabilisierung des ganzen Biosystems benötigt. Doch wie sehr und auf welche Weise dürfen wir auf diesem Kartenhaus herumtoben, ohne dass es zusammenstürzt, das heißt: Wie viele Energiesklaven dürfen wir insgesamt und pro Person haben?

Zunächst einige begriffliche Klarstellungen. Für den Physiker ist die Energie eine Größe, für die ein strenger Erhaltungssatz gilt, der besagt: Energie wird nirgends erzeugt und nirgends verbraucht. Energie kann sich nur von einer Form in eine andere verwandeln, zum Beispiel von elektrischer Energie in Bewegungsenergie oder in Wärmeenergie. Was wir verbrauchen, ist eigentlich nicht Energie, sondern wir brauchen zunächst etwa Licht zur Beleuchtung, Kraft zum Antrieb einer Maschine oder zur Verformung von Materialien, ein warmes Zimmer, die Möglichkeit zum Kochen oder um uns schneller als zu Fuß fortzubewegen. Wir nennen dies Energiedienstleistungen. Sie hängen eng mit der Ordnungseigenschaft Syntropie zusammen. Die verschiedenen Formen der Energie sind nämlich nicht gleichwertig. Es gibt kostbare, »arbeitsfähige« Energie (mit hoher Syntropie), wie zum Beispiel elektrische oder mechanische Energie, und nutzlose, »nicht arbeitsfähige« Energie, wie zum Beispiel gleichverteilte Wärmeenergie. Bei jeder Umwandlung von Energie findet gewöhnlich eine *Qualitätsminderung* der Energie statt, das heißt, es wird Syntropie verbraucht.

3 »Wir benötigen dringend eine Geburtenkontrolle der Energiesklaven.«
Die Menschen verstärken ihre schwachen Körperkräfte durch zahllose Maschinen und andere »Energiesklaven« – deutlich mehr, als die Natur auf Dauer verkraften kann.

Bei Energiedienstleistungen wird höherwertige Energie in minderwertigere Energie, meist Umgebungswärme, verwandelt. Wenn wir zum Beispiel Auto fahren, so wird letztlich – wenn wir an unseren Ausgangspunkt zurückkehren – insgesamt keine Energie verbraucht. Vielmehr wird die im Benzin gespeicherte chemische Energie vollständig in Wärmeenergie der Reifen, der Straßen, der Bremsbeläge oder etwa der Luft verwandelt. Auch ein warmes Zimmer braucht keine Energie. Die Heizung ist nur zur Kompensation der Wärmeverluste an die kältere Umgebung nötig.

Intelligente Energieerzeugung und Energienutzung bedeutet deshalb, die Qualitätseigenschaft der Energie, ihre Syntropie, bestmöglich zu nutzen. Hier liegen enorme Möglichkeiten für eine effizientere Befriedigung unserer vielfachen Bedürfnisse. Diese Potenziale werden gewöhnlich weit unterschätzt, zum Teil, weil sie unter der üblichen Bezeichnung »Energieeinsparungen« bei uns falsche Assoziationen mit negativer Färbung wecken. Dies klingt dann nach »Verzicht« anstatt nach »weniger Verschwendung«.

Die Frage, wie viel Energie wir maximal umsetzen dürfen, wird für uns und andere Kreaturen tatsächlich zu einer Überlebensfrage. Beobachtungen über die Robustheit unseres Biosystems etwa hinsichtlich der Veränderungen seiner Artenvielfalt legen nahe, dass die maximale Belastung des Biosystems durch unsere Eingriffe bei weniger als einem Viertel der Stabilisierungsleistung der Sonne, also etwa bei 100 Milliarden Energiesklaven, liegt. Wir liegen also bei unserer jetzigen Belastung eigentlich bereits über der Belastungsgrenze unseres Biosystems, was sich auch schon in einer beängstigenden Schrumpfung der Artenvielfalt anzudeuten scheint.

Das irdische Ökosystem ist nur ein winziger Teil dieser Erde und besteht aus einer etwa 20 Kilometer dünnen Haut: zehn Kilometer Atmosphäre und zehn Kilometer unter der Erdoberfläche – und auch nur dort, wo es bewohnbares Land gibt. Den größten Teil der Erde nehmen Ozeane und Gebirge ein. Diese Lebenswelt betrachten wir als relativ abgeschlossen. Das gilt vor allem für die *materielle* Basis, auch wenn Vulkane ab und zu noch etwas vom Inneren der Erde auf die Oberfläche werfen, was die Menschheit unter anderem für Waffenentwicklung und Industrialisierung genutzt hat, die ohne die Verwertung von Schwermetallen unmöglich gewesen wären. Von überragender Bedeutung ist jedoch, dass unser Öko-Biosystem für die arbeitsfähige Energie, die die Sonne einstrahlt, offen ist. Die Sonne ist die Quelle allen lebendigen Wachstums und steht uns täglich ohne Abruf zur Verfügung.

In der Vergangenheit lebten wir zunächst nur von der Sonne, den Pflanzen und den – auch als Arbeitskräfte genutzten – Tieren, die die Sonnenenergie über den Umweg der Fotosynthese der Pflanzen als Nahrung direkt verwendet haben. Dann wurden die fossilen Brennstoffe Kohle, Erdöl und Erdgas entdeckt. Die darin in Millionen von Jahrhunderten angesammelte Sonnenenergie hat die industrielle Revolution überhaupt erst möglich gemacht. Seit Mitte des letzten Jahrhunderts kam als neue Energiequelle die Atomkernspaltung dazu, insbesondere des schwersten natürlich vorkommenden Elements, des radioaktiven Urans, das in Supernova-Explosionen vor mehr als fünf Milliarden Jahren im Weltall erzeugt wurde. Jetzt verbrauchen wir diese fossilen Brennstoffe, irreversibel und damit nicht nachhaltig. Wir leben also in einer Art Bankräubergesellschaft, stellen mit eigener Kraft Schweißgeräte her, brechen damit einen Naturtresor nach dem anderen auf, nehmen dessen Schätze und Energie heraus, um nebenbei neue Schweißgeräte zu machen, mit denen weitere Naturtresore geplündert werden. Diese Bankräuberei erlaubt uns – oder besser: einem kleinen Teil der Menschheit – ein fortschreitend »gutes Leben«.

Die Diät der Energiesklaven - Lebensstil und Verantwortung 149

Bei der Entsorgung von Sonnenenergie hingegen entstehen keine Probleme. Die von der Erde verbrauchte Sonnenenergie geht letztlich wieder in den Weltraum zurück. Zum Glück ist der Nachthimmel schwarz und damit eine ideale Müllkippe, die diese Wärmestrahlung aufnehmen kann, denn sonst würden wir auf der Erde regelrecht gekocht werden.

Der Umgang mit Materie in ihren verschiedenen Erscheinungsformen ist problematischer. Material also, das wir beispielsweise aus den Bergwerken holen, bleibt uns zwar, genau genommen, erhalten, geht uns jedoch praktisch durch *Zerstreuung* verloren, wenn wir nicht sorgsam damit umgehen. Kupfer beispielsweise verschwindet ja nicht wirklich, sondern wird nur durch vielfältigen Gebrauch in alle möglichen Gegenden verteilt. Prinzipiell könnte dieser natürliche Stoff mit großem Energieaufwand und guter Rezyklierung wieder eingesammelt werden. Eine sorgfältige Stoffwirtschaft ist somit eine wichtige Voraussetzung für nachhaltiges Wirtschaften.

Noch dramatischer verweist die Energiewirtschaft auf mögliche Konsequenzen einer nicht nachhaltigen Wirtschaftsweise. Wir haben in den letzten Jahrzehnten permanent arbeitsfähige Energie – Kohle, Öl, Gas – verbraucht. Wie und für was? Und wenn wir nicht erneuerbare Brennstoffe verwenden, was geschieht mit dem nicht rezyklierten Abfall? Damit stehen wir bereits direkt vor den aktuellen Herausforderungen: der CO_2-Problematik und der Frage nach einer »sicheren« Endlagerung der abgebrannten radioaktiven Brennstäbe der bestehenden Atomkernreaktoren.

Die Entsorgung der fossilen Energieträger ist kompliziert: Wir nehmen die Kohle aus der Erde und blasen sie verbrannt als Gas in die Atmosphäre. CO_2 ist mit 0,03 Prozent nur ein Spurengas in der irdischen Atmosphäre. Jetzt kommt zusätzliches CO_2 in die Welt: als Endprodukt der kohlenstoffhaltigen Brennstoffe. Es ist erwiesen, dass ein minimaler Anstieg von CO_2 bereits ausreicht, um das Weltklima dramatisch zu verändern. Die Menschheit wird daran zwar nicht zugrunde gehen. Aber wenn sich das Klima verändert, werden wir in große Schwierigkeiten geraten. Es sind eben nicht nur diese über 30 Milliarden Tonnen CO_2, die wir jährlich in die Atmosphäre schicken, die uns Probleme bereiten (Abbildung 3). Auch tragen zum Beispiel chemische Düngemittel ihren Teil dazu bei, weil sie das Mikroleben im Humus zerstören, wodurch weiteres Kohlendioxid, vergleichbar mit dem Ausstoß von Autos, in die Atmosphäre kommt. Dies soll nur ein Hinweis darauf sein, dass wir auf vieles achten müssen – zum Beispiel auch auf Regenwürmer, die in den gemäßigten Zonen die Blätter unter die Erde bringen, damit sie nicht mit Sauerstoff in Verbindung kommen, sondern wertvollen Humus bilden. Es hängt eben einfach alles mit allem zusammen.

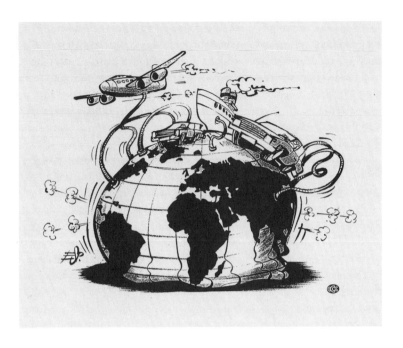

4 »Wie sehen Lebensstile aus, die die Tragfähigkeit des Biosystems nicht überfordern?«
Das Übermaß an Energiever(sch)wendung, auf dem unser westlich-industrieller Lebensstil basiert, belastet zunehmend das irdische Ökosystem. Hauptproblem ist dabei die Verbrennung fossiler Brennstoffe, durch die der globale Klimawandel weiter »angeheizt« wird.

Spitze des Eisbergs

Auch die Kernenergie ist zunächst eine fossile Energie, die nicht von außen zugefüttert wird. Wie andere fossile Brennstoffe auch ist sie mengenmäßig begrenzt, ihr Verbrauch deshalb irreversibel. Das ist aber meines Erachtens nicht der entscheidende Punkt. Beachtenswert ist vielmehr, dass die Kernenergie eine eine Million Mal höhere Energiedichte als die eingestrahlte Sonnenenergie hat – und das ist die große Gefahr. Denn: Selbst die vergleichsweise »harmlose« Sonnenenergie wird in ihrem intensivsten grünen Strahlungsbereich für die Pflanzen schädlich, weil sie die komplizierte Fotosynthese stört. Das ist der Grund, warum unsere Pflanzen grün sind. Sie schützen sich auf diese Weise gegen das intensive grüne Licht des Sonnenlichtspektrums. Energieträger mit hoher Energiedichte sind folglich für das Biosystem gefährlich. Wenn wir also über zukünftige Energieversorgung reden, geht es eben nicht nur um die begrenzten Ressourcen und um die geeignete Entsorgung ihrer verbleibenden Endprodukte. Wir müssen vielmehr mögliche andere Störungen des Biosystems und die durch Menschen in Gang gesetzten Energieumsätze im Auge behalten. Trotz ihrer nur kaum abschätzbaren möglichen und schwerwiegenden Konsequenzen für die Menschheit in Form von Verlusten an Lebensqualität, Völkerwanderungen und Dezimierung erscheint die erkannte Klimaproblematik dabei nur wie die Spitze eines Eisbergs.

Wir sprechen heute von den Grenzen der fossilen Brennstoffe, insbesondere von dem knapper werdenden Erdöl, dessen maximale Förderung (»Peak Oil«) wir in diesen Jahren erreicht haben, und stellen uns die Frage nach einem geeigneten Ersatz. Dabei wird die Atomenergie – wider besseren Wissens ob ihrer Gefährlichkeit – leider erneut in Betracht gezogen. Kaum jemand aber spricht darüber, wie wild wir eigentlich in unserem Biosystem herumtoben dürfen, ohne die Metastabilität des Biosystems irreversibel zu gefährden. Konkret heißt die Frage: Wie viele Menschen können auf dieser Erde, in unserer kleineren Lebenswelt leben? Genauer: Wie viel Energie dürfen wir Menschen für unsere Zwecke maximal umsetzen oder wie viele Energiesklaven dürfen von uns maximal eingesetzt werden? Die sechseinhalb Milliarden Menschen sind nämlich dabei gar nicht das Maß. Es sind vielmehr ihre 140 Milliarden Energiesklaven. Deshalb benötigen wir dringend eine Geburtenkontrolle der Energiesklaven! Mit hundert Milliarden Energiesklaven ist die Belastungsgrenze des Biosystems erreicht. Das ist immerhin über ein Fünftel der Stabilisierungsenergie, die von der Sonne kommt. Das zeugt von enormer Robustheit unseres Biosystem, einer Firma, die dreieinhalb Milliarden Jahre nicht Pleite gegangen ist. Sie stürzt also nicht mit dem ersten Tritt vors Schienbein zusammen, sondern erträgt noch einen Unruhestifter unter Fünfen – aber mehr nicht. Ich weiß nicht, wie eine menschliche Gesellschaft funktionieren würde, wenn jeder Fünfte ein Quertreiber ist.

Neue Lebensstile

Es geht also um die Stabilitätsfrage und deshalb stehen wir aus meiner Sicht vor folgender großen Herausforderung: Wie sehen Lebensstile aus, die die Tragfähigkeit des Biosystems nicht überfordern, damit deren dynamische Stabilisierung erhalten bleibt und der gesamte Einsatz von hundert Milliarden Energiesklaven nicht überschritten wird? Bei sechseinhalb Milliarden Menschen auf der Erde heißt das konkret: pro Person 15 Energiesklaven und nicht mehr!

Aber wo sind eigentlich diese Energiesklaven? Im Schnitt hat ein Amerikaner 105 Energiesklaven, wir in Mitteleuropa haben 53, die Chinesen haben (noch) zehn, die Inder sechs und in Bangladesch hat jeder nur einen. Zusammen kommen wir auf die 140 Milliarden Energiesklaven, wobei die Verteilung offensichtlich sehr ungleich ist. Wenn *alle* nur 15 Energiesklaven haben sollen, müssen die einen abspecken und die anderen dürfen noch zulegen.

Das ist übrigens eine Begrenzung, die mit der Ressource an sich nichts zu tun hat, sondern nur noch einmal auf die Stabilisierung des Systems verweist, in das wir eingebettet sind. Wir müssen daher Lebensstile entwickeln, die im Mittel mit 15 Energiesklaven pro Person möglich sind. Das ist kein Leben in Sack und Asche, sondern entspricht dem Lebensstil zum Beispiel eines Schweizers Ende der 1960er-Jahre (wobei wir die heute mögliche Verdopplung der damaligen Effizienz angenommen haben). So schlecht war das damals nicht. Hier in Europa auf Faktor vier oder drei herunterzukommen, ist daher keineswegs unmöglich. Wir könnten mit wesentlich weniger Energiesklaven als derzeit auskommen. Die hampeln eigentlich nur in der Weltgeschichte herum und machen deutlich, was wir unsinnig und ineffizient an Energie vergeuden. *Effizienz* ist jedoch nur die eine Sache, *Konsistenz* ein zweiter Faktor, der die zeitliche Abfolge der Energieverwendung, die Logistik unseres Energieverbrauchs beschreibt. Aber es gibt eben noch einen dritten Faktor: die *Suffizienz*, die fragt: Wie viel ist genug? Wenn wir fordern, dass 15 Energiesklaven gleich 1,5 Kilowatt pro Person ausreichen, dann ist das bei Weitem nicht nahe der Existenzgrenze. Das Minimum, das wir täglich brauchen, sind 50 Watt gleich 1.200 Kilokalorien. Die Grenze, die wir einhalten müssten, bedeutet immerhin dreißig Mal so viel, wie für unsere Existenz notwendig ist. Da können wir uns also noch etliches leisten. Fünfzig Watt wäre wirklich ein bisschen wenig. Ich will ja nicht nur einfach vegetieren, ich möchte mich auch ordentlich bewegen können, also noch einmal 50 Watt dazu. Dann habe ich 100 Watt verbraucht und bin gerade bei *einem* Energiesklaven angekommen. Es bleiben noch 14!

Mit anderen Worten – eine Lösung dieser Aufgabe ist nicht unmöglich. Wir müssen Lebensstile innerhalb dieser erforderlichen Grenzen entwickeln, die nicht nur lebbar, sondern in vollem Umfang auch lebenswert sind. Die ausgerechnete Grenze von 15 Energiesklaven kann aus meiner Sicht ohne nennenswerte Verluste an Lebensqualität eingehalten werden, wenn wir: *erstens* die Dienstleistungen unserer Energiesklaven viel effizienter nutzen; *zweitens* durch bessere Wärmedämmung unserer Behausungen weniger Energie zum Fenster hinaus werfen; und *drittens* unsere ständig Energie schluckenden, immer länger werdenden Transportwege für Güter unseres täglichen Gebrauchs deutlich verringern und unsere steigende Tendenz zu überzogenen Geschwindigkeiten zügeln oder aufgeben. Wir müssen all diesen Dingen mehr Aufmerksamkeit schenken, umstrukturieren und manche unserer Gewohnheiten entsprechend ändern.

Ich gehörte vor einigen Jahren einer Energiekommission in Hannover an, der *Gruppe Energie 2010*, in der wir viel über Mobilität und Suffizienz nachgedacht haben. Mobilität ist ein schwieriges Thema, weil sie psychologisch für uns große Bedeutung hat. Es besteht ein starkes Bedürfnis nach Mobilität, das weit darüber hinausgeht, einfach von hier nach dort zu kommen. Jedoch: Das, was wir unter Mobilität verstehen, bedeutet für uns selbst oftmals Immobilität. Sind wir nicht die meiste Zeit angeschnallt, wenn wir unterwegs sind? Auszusteigen und zu laufen, bedeutet in der Sprache der Physik, *mobiler* zu sein, als angeschnallt im Auto zu sitzen. Mobil ist nur das Auto. Deshalb sollten wir uns nicht so sehr um die Mobilität des Autos sorgen, sondern vor allem um unsere eigene. Wir müssen andere Methoden verwenden, um dieses Bedürfnis zu stillen.

Die zentrale Frage lautet deshalb meines Erachtens nicht: Wo finde ich künftig ausreichend Ressourcen für unsere Energiebedürfnisse? Wird es vorwiegend Sonnenenergie sein, weiterhin fossile Energie oder gar Atomenergie oder noch etwas ganz anderes? Die Hauptfrage heißt: Wie gehen wir mit der uns zur Verfügung stehenden Energie am besten um, was machen wir mit ihr? Die Antwort auf die Frage im Hinblick auf mögliche Ressourcen ist einfach zu beantworten: Die arbeitsfähige Energie, die wir innerhalb der

5 »Wer Atomenergie nutzt, spielt russisches Roulette.«
Auch die »friedliche« Nutzung der Kernenergie ist ethisch inakzeptabel, weil der größte anzunehmende Unfall (GAU) zu einem Schaden führt, der weder versicherbar noch verantwortbar ist.

geforderten Grenzen täglich umsetzen dürfen, können wir leicht und vollständig von der Sonne beziehen. Was die Sonnenstrahlung insgesamt an Energie an der Erdoberfläche abliefert, ist um den Faktor 2.000 größer als das, was durch das Biosystem gepumpt wird und 8.000-mal mehr ist, als wir Menschen maximal umsetzen dürften, ohne die Robustheit des Biosystems zu überfordern. Es ist daher nicht wahr, dass die für uns nötige arbeitsfähige Energie nicht ausreichend durch die Sonne befriedigt werden könnte. Wir scheitern also nicht daran, dass es nicht geht. Dass wir bisher gescheitert sind, liegt an Zentralisierung und Machtkalkül. Wann immer man eine Energiequelle vorschlägt, die dezentralisiert ist, haben wir den ganzen Widerstand der Mächtigen gegen uns. Deshalb ist auch die *konzentrierte* Kernenergie immer noch ganz oben auf der Tagesordnung. Ich nenne nur einen Grund, der für mich als Kernphysiker ein absolutes Nein zur Kernenergie bedeutet: Wir Menschen sollten nie und nimmer Technologien entwickeln, die bei einem maximal möglichen Störfall zu einem Schaden führen, der nicht mehr von uns verantwortbar ist. Und diese Forderung muss gelten, ganz gleich, welche Wahrscheinlichkeiten für den Eintritt eines solchen Störfalls ausgerechnet worden sind.

Ich kenne diese Überlegungen, wie man Wahrscheinlichkeiten ausrechnet oder abschätzt. Statistische Berechnungen helfen uns in diesem Fall überhaupt nicht. Wahrscheinlichkeiten sind relative Häufigkeiten, und einmalig ist eben nie häufig. Das sieht man auch daran, dass es keine Versicherungsgesellschaft gibt, die einen Kernreaktor voll versichern würde. Und was bedeutet schon eine Aussage für einen Störfall wie:»Die errechnete Wahrscheinlichkeit ist ein Millionstel?« Das bedeutet *nicht*, dass es erst in einer Million Jahre passieren kann. Es könnte vielmehr genauso gut auch schon heute oder morgen geschehen. Warum soll das Risiko eigentlich anderen aufgebürdet werden, wenn nicht einmal Versicherungsgesellschaften dazu bereit sind? (Abbildung 4)

Viele halten dagegen, dass der Mensch einfach lernen muss, solche Risiken einzugehen. Das sagen meist Männer, die älter als 60 Jahre sind. Die können das Risiko ohne Weiteres eingehen. Die Wahrscheinlichkeit, dass es sie trifft, ist nicht sehr groß. Aber man muss sich vorstellen, dass es im Falle eines Unfalls in der überwiegenden Mehrzahl Menschen träfe, die überhaupt nichts mit dem Kernkraftwerk und seinem Nutzen zu tun haben, weil sie erst viel später geboren wurden. Anders ausgedrückt: Es spielt doch eine große Rolle, ob ich russisches Roulette an meinem eigenen Kopf spiele oder an dem Kopf meines Kindes oder Enkels. Letzteres ist schlicht und einfach verboten, inakzeptabel nach Menschenrecht. Ich darf kein Risiko auf mich nehmen, bei dem ich im Ernstfall nicht selbst die Konsequenzen ausbaden muss. Daher darf niemand eine Technologie in die Welt setzen, die bei einem Fehler im System solche inakzeptablen Katastrophen ermöglicht.

Was tun?

Wir wissen, dass wir nicht allein auf dieser Welt sind. Unsere unmittelbare Erfahrung offenbart uns, dass wir Teil eines größeren Ganzen sind, zu dem auch unsere Mitwelt gehört. Sich moderat verhalten, entschleunigen, ein maßvoller, gemächlicher und gelassener Umgang miteinander sind weitere wichtige Voraussetzungen für ein friedvolles Zusammenleben. Es gibt allerdings immer wieder Gründe dafür, in Hinblick auf das menschliche Miteinander sehr pessimistisch zu sein. Ich bin es auch oft und sehe unsere eigene Zivilisation in einem Prozess des »Verhungerns«. Wir verhungern geistig, oder vielleicht sollte man sagen seelisch und emotional. Wir sind abgeschnitten von unserer wichtigsten Quelle, die uns lehrt, warum dieses Leben überhaupt sinnvoll ist.

Wir haben in unseren industrialisierten Ländern einen nicht-materiellen Hunger und versuchen verzweifelt, ihn durch die Befriedigung von immer weiteren, vermeintlich dringenden materiellen Bedürfnissen zu stillen. Doch sie sättigen nicht, weil der Mensch nicht allein vom *Brot* lebt. Wir bekommen immer nur Brot, werden gleichsam überfüttert, obwohl wir eigentlich etwas ganz anderes brauchen und wollen; wir geraten auf diese Weise noch mehr in die Abhängigkeit von Äußerlichkeiten. Wir befinden uns hier in einem Teufelskreis, den wir aufbrechen müssen.

Sich moderat verhalten und *entschleunigen* sind dafür nützliche Verhaltensweisen. Moderat zu leben bedeutet aus meiner Sicht, flexibler zu sein und sich der Welt umfassender öffnen zu können, weil ich gewissermaßen nicht immer alles auf nur eine Karte setzen muss. Ich habe genügend, gebe Ruhe, bleibe neugierig und offen für die vielen Dimensionen, die uns unsere Existenz bietet.

Der Aspekt der *Entschleunigung* folgt dem wichtigen Naturgesetz, dem zweiten Hauptsatz der Thermodynamik: Alles Besondere, Ausgezeichnete, Spezielle geht im Laufe der Zeit ohne äußere Unterstützung kaputt, verwandelt sich in Unordnung. Aber der Vorgang kann auch in umgekehrter Richtung verlaufen, wenn nämlich eine »ordnende Hand« eingreift. Dafür ist im physikalischen Sinne nicht nur Energie erforderlich, sondern auch eine Entscheidungsfähigkeit im Falle einer Gabelung oder Bifurkation, damit sich das System – das eigene Leben – neu ordnen, in eine unwahrscheinlichere Richtung fortbewegen kann. Beim Menschen kann man diese Energie auch steuernde Intelligenz nennen, die eingeschaltet werden muss. Es ist eine Intelligenz, die unterscheidet und auswählt. Aber es braucht eben nicht nur Intelligenz, sondern vor allem auch Zeit! Intelligente Entscheidungen brauchen Zeit. Wenn ich mir in bestimmten Situationen nicht ausreichend Zeit nehme und alles weiter beschleunige, dann gebe ich der steuernden Intelligenz keine Chance. Ich fördere am Ende nur noch die beliebig schnellen, stupiden Zerstörungsprozesse und nicht die langsameren, intelligenten Aufbauprozesse, die die eigentliche Wertschöpfung ausmachen. Eine Gesellschaft, die sich nicht mehr genügend Zeit nimmt, wirtschaftet deshalb, im Ganzen betrachtet, immer abwärts.

Aufbauprozesse sind notwendigerweise langsam, es sind in gewisser Weise »Heilungsprozesse«, weil sie einen intelligenten Dialog benötigen, in dem sich Verschiedenartiges zu etwas Neuem ordnen oder verbinden muss. Aufgrund ihrer »Langsamkeit« sind deshalb Aufbauprozesse kaum so spektakulär wie etwa eine »Infektion«. Doch wir lieben das Spektakuläre, weil wir unser Leben in der Regel oft als langweilig empfinden. Deshalb wird in der Geschichtsschreibung von diesen »langweiligen« aufbauenden Dingen so wenig berichtet. Zugleich aber ist dies auch der Grund dafür, dass wir so pessimistisch über die Menschen und über die menschliche Geschichte reden. Eine tibetanische Weisheit, auf die ich bereits früher in diesem Buch näher eingegangen bin, besagt: Ein Baum, der fällt, macht mehr Krach als ein Wald, der wächst.

Die ganze überlieferte Geschichte ist voller »fallender Bäume«. Und wir fragen uns deshalb mit großem Erstaunen, wie es denn möglich sein kann, dass es heute nach dreieinhalb Milliarden Jahren Evolutionsgeschichte des Lebendigen noch irgendwelches Leben und so komplexe Organismen wie den Menschen auf dieser Erde gibt, wo doch fortdauernd diese wechselseitige Zerstörung des einen durch den anderen, die Kriege unserer »historischen« Helden und all die anderen Katastrophen passiert sind. Meine Antwort: Der »wachsende Wald« war wohl hauptsächlich die unerwähnte stetige Aufbauarbeit von Frauen im Hintergrund. Sie waren und sind im Wesentlichen die ständig wertschöpfende Kraft.

Die Suche nach der Wahrheit –
Religion und Wissenschaft

Die Wissenschaftler der klassischen Physik haben sich den Anfang der Welt mit einem »Big Bang« erklärt. In diesen Urknall musste die ganze Wirklichkeit bereits angelegt sein: alles, was die Forscher über ihre auf etwa 15 Milliarden Jahre bezifferte Vergangenheit herausgefunden hatten oder wenigstens vermuteten, und alles, was je in Zukunft passieren wird. Alles muss am Anfang eingebaut, nichts durfte vergessen worden sein. Alles, was je geschieht, ist einfach nur eine Entfaltung dessen, was bereits am Anfang angelegt war. Die neue Auffassung hingegen vertritt die Meinung: Die Schöpfung ist nicht abgeschlossen, sie ereignet sich in jedem Augenblick neu und wir sind alle – als Teilhabende eines nicht auftrennbaren Kosmos – am fortlaufenden Schöpfungsprozess beteiligt. Von Bedeutung ist dabei die Beziehung und nicht das Dingliche. Wir sind Mitschöpfer und die zukünftige Entwicklung hängt von uns allen, von allen Teilhabenden ab. Die Wirklichkeit ist nicht die verstümmelte Realität, sie ist Potenzialiät.

Wir können selbstverständlich die Welt nicht beliebig ändern, aber wir sollten wissen, dass wir mit unseren Entscheidungen auch immer zum Gesamten beitragen. Andererseits sind jedoch unsere Entscheidungen selbst schon immer eingebettet und eingebunden in etwas, das wir mit allem gemeinsam haben, was wiederum das streng Private jeder persönlichen Entscheidung relativiert. Aufgrund dieser Vorstellungen können wir sagen: Wenn wir die Welt verändern wollen, ist es nicht notwendig, mit sechseinhalb Milliarden Menschen einen ausführlichen Dialog zu führen. Gewiss, wir müssen untereinander im Gespräch sein. Aber den Dialog brauchen wir nicht, um andere zu überzeugen, sondern nur, um sie daran zu erinnern, was sie eigentlich schon wissen. Denn wir haben dreieinhalb Milliarden Jahre derselben Entwicklung hinter uns. Diese Entwicklung hat nicht mit unserer energetisch-materiellen Realisierung, unserem Körper zu tun. Unsere »Software« ist nicht in unserem Körper eingeschlossen, sondern überall, auch in anderen Räumen, und wir sind alle angeschlossen. Das ist eine Art Internetversion, die ich abrufen kann. Ich kann herausbekommen, wo die anderen sind und auch meine eigenen Entscheidungen daran ausrichten. Wir sind nicht wie ein Materieklumpen allein in der Welt und nur über Wechselwirkungen mit der Umgebung in Verbindung, sondern eingebettet in das Ganz-Eine. Deshalb wissen wir bereits etwas, das wir weitergeben können, und darüber hinaus sind wir auch imstande, Prozesse, die wirklich zukunftsfähig sind, zu initiieren und zu verstärken.

Die Frage nach Gott, insbesondere im Sinne eines Schöpfergottes, ist deshalb nicht zulässig, da sie ins Leere zielt. Wenn mich jemand fragt »Glaubst du an Gott? Bist du ein Monotheist oder ein Pantheist oder etwas anderes?«, sage ich oft: »Ich bin ein ›Atheist‹«. Hierbei soll aber, wie im Sanskrit, die Vorsilbe »A« nicht eine Verneinung bedeuten, sondern nur das Ziel der Frage für ungültig erklären. Anders ausgedrückt: Gott ist für mich, was nicht gezählt werden kann, weil es das Ganz-Eine meint, nämlich »Advaita«, das Unauftrennbare. Das heißt, die Frage »Wie viele Götter gibt es?«, ist eine ebenso unsinnige Frage wie die Frage nach der Farbe eines Kreises. Nur in diesem Sinne bin ich ein A-theist. Aber ich bin kein Atheist im Sinne eines Ungläubigen, da ich persönlich nicht an einem über unser Verständnis hinausgehenden Zusammenhang zweifle: Es gibt ein einziges Beziehungsgefüge, das viele Namen hat, und diese sind alle nur Gleichnisse. Wir können es Geist oder Liebe nennen. Die Liebe ist das, was für mich am besten zum Ausdruck bringt, was wir als »alles miteinander zusammenhängend« empfinden und zwar in der sich ständig wandelnden Form eines geistiglebendigen Kosmos und auf eine Weise, wie wir sie individuell unmittelbar durch Empathie erleben. Im letzteren Sinne wäre ich ein »liebender Atheist«.

Glaube und Wissen sind beide auf »Wahrheit« gerichtet. Wahrheit bedeutet jedoch in beiden Fällen etwas anderes. In der neuen Sichtweise wird es in gewisser Weise keine dieser Wahrheiten mehr geben; eine »offenere, vieldeutige Wahrheit« wird vielmehr an ihre Stelle treten, die in subtiler Weise beides enthält.

Ich spreche als Naturwissenschaftler, als Physiker, Elementarteilchenphysiker. Ein Naturwissenschaftler analysiert, zerlegt, fragmentiert, um die Wahrheit zu finden – und landet deshalb notwendig beim Allerkleinsten. Auch der Gläubige sucht nach Wahrheit. Er sucht sie in der Religion. Er nähert sich ihr in kontemplativer Haltung, in der meditativen Versenkung, erlebt sie in der Öffnung zum Ganzen. Die Wahrheiten des Wissenschaftlers und des Gläubigen sind verschieden, und doch versuchen sie Antworten auf letztlich dieselben Fragen. Sie spiegeln in gewisser Weise nur unsere doppelte Beziehung zur Wirklichkeit wider. Das die Welt beobachtende helle Ich-Bewusstsein einerseits und das dunkle, mystische Erlebnis der Einheit andererseits, charakterisieren komplementäre Erfahrungsweisen des Menschen. Die eine führt zu einer kritisch-rationalen Einstellung, in welcher der

Mensch die Welt in ihrer Vielfalt – fast im wörtlichen Sinne – begreifen, sie mit dem eigenen begrifflichen Denken erfassen will. Die andere erschließt sich ihm in einer mystischen Grundhaltung, in der er durch Hingabe und Meditation unmittelbar zum eigentlichen Wesen der Wirklichkeit vorzudringen versucht.

6 »Wahrheit kann offener sein, sich auch in einem Sowohl-als-auch verdeutlichen.«
Der Psychologe Edgar J. Rubin (1886–1951) entdeckte dieses Vexierbild. Man kann entweder nur die Kontur einer Vase beziehungsweise Kelches erkennen oder die zweier sich anblickender Gesichter. Beide Wahrnehmungen sind möglich und »wahr« – jedoch nicht gleichzeitig.

Innen und Außen

Komplementär bedeutet in diesem Zusammenhang: Dass beide Erfahrungsweisen möglich sind und sich gleichzeitig ergänzen und ausschließen wie im bekannten Vexierbild die beiden »zugewandten Schattenprofile« und die zwischen ihnen aufgespannte »Vase« (Abbildung 5). Es sind zwei Arten des »Wissens«: Das »begreifbare Wissen« und die »Gewissheit um den inneren Zusammenhang«, die »Außenansicht« mit der Trennung von Beobachter und Beobachtetem und die »Innensicht«, oder besser *fließend* beschrieben: das »Innensehen«. Dieses ist dem Wesen nach immer holistisch, das heißt: Das Wahrnehmende ist auch gleichzeitig das Wahrgenommene, ungetrennte Eine. »Erfahrung« meint beides: Außenansicht und Innensehen. Das Innensehen ist näher, inniger, weiter, umfassender, offener, ganzheitlich, wobei diese aus der Außenansicht entlehnten Worte in ihrer strengen Begrifflichkeit ganz unangemessen sind. Metaphorisch verstanden können sie jedoch auf eine Innenerfahrung deuten.

In der Außenansicht nehmen wir die Welt um uns herum, unsere Mitmenschen und uns selbst auf eine äußerliche Weise wahr. Die Außenansicht ist lebensdienlich, der greifenden Hand angepasst, die wiederum sich an der speziellen Struktur der Lebenswelt entwickelt hat, in die wir existenziell eingebettet sind. Handeln ist zweiwertig: Ich greife oder ich greife nicht, ich habe oder ich habe nicht. Das eine schließt das andere aus. So auch unsere Wahrnehmung der Wirklichkeit als Realität: Sein oder Nichtsein. Unser fragmentierendes Denken, unsere begriffliche Sprache hat sich in dieser auf Handlung orientierten Welt herausgebildet. Deshalb auch zweiwertig unser Denken, richtig oder falsch, unsere zweiwertige Logik, ja oder nein. Dieses zweiwertige Ordnungsschema braucht jedoch nicht der Struktur der eigentlichen Wirklichkeit zu entsprechen, sondern ist zunächst für uns in dem Sinne lebensdienlich, dass es ein für unser Überleben wichtiges Handeln wirksam unterstützt. Doch ist äußere Erfahrung letztlich wieder nur als inneres Erfahren, durch spontanes *Wiedererkennen* (Evidenz) spürbar. Auch dort herrscht Gewissheit nur, wenn es in mir tönt: »Es ist so! Ja, ich habe verstanden!« Es gibt nichts, was durchgängig bewiesen werden kann, nichts Greifbares, sondern alles mündet am Ende in unmittelbarem Erleben, das ich durch Identifizierung als Bewegung meines Selbst als wahr erlebe – jenseits aller Dualität. Das unauftrennbare Innensehen erlaubt keine zweiwertige Unterscheidung. Es gibt kein Wissen, aber auch kein Unwissen. Allenfalls Weisheit, die über beiden schwebt, als unscharfer Abdruck des äußeren Wissens im Inneren. Und mit einer Unschärfe, die sich nicht im Mangel an Schärfe erschöpft, sondern erst die Möglichkeit eröffnet, Gestalt wahrzunehmen: Vertrautheit, Sinnhaftigkeit, Wertordnung.

Unsere Vorstellung von der Wahrheit ist jedoch durch die Polarität der Außenansicht deformiert: Wahr oder nicht wahr? Ganzheitlich verstandene Wahrheit (»wahre« Wahrheit sozusagen) ist allgemeiner, sie braucht nicht unbedingt diese lebensdienliche Zweiwertigkeit. Wahrheit kann offener sein, sich auch in einem Sowohl-als-auch verdeutlichen, ohne dabei ihre Gewissheit einzubüßen. Es fehlt uns die Sprache, dies ausdrücken zu können, da Sprache primär der Außenansicht zugeordnet ist. Wir ahmen dieses Sowohl-als-auch nach, indem wir, wie mit dem Finger darüber streichend oder mit offenen Händen erfühlend, seine »Gestalt« punktweise zu ertasten suchen. Das ganzheitliche Sowohl-als-auch erscheint dann in unserer kritisch rationalen Vorstellung als vielfältiges, nebeneinander liegendes Entweder-Oder, dessen Synthese die Gestalt imitiert, ohne je ihre Ganzheit ausfüllen zu können.

In der abendländischen Geschichte stehen die beiden unterschiedlichen Grundhaltungen, die Außenansicht und das Innensehen, in einem fruchtbaren Wechselspiel. Sie spiegeln sich in der Spaltung von Wissen und Glauben. Der Rationalismus und später die Aufklärung haben diese Spaltung vertieft und die zweiwertige Außenansicht zur einzig wahren, das heißt der Struktur der Wirklichkeit angemessenen Ansicht erklärt. Die Außenansicht ist die Basis unserer triumphierenden Wissenschaft. Sie hat uns gelehrt, unsere Mitwelt zu unserem eigenen Nutzen zu manipulieren und Wissen als Machtinstrument zur Herrschaft über Mensch und Natur systematisch zu entwickeln. Wissen wurde Mittel zur Macht und nicht mehr Quelle der Weisheit. Die Ausschließlichkeit unseres Denkens (»Wenn das Eine richtig ist, kann nicht das Entgegengesetzte auch richtig sein, also muss es falsch sein«) hat viel Zank und Streit verursacht, vernichtende Kriege entfesselt und ungeheures Leid über die Menschen gebracht.

Die moderne Physik hingegen hat uns gelehrt, dass die Struktur der Wirklichkeit im Grunde eine ganz andere ist, als es die an unserem Handeln und Wissen entwickelte, dominante zweiwertige Struktur der uns direkt zugänglichen Lebenswelt suggeriert. Die von uns als allgemeingültig erachtete zweiwertige Außenansicht hat nur begrenzte Gültigkeit. Sie ist nur vergröbertes Abbild einer tieferen Wirklichkeit, deren Züge sich uns getreuer durch Innensehen offenbaren.

Unser Erleben der Wirklichkeit ist reicher als die Erfahrung, die uns durch wissenschaftliche Erkenntnisse erschlossen wird. Dies ist offensichtlich für Menschen, die mystische oder religiöse Erfahrungen gemacht haben. Aber dies gilt auch viel allgemeiner, wenn wir an die vielfältigen Erfahrungen denken, die uns Kunst in all ihren Formen vermitteln kann. Wir werden uns diesem noch intimer und umfassender bewusst, wenn uns das so schwer Greifbare und doch – als Betroffene – unmittelbar Verständliche anrührt, was wir etwa mit Worten wie Liebe, Treue, Vertrauen, Geborgenheit, Hoffnung oder Schönheit ausdrücken. Die eindrucksvollen Erkenntnisfortschritte in den Naturwissenschaften hatten demgegenüber die besonders in der Aufklärung gehegte Hoffnung verstärkt, dass letztlich und prinzipiell alles in dieser Welt menschlicher Erkenntnis zugänglich sei. Der bisher als nicht zugänglich erscheinende Teil entzieht sich nur aufgrund seiner größeren Kompliziertheit unseren rationalen Einsichten.

Gott und ähnlich Unbegreifliches sind zwar unverständlicher als ein vierdimensionaler Körper, aber sie teilen mit diesem die Eigenschaft, dass wir sie uns *nicht vorstellen können*. Wie bei den vier verschiedenartigen dreidimensionalen Projektionen des vierdimensionalen Körpers wird uns auch Gott und das Transzendente in verschiedenen Weltreligionen vorgestellt. Sie machen unterschiedliche Aussagen, und wir streiten uns, welche wohl die eigentliche Wahrheit verkündet. Trotz ihrer teilweisen Widersprüchlichkeit könnten alle sich als wahr erweisen, wenn es uns gelänge, sie von einer höheren Dimension aus zu betrachten. Eine Koexistenz der verschiedenen Religionen und Kulturen ist dringend notwendig. Sie sollten sich nicht nur wechselseitig tolerieren, sondern als gleichrangig respektieren und versuchen zu erahnen, welche Potenzialität sich auf einer höheren Ebene hinter ihren verschiedenen konkreten Ausdruckformen verbirgt.

Fundamentalismus basiert darauf, dass jemand eine Projektion herausgreift und behauptet, das sei die einzig richtige, und dann alle anderen Kulturen dieser Erde verwirft und bekämpft. Kandidaten dafür sind nicht nur gewisse Weltreligionen. Auch die Naturwissenschaften neigen heute zum Fundamentalismus, weil das objektiv Messbare für die einzige Möglichkeit gehalten wird, das Wesentliche in unserer Welt zu erfassen und das Wahre zu erkennen. Dabei wird übersehen, dass die Welt bei wissenschaftlicher Betrachtung auch nur von einer gewissen Seite erfahren werden kann.

Ich frage mich, warum Lebens- und Existenzängste vor allem im Kontext des Christentums entstanden sind. Es ist klar, dass in dem Maße, wie ich mich emanzipiere, zunächst auch meine Lebensangst steigt. Denn wenn ich mich emanzipiere, überfällt mich eine Einsamkeit, wenn ich nicht gleichzeitig auch die Verbindung zum anderen stärke. In dieser Einsamkeit suche ich nach Sicherheit – mit der Folge, dass ich mich nur dann sicher fühle, wenn ich über alle meine Lebensbezüge selbst die Kontrolle habe. Während die andere und frühere Sicht doch die ist, dass man sich geborgen fühlt in einem größeren Ganzen, von dem man annimmt, dass es nicht *gegen*, sondern *für* einen ist. Das ist eine ganz andere Vorstellung von dieser Welt.

Selbstverständlich haben auch früher die Leute geglaubt, dass die Natur eine Art Gegenkraft ist. Aber eben nicht in dem Sinne, dass sie diese als ihren Gegner auffassen mussten, denn sie haben ja vornehmlich von ihr profitiert. Genau genommen wurde die Natur nicht als eine einzige Gegenkraft empfunden, sondern, wie dies ja auch der täglichen Erfahrung mehr entspricht, als eine Vielzahl von Gegenkräften, mit denen die ebenso vielfältigen vom Menschen und seiner wahrgenommenen Mitwelt ausgehenden Kräfte im Gleichgewicht gehalten wurden. Es entstand eine Welt von Gottheiten, die nicht nur die Rolle der Gebenden übernehmen, sondern auch die der Strafenden, die dann auch sagen: Wir vernichten dich, wenn du nicht so bist, wie wir dich haben wollen.

Für das Christentum, wie auch früher beim Judaismus und später dem Islam, ist die Betonung des Geistigen im Menschen und die Erhöhung des Geistes über die Natur wichtig, die mit einer Aufkündigung der partnerschaftlichen Beziehung zwischen Frau und Mann einhergeht und in patriarchalischen Gesellschaftsstrukturen mündet. Die holistische Struktur des Geistigen wird im Monotheismus eingefangen. Die christliche Gottesvorstellung wird dabei weitgehend in einem männlichen Bild gefasst, das eher eine bestehende Ordnung aufkündigt, um etwas Neues zu schaffen. Im Gegensatz dazu steht die mehr weibliche Auffassung, nach der wir uns und unsere Aktivitäten konstruktiv in das vielfältige und wechselseitige Spiel der Schöpfung einpassen und einbringen müssen. Die männlichkeitsorientierte Figur hat dann animiert und motiviert, die Welt in einer mehr diskurshaften, konfrontativen anstatt empathischen, kooperativen Form zu sehen.

Die Suche nach der Wahrheit – Religion und Wissenschaft 163

Erfahrung von Transzendenz

Wie verbindet sich nun die neue Weltsicht mit dem, was wir »Transzendenz« nennen oder in tiefer Versenkung als das Göttliche oder Gott persönlich erleben und in den Weltreligionen als solches verkünden? Aus neuer Sichtweise ist, wie schon mehrfach angeführt, Wirklichkeit Potenzialiät. Sie steht für das, was allem gemeinsam ist, worauf alle aufsetzen, in dem alles lebt. Diese Sprechweise ist letztlich irreführend, da von »allem« zu sprechen wieder eine Aufteilung des Einen in Mehreres suggeriert. Das Wesentliche der Potenzialität ist, dass sie nicht (dingliche) Realität ist. Als Beziehung können wir Potenzialität nicht wissen, sondern nur erleben, erfahren. Wir zerstören sie, wenn wir sie begreifen wollen.

Die Frage nach der Sinnhaftigkeit unseres Lebens kann deshalb nicht im Rahmen unseres begrifflichen Denkens gestellt werden. Der Sinn eines »Teils« ergibt sich immer nur in Bezug auf den Hintergrund, dem Ganzen, in dem dieses Teil unauftrennbar eingebettet bleibt und aus dem nichts herausgelöst werden kann. Die Frage nach dem Sinn ist nicht zulässig, weil sie aus der Ebene, in der sie gestellt wird, »nach oben« hinausführt. Der Sinn des Lebens erschließt sich jedenfalls nicht, indem Unzusammenhängendes wie Materieteile oder scharf getrennte Informationsteile (bits) immer komplizierter angehäuft und vernetzt werden. Es wird hierbei nie ein Bewusstsein, ein Ego, entwickelt werden können, das plötzlich ein »cogito ergo sum« verkündet und nach dem Sinn seiner Existenz, seines »Lebens« fragt. Die Frage nach Bedeutung verlangt immer eine noch höhere Ebene, in die wir nicht durch raffiniertes Kombinieren, durch »Emergenz«, gelangen können. Die Sinnhaftigkeit steckt in dem System als Ganzem von Anfang an: Die Sinnhaftigkeit ergibt sich aus der Beziehung des Einzelnen, des nur *konstruiert* Abgetrennten, in Bezug auf den Hintergrund. In der Erfahrung dieser Beziehung begegnen wir dem Religiösen.

Schöpfung, im erfahrbaren Sinne, geschieht bei der in jedem Augenblick stattfindenden Realisierung von Potenzialität. Das macht auch die singuläre Bedeutung des »Jetzt!« aus. Warum erfahre ich nur etwas »im Augenblick der Gegenwart« und nicht in der Vergangenheit und in der Zukunft? Weil in diesem Augenblick etwas, das bisher nur als Potenzialität, als Möglichkeit angelegt ist, auf einmal verkrustet. Es gerinnt und wird zu Materie, zu Stoff, es wird ein »Faktum« (es wird »gemacht«), ein Dokument, und ich erfahre dies als eindrucksvolles Ereignis. Und das, was einmal fest ist, ist nicht mehr lebendig. Ab jetzt ist es determiniert, greifbar, klassisch beschreibbar, oder wir begreifen es so »als ob«. Ich kann also immer wieder in den vollen Topf des Potenziellen greifen, mich in Ahnungen versenken und versuchen, daraus neue Ideen zu entwickeln, die ich dann sprachlich zu fassen und handelnd umzusetzen versuche. Das ist das aufregende Erlebnis, das wir Leben nennen.

164   Kapitel IV – Wie das neue Denken zum Handeln führt

Glaube und Wissen, Religion und Wissenschaft sind wesentliche und in gewisser Weise komplementäre Elemente einer umfassenden Sichtweise. In diesem größeren Zusammenhang wird Glaube von seiner Lückenbüßerrolle befreit, in der ihm einst nur überlassen blieb, was bis zu diesem Zeitpunkt »noch nicht gewusst« wurde. Das Wissbare erfährt in der neuen Weltsicht eine prinzipielle Einschränkung. Dadurch erhält der Glaube tatsächlich wieder seine volle Bedeutung und eigenständige Wertigkeit zurück.

Mensch und Natur –
Warum es ums Ganze geht

Wissenschaft kann nicht mehr an der Objektivität aufgehängt werden. Die Isolation und Fragmentierung hat sich als falscher Weg erwiesen. Stattdessen wissen wir heute von der prinzipiellen Einheit des Universums. Daraus folgt, dass die Spaltung von Mensch und Natur nur in unserer Vorstellung gegeben ist. Wenn wir, Mensch und Natur, zusammenhängen, dann heißt das auch, dass wir die Natur als Lehrmeister nehmen können, aber nicht nur in der »langweiligen« Form des Unbelebten. Wir müssen uns am neuen Paradigma des Lebendigen orientieren. Heute ist noch das Gegenteil der Fall: Wir erleben zurzeit eine Eskalation von struktureller Gewalt mit politischen und vor allem wirtschaftlichen Komponenten. Geopolitische, soziokulturelle wie ökonomische Machtstrategien, die unbegrenzte Expansion globalisierter Marktwirtschaft und ihrer Produktivitätszwänge, bedrohen und zerstören die räumliche und stoffliche Begrenztheit unserer Erde. Die zerstörerischen Auswirkungen einer hemmungslosen und unreflektierten Zivilisation im Zusammenleben der Völker, in den Wechselbeziehungen zwischen Gesellschaft und Natur und nicht zuletzt bei den einzelnen Menschen sind offenkundig. Besonders bedrohlich ist dabei eine beschleunigte Zerstörung der bioökologischen Diversität von ganzen Lebenskomplexen in einem in der Erdgeschichte wohl einmaligen Ausmaß.

Die vielfältigen Krisen, mit denen wir heute konfrontiert sind und die uns zu überfordern drohen, sind Ausdruck einer geistigen Krise im Verhältnis von uns Menschen zu unserer lebendigen Welt. Dies hängt damit zusammen, dass wir uns weigern, den durch die Wissenschaft aufgedeckten, revolutionär erweiterten Charakter der Wirklichkeit nicht nur formell, sondern mit allen Konsequenzen zu akzeptieren. Dies würde uns zu einer Bescheidenheit bezüglich des prinzipiell Wissbaren nötigen. Wenn die neue Physik uns zeigt, dass die Zukunft prinzipiell nicht vorhersagbar und die Natur keine Maschine ist, dann bedeutet das, alle gesellschaftlichen und ökonomischen Strukturen, die sich an diesem überholten Weltbild orientieren, infrage zu stellen.

Wir müssen unser Denken erweitern und unser jetziges Verhalten grundlegend korrigieren. Hierbei können gerade die revolutionär erweiterten Einsichten der neuen Physik einen hilfreichen Einstieg liefern. Sie besagen, dass der einzelne Mensch, wie alles andere auch, prinzipiell nie isoliert ist. Er wird im allverbundenen Gemeinsamen in seiner nur scheinbaren Kleinheit zugleich unendlich vielfältig einbezogen und bedeutsam. Unser individuelles Handeln beeinflusst auch wieder die gesamte gesellschaftliche Verfasstheit und verändert die sich ständig dynamisch wandelnde Potenzialität der lebendigen Wirklichkeit. So ist die Einzigartigkeit des Einzelnen tragender Bestandteil unseres gemeinschaftlichen kulturellen Evolutionsprozesses. Wir sind angehalten, in einem neuen Denken zu einem umfassenderen Verständnis unserer Wirklichkeit zu gelangen, in der auch wir uns als Faser im Gewebe des Lebens verstehen, ohne dabei etwas von unseren besonderen menschlichen Qualitäten opfern zu müssen. Wir lernen, dass wir, wie alles andere auch, untrennbar mit dieser wundersamen irdischen Geobiosphäre verbundene Teilnehmende und Teilhabende sind.

Empathie und Ellenbogen

Um das neue Denken in neues Handeln umzusetzen, ist eine Parallelität neuer institutioneller, individueller und gesellschaftlicher Entwicklungen notwendig. Wir müssen verengte und mechanistische Strategiemuster, Reduktionen, Mittelwertsbildungen fallen lassen und sie durch Beweglichkeit, Offenheit und Empathie ersetzen, um neue, offen gestaltbare Schöpfungs- und Handlungsräume zu ermöglichen. Erst dieses dynamische Wechselspiel zwischen Menschen und den Menschen und ihrer lebendigen Mitwelt ist wirklich Wohlstand schaffend und fordert beziehungsweise fördert den Menschen in seinem ganzen Wesen.

Ein neues, doch uns wohl vertrautes Menschenbild wird sichtbar, das von empathischen Menschen ausgeht. Wir sollten uns von den Konfrontationen und Verzerrungen unseres zivilisatorischen Alltags nicht in die Irre führen lassen. Unsere Existenz als Menschen heute zeigt uns, dass auch wir das erfolgreiche Ergebnis einer ähnlichen, schon Milliarden Jahre währenden Entwicklung sind. Unsere Zuversicht ist nicht ohne Basis. Wir müssen neues Wissen schaffen und so handeln, dass es die Lebendigkeit vermehrt und vielfältig erblüht. Wir können uns darauf verlassen, dass diese Kraft in uns wirkt. Denn die Allverbundenheit, die wir Liebe nennen können und aus der Lebendigkeit sprießt, ist in uns und in allem anderen von Grund auf angelegt.

Der Mensch hat die Fähigkeit, aus eigenem Antrieb und in eigener Absicht zu handeln. Dies ist ein Novum in der biologischen Entwicklung. Der

Mensch kann sich damit aus der völligen Abhängigkeit von den Verhaltens-impulsen seines biologischen Kerns lösen. Aber er hat in seiner Geschichte diese Befreiung übertrieben. Dazu hat die Aufklärung viel beigetragen, in der erkannt wurde, dass sich in der speziellen Ausprägung der uns umge-benden Natur und ihrer zeitlichen Entfaltung sehr vieles rational verstehen und auf strenge Naturgesetze zurückführen lässt. Daraus hat sich schließlich die Vorstellung entwickelt, dass die Natur in dem Sinne begreifbar ist, dass wir aufgrund unserer Kenntnisse der augenblicklichen Situation und der natürlichen Gesetzmäßigkeiten künftige Entwicklungen präzise vorhersa-gen können. Dies eröffnet die prinzipielle Möglichkeit, dass wir durch ge-eignete Manipulation des Gegenwärtigen eine gewollte Zukunft sozusagen auch herbeizwingen, dass wir die Zukunft nach unseren eigenen Wünschen gestalten können. In eine Welt mit fixierten, gesetzlich determinierten Bewe-gungsabläufen passt jedoch der gestaltende Mensch nicht mehr hinein, weil er sich selbst ja als derjenige sieht, der manipuliert, und nicht als derjenige, der manipuliert wird.

So musste der Eindruck entstehen, der Mensch existiere weitgehend los-gelöst von der Natur, er könne eigentlich mehr das Spiel des Schöpfers trei-ben und wäre nicht einfach nur passiv der Schöpfung unterworfen. Ich glau-be, es ist hauptsächlich diese Vorstellung, die den Menschen von der Natur abgetrennt und in eine Konfrontationsstellung zu ihr gebracht hat. Die Erkenntnisse der modernen Naturwissenschaft über die Struktur der Welt und die Naturgesetzlichkeit haben uns zu einer radikal anderen Weltsicht geführt, die nicht mehr diese Spaltung von Mensch und Natur erfordert. Wir müssen wieder sehen lernen, dass der Mensch ein nicht abtrennbarer Teil dieser Schöpfung ist, eine Vorstellung, die von jeher auch von allen reli-giösen Deutungssystemen geteilt wird. Die Welt kann nicht mehr als ein kompliziertes Zusammenwirken getrennter Teile betrachtet werden, son-dern sie bildet im Grunde ein einziges, nicht zerlegbares Ganzes. Alles in der Welt – das Materielle wie das Lebendige – formiert sich nicht aus vie-lem Getrenntem, sondern durch fortwährende Differenzierung des Einen. Das Leben beginnt also mit Gemeinsamkeit und entwickelt sich im Zu-sammenhang.

Wir können uns so weit von der Natur emanzipieren, wie wir wollen, aus dieser Gemeinsamkeit werden wir im Grunde nie hinauswachsen. Ich sehe das Bild eines Ozeans vor mir, der im Sturm immer aufgewühlter wird und Wellen und Schaumkämme bildet. Und dann stelle ich mir vor, dass ich eine weiße Schaumkrone bin. Ich schaue mich um und sage zu mir: »Ich bin allein auf der Welt, aber da drüben ist noch eine weiße Schaumkrone, und mit ihr verbindet mich zwar Wasser, aber ich bin doch in meiner ›Weis-heit‹ ganz von der anderen getrennt.« Ich betrachte mich als ein praktisch autonomes System, fühle mich sozusagen allein in einer großen Umgebung, die ich sogar auch manipulieren kann, ohne zu sehen, dass ich ja nur die Schaumkrone auf einem einzigen, kilometertiefen Weltmeer bin, das alles mit allem verbindet und gemeinsamer Träger aller anderen Schaumkronen ist. Die Frage, die sich diese vermeintlich isolierte Schaumkrone erlaubt, lautet nicht: »Wie kann ich mich in einem solchen Gesamtgefüge zurechtfinden und in dieses einpassen?«, sondern: »Wie gestalte ich meine Umwelt nach meinem Willen?«

Im großen Umfang ist dies natürlich illusionär, geradezu lächerlich. Welch Kinderei zu glauben, ich könnte über meine Lebensgrundlagen frei verfügen, sie insbesondere durch die mir zugänglichen Manipulationsmöglichkeiten ganz auf meine Wünschen ausrichten. Diese Lebenshaltung ist typisch westlich. Da Zerstörungsprozesse unendlich viel leichter in Gang zu setzen sind als Aufbauprozesse, überschätzen wir unsere konstruktiven Fähigkeiten bei Weitem. Wenn wir weiter in die Welt hinausgehen, werden wir sehen, dass wir mit dieser arroganten Haltung zwar relativ isoliert sind, aber dennoch wegen der kurzfristigen Erfolge ein Vorbild geprägt haben und andere immer mehr dazu verleiten, die Welt auch auf diese unsere Weise zu sehen und sie zu manipulieren.

Das Verhängnisvolle ist, dass wir durch diese Auffassung alles negieren, was uns mit der übrigen Welt und den anderen Menschen verbindet. Wir können auf der einen Seite nicht in der Isolation leben, auf der anderen Seite aber Verbindung und Beziehung nur als Macht und Herrschaft begreifen. Weil wir Wirklichkeit nur unter manipulativen Aspekten zu sehen gewohnt sind, versuchen wir alles in den Griff zu bekommen und tragen dafür Sorge, dass alles uns zuarbeitet. Für mich ist dies alles ein Entwicklungsschritt, der wohl vor etwa 5.000 Jahren begonnen, sich aber erst mit der Industrialisierung in dieser extremen Form ausgeprägt hat und deshalb gar nichts über die »eigentliche« Natur des Menschen aussagt. Der Merkantilismus, die Geldwirtschaft und anderes mehr sind Begleiterscheinungen eines gewachsenen Selbstbewusstseins, das sich aufgrund kurzfristiger Erfolge daran gewöhnte, nicht Partner und Gefährte von Natur zu sein, sondern Natur und Wirklichkeit im Sinne eigener Interessen zu benutzen. Das galt insbesondere für kriegerische Verwicklungen. Man hat alles, was gewachsen war, kurz und klein geschlagen. Man hat sich auf andere Kulturen gesetzt, sie zerstört, sie sich zu eigen gemacht und für sich arbeiten lassen. Man hat einen Triumphzug in Gang gesetzt und bisher nicht gestoppt. Noch heute wird propagiert: Macht euch die Erde untertan! Es ist schließlich doch nur eine Frage der Phantasie, dass wir noch mehr anschaffen, noch mehr erreichen, noch mehr in Bewegung setzen können! Den Ruf nach Einsicht und Begrenzung wertet man als einen Mangel an Mut, das Neue zu wagen, und nicht als einen Ausdruck von Vernunft. Die kurzfristigen Erfolgschancen dieses Verhaltens verhindern Verständnis und Neuorientierung.

Mensch und Natur – Warum es ums Ganze geht 169

Wenn man kleine Kinder beobachtet, ist wunderbar zu erkennen, wie breit und groß das Potenzial ist, das dem Menschen von Beginn an für seine Entwicklung zur Verfügung gestellt wird. Jede Gesellschaft erzieht aber ihre Menschen so, wie sich die Gesellschaft ihre Menschen wünscht. Wenn wir wirklich einen Menschen haben wollten, der friedfertig, kooperativ, empathisch, liebend ist, könnten wir das ohne Weiteres haben. Selbstverständlich ist dies nur im dominierenden Durchschnitt möglich, nicht in Reinkultur, denn die entgegengesetzten Anlagen sind immer vorhanden und werden in gewissen Spannungssituationen auch immer wieder durchbrechen. Auch unsere Wettbewerbswirtschaft wäre mit einem solchen verträglichen Menschentypus höchst unzufrieden. Sie braucht für ihre wirtschaftlichen Höchstleistungen den aggressiven Menschen, den Ellenbogenmenschen, einen, der sich durchzusetzen versteht, neue Bedürfnisse entwickelt, ständig mehr Konsum verlangt. So werden wir von Kindesbeinen auf Schnelligkeit, Durchsetzungsfähigkeit, Rücksichtslosigkeit, Maximierung der eigenen Vorteile und nicht etwa auf Nachdenklichkeit, Kooperation, Rücksichtnahme, Gemeinsinn getrimmt.

Unsere Wirtschaft möchte eigentlich Darwinismus im primitiven Sinne verwirklichen, wo der Stärkere den Schwächeren überwältigt. Anstatt das Spiel zu spielen, das uns die höheren Lebensformen der Natur erfolgreich vorführen und das ein Plussummenspiel, ein Gewinn-Gewinn-Spiel ist, wo der Vorteil des einen auch zum Vorteil des anderen gereicht. So erscheint es doch, trotz der vielen Beschleunigungstricks, die von der Wissenschaft angeboten werden, gänzlich unmöglich, dass in den läppisch kurzen dreieinhalb Milliarden Jahren sich ein solch komplexer Organismus wie ein Mensch aus einfachen Aminosäuren aus einem kombinierten Verfahren von Glücksspiel, in dem neue Varianten einfach erwürfelt werden, und einer anschließenden Auslese nach einem Nullsummenspiel – mein Vorteil, dein Nachteil – entwickelt haben soll.

Hierzu scheint ein Plussummenspiel nötig, das mehr einer Vorgehensweise gleicht, ein gutes Gedicht schreiben zu wollen. Es wäre hier verheerend, wenn der Buchstabe »a« gleich mit »b« in einen Streit geraten würde, wer zuerst da war, wer größer sei, wer nun der bessere Buchstabe oder wer wichtiger sei, der Vokal oder der Konsonant, und bis zum Hinausschmiss des einen oder anderen kämpfen würde. Es ist doch für beide viel besser, irgendwann das sich Ergänzende zu erkennen und zusammenzugehen, um dann vielleicht noch mithilfe eines »l« ein erstes »bla-bla« zu bilden, also ein Wortgebilde, das über die Ausdrucksmöglichkeit eines jeden Buchstaben hinausgeht.

Die Welt – ein Gedicht

Auch in einem Gedicht von Goethe (Abbildung 7) erkennt man zunächst nur einzelne Buchstaben, die nebeneinander stehen. Sie sind jedoch auf raffinierte Weise in gewisse Ordnungsstrukturen auf verschiedenen Ebenen eingebunden, bestimmte Buchstabenfolgen, die man benennen und genau untersuchen kann. Die Buchstabenkombinationen ergeben nur als Worte einen Sinn, den die einzelnen Buchstaben nicht haben. In der Kombination entdecke ich einen neuen Wert, eine neue Information. Wenn ich nun die Worte hintereinander setze, bekomme ich einen Satz, der einen neuen Sinn hervorbringt, und die Sätze ergeben zusammen eine Strophe mit weiterer Sinnbereicherung. Insgesamt wird das Gedicht zu einem nicht zerlegbaren Ganzen, bei dem erst das Ende den Anfang ganz verständlich werden lässt. Ich kann das nicht einfach zerreißen, indem ich hier gewisse Sätze herausnehme oder andere aus einem anderen gescheiten Buch hineinnehme. (Aber so machen wir das heute mit der Genmanipulation. Wir greifen ein in ein Ganzes, in eine eingeprägte Ordnung, die sehr subtil hochdimensional aufeinander abgestimmt ist.)

Johann Wolfgang von Goethe	Qlszmm Dloutzmt elm Tlvgsv
Grenzen der Menschheit	**Tivmavm wvi Nvmhxsivrg**
Wenn der uralte,	Dvmm wvi fizogv,
Heilige Vater	Svrortv Ezgvi
Mit gelassener Hand	Nrg tvozhhvmvi Szmw
Aus rollenden Wolken	Zfh iloovmwvm Dlopvm
Segnende Blitze	Hvtmvmwm Yorgav
Über die Erde säht,	:Fyvi wrv Viwv H:zg,
Küss ich den letzten	P:fhh rxs wvm ovgagvm
Saum seines Kleides	Hzfm hvrmvh Povrwvhl,
Kindliche Schauer	Prmworxsv Hxszfvi
Treu in der Brust.	Givf rm wvi Yifhg.
[...]	[...]

7 »Wissenschaftlich betrachtet gibt es zwischen der ersten und zweiten Version keinen Unterschied.« Der Beginn eines Gedichts von Goethe im Original und mit vertauschten Buchstaben (a=z, b=y etc.).

Es nützt mir auch nichts, wenn ich dieses Gedicht hier hinschreibe und sage: Das ist ein wertvolles Gedicht. Es braucht auch mich, der ich Deutsch verstehe und auch weiß, dass Goethe ein berühmter Dichter war und sich deshalb die Anstrengung lohnt, hier einen tieferen Sinn zu vermuten. Aber wenn jemand die Sprache nicht kennt, dann sieht er nur das, was in diesem Goethe-Gedicht objektiv feststellbar ist, nämlich die Häufigkeit und die Aufeinanderfolge der Buchstaben, die eine gewisse Regelmäßigkeit aufweisen. Die Ordnung der Buchstaben kann ich in ihrer Wahrscheinlichkeit und Unwahrscheinlichkeit ausrechnen und das Gedicht auch mit Zahlen kennzeichnen, zum Beispiel die Unwahrscheinlichkeit, diese Buchstaben genau so anzuordnen, um damit einen »objektivierbaren« Wert des Gedichts zu ermitteln. Diese nüchterne objektive Betrachtung kann ich simulieren, indem ich in dem Gedicht die Buchstaben im Alphabet spiegle, also A mit Z, B mit Y und so weiter vertausche (Abbildung 7). Jetzt nützt es niemandem mehr, dass er die deutsche Sprache beherrscht. Aber die objektiven Eigenschaften bezüglich der Häufung und Anordnung der Symbole, ihrer Wahrscheinlichkeit und Unwahrscheinlich im Gesamtkontext haben sich durch die Umbenennung nicht verändert und damit auch nicht seine objektive »Wertschätzung«. Das heißt, wissenschaftlich oder auch wirtschaftlich betrachtet und bemessen gibt es zwischen der ersten und zweiten Version keinen Unterschied.

Für mich ist dieses »buchstabengespiegelte« Gedicht von Goethe ein gutes Beispiel dafür, wie wir unsere äußere Welt sehen. Wir nehmen zum Beispiel die Artenvielfalt der lebenden Natur wahr. Welche enorme Vielzahl gibt es in der Natur im Vergleich zu den relativ wenigen Symbolen, Buchstaben und Trennungszeichen in unserem Gedicht! Unsere Folgerung: Gott hatte Freude, alle diese verschiedenen Tiere und Pflanzen zu machen. Aber warum genau die und einige mehr und andere weniger? Und was bedeutet das für das gespiegelte Gedicht? Ähnlich, aber doch wesentlich simpler: Einige Buchstaben kommen nur ganz selten vor, andere überraschend oft, doppelte Buchstaben nur selten und beschränkt auf ganz wenige. Wir sehen vielleicht Regelmäßigkeiten und könnten sogar versucht sein, Theorien zu ihrer Erklärung zu finden. In beiden Fällen erscheint klar, dass die Vielfalt eine wichtige Rolle spielt, aber wir verstehen den Zusammenhang nur ganz ungenügend oder gar nicht.

Dieses Unverständnis ist der Grund, warum wir als analytisch denkende Menschen den Eindruck haben, wir müssten die Welt verbessern, geeignet umordnen, sie sozusagen übersichtlicher und effizienter als die geschaffene einrichten. Wir haben ja ausreichend gelernt, was wichtig und was unwichtig ist. Dann schreiben wir dieses Gedicht auf eine andere Art und Weise, fein sortiert nach den Buchstaben des Alphabets und gemäß der Häufigkeit ihres Vorkommens (Abbildung 8). Damit wird es für uns sozusagen handhabbar.

Jetzt muss ich nicht alle »n« heraussuchen, sondern habe sie alle in eine Reihe geschrieben und bilde mir ein, der Mensch könne mehr als die Natur.

Aber die tiefer verankerte angelegte Bedeutung, den Sinn im Ganzen haben wir selbstverständlich durch unser Unverständnis und die daraus resultierende Umdeutung verloren. Das ist der Grund, warum wir bescheidener werden sollten, die von uns – insbesondere in ihrem Beziehungsgefüge – nur ganz beschränkt wahrgenommene Welt radikal zu verändern, da wir Gefahr laufen, unsere eigenen Lebensgrundlagen zu zerstören und uns damit aus der Evolution des Lebendigen zu verabschieden.

8 »Den Sinn im Ganzen haben wir durch unser Unverständnis verloren.« Häufigkeit der einzelnen Buchstaben in der ersten Strophe des Goethegedichts.

aaaaaaa
ä
bbb
ccc
dddddddddd
eeeeeeeeeeeeeeeeeeeeeeeeeeeeeeeeee
ggg
hhhhhh
iiiiiiiiiii
kkkk
llllllllll
mm
nnnnnnnnnnnnnnn
oo
rrrrrrrrrrr
sssssssssssss
ttttttttt
uuuuuu
üü
v
ww
zz

Fehlertoleranz und Kreativität

Aus dem Gesagten folgt, dass es weniger die Aufgabe ist, den Menschen für irgendwelche gesellschaftlichen Aufgaben zu »trainieren«, als vielmehr alles dafür zu tun, dass sich jeder angemessen entfalten kann. Und das bedeutet auch in Bezug auf Erziehung etwas völlig anderes, als das, was gewöhnlich unter Erziehung und Bildung verstanden wird. Niemand wird nur von der menschlichen Gesellschaft geformt. Das menschliche Leben beginnt nicht bei Null. Jeder Mensch bringt von Anbeginn etwas mit.

Wir haben darauf zu vertrauen, dass jeder einzigartig ist und alle verschieden. Das muss zur vollen Blüte gebracht und in Kooperation mit anderen zusammengeführt werden, damit etwas entsteht, was höchste Flexibilität besitzt. Flexibilität ist das Rezept der Natur zur besten Anpassung von höher entwickelten Wesen an zukünftige Anforderungen. Sie sind nicht optimiert auf ganz bestimmte Situationen, sondern sie sind optimiert auf etwas, was prinzipiell unbekannt ist, eben auf eine Zukunft hin, die wesentlich offen ist.

Wir brauchen für das, was wir wollen, keinen »neuen Menschen«. Wir müssen nur für das, was im Menschen an gesellschaftsfähigen Eigenschaften steckt, Raum schaffen. Es ist alles da. Dafür brauchen wir eine neue Erziehung, die Zusammenarbeit, Partizipation und Kreativität fördert und ermöglicht. Denn es sind doch die kreativen Begabungen, welche Abweichungen von der Norm zulassen. Wir müssen daher dem kreativen Menschen, den *Homo sapiens*, zur optimalen Entfaltung verhelfen – und hier sind wir wieder bei der Aufforderung: das Lebende lebendiger werden zu lassen! Wir möchten in einer Welt leben, in der jeder gestaltend sein kann und dabei auch Fehler machen kann und darf, ohne dabei Gefahr zu laufen, die in dreieinhalb Milliarden Jahren erreichte Robustheit unserer irdischen Welt auf inakzeptable Weise in Gefahr zu bringen. Als Teilhabende der Biosphäre liegt es in unserer Verantwortung, die inhärente Instabilität des Lebendigen zu erkennen und deren dynamische Balance zu fördern. Albert Einstein hatte mit Blick auf die Atombombe (und ich füge dazu: die Kernkraftwerke!) Recht, wenn er sagte, einer Maus wäre es nie eingefallen, eine Mausefalle zu bauen. Das heißt: Wir brauchen eine Technik, die kompatibel ist mit dem kreativen Menschen, der sich auch einmal irren darf. Denn der Fehler, den er heute macht, kann gleichzeitig die Zukunft von morgen öffnen. Es ist ein Leben der Öffnung und der Flexibilität, der Lebendigkeit im tieferen Sinne, das unsere Probleme lösbar macht.

Wirklichkeit ist keine starre Realität, sie ist voller Möglichkeiten – und sie ist *in uns.* Sie kann von uns geändert und neu gestaltet werden. Wenn wir alle diese offenere Wirklichkeit als Vision haben, dann wird es uns gemeinsam auch gelingen, diese lebendigere Welt zu verwirklichen.

ANHANG

Zur Person Hans-Peter Dürr

Hans-Peter Dürr, geboren am 7. Oktober 1929 in Stuttgart, gilt als einer der bedeutendsten Querdenker unserer Zeit und Impulsgeber der internationalen Umwelt- und Friedensbewegung. Nach dem Studium der Physik in Stuttgart wurde er 1956 an der University of California in Berkeley bei Edward Teller promoviert. Nach seiner Rückkehr aus den USA folgte 1962 die Habilitation an der Universität München. Von 1958 bis 1976 war Hans-Peter Dürr wissenschaftlicher Mitarbeiter von Werner Heisenberg, dem Mitbegründer der Quantenmechanik und Nobelpreisträger für Physik. Danach leitete er in der Nachfolge Heisenbergs fast zwanzig Jahre lang bis zu seiner Emeritierung 1997 das Max-Planck-Institut für Physik in München sowie das Werner-Heisenberg-Institut. Gastprofessuren führten ihn nach Berkeley, Kalifornien und Madras, Indien.

Seit den 1980er-Jahren engagiert sich Hans-Peter Dürr in der Umwelt- und Friedensbewegung. Er gründete 1987 das Global Challenges Network (GCN). Im gleichen Jahr wurde er »in Anerkennung seiner fundierten Kritik der Strategischen Verteidigungsinitiative (SDI) und seiner Arbeit, hochentwickelte Technologien für friedliche Zwecke nutzbar zu machen« mit dem Alternativen Nobelpreis der Right-Livelihood-Foundation ausgezeichnet. Außerdem erhielt die wissenschafts- und forschungskritische internationale Gruppe Pugwash, der Hans-Peter Dürr angehört, im Jahr 1995 den Friedensnobelpreis. Dürr ist Mitglied des Club of Rome und trat 2007 als Ratsmitglied dem World Future Council bei.

Auszeichnungen

Award of Merit, 1956, Oakland, USA
Right Livelihood Award, 1987 (»Alternativer Nobelpreis«),
    Stockholm, Schweden
Waldemar-von-Knoeringen-Preis, 1989, München
Ökologiepreis »Goldene Schwalbe«, 1990, Darmstadt

Natura Obligat Medaille, 1991, Universität der
Bundeswehr, München
Elise and Walter Haas International Award, 1993,
University of California, USA
Medaille »München leuchtet« in Gold, 1996, Kulturpreis
der Landeshauptstadt München
Ehrendoktorwürde Dr. phil. h. c., 2002, Universität
Oldenburg, Fakultät Philosophie
Großes Verdienstkreuz des Bundesverdienstordens der
Bundesrepublik Deutschland, 2004, Berlin
Ehrenbürger der Landeshauptstadt München, 2007,
Landshauptstadt München
Ethics in Business Award, 2008, International Association
for Human Values (IAHV), Austin, USA

Buchveröffentlichungen

Monografien

Das Netz des Physikers. Hanser Verlag, 1988.
De la Science à l'Éthique. Bibliothèque Albin Michel
Sciences, 1988.
Respekt vor der Natur – Verantwortung für die Natur.
Piper Verlag, 1994.
Die Zukunft ist ein unbetretener Pfad. Herder Verlag, 1995.
Zukünftige Energiepolitik (Mitautor). Economica
Verlag, 1995.
Gott, der Mensch und die Wissenschaft (Mitautor).
Pattloch Verlag, 1997.
Für eine zivile Gesellschaft. dtv, 2000.
Wir erleben mehr als wir begreifen (Mitautor).
Herder spektrum, 2001.
Wirklichkeit, Wahrheit, Werte und die Wissenschaft
(Mitautor). BWV, 2003.
Auch die Wissenschaft spricht nur in Gleichnissen.
Herder spektrum, 2004.
Potsdamer Manifest und Denkschrift 2005 (Mitautor).
oekom verlag, 2006.
Lebensimpulse – Wege aus der Abhängigkeit (Mitautor).
RHVerlag, 2006.
Liebe – Urquelle des Kosmos (Mitautor).
Herder Verlag, 2008.

Herausgeberschaft

Quanten und Felder (Hrsg.). Vieweg Verlag, 1971.
Unified Theories of Elementary Particles (Hrsg.).
    Springer Verlag, 1982.
Werner Heisenberg, Gesammelte Werke (Mithrsg.), 9 Bände.
    Piper und Springer Verlag (1985–1993).
Physik und Transzendenz (Hrsg.). Scherz Verlag, 1986.
Geist und Natur (Hrsg.). Scherz Verlag, 1989.
Umweltverträgliches Wirtschaften (Mithrsg.).
    Agenda Verlag, 1995.
Rupert Sheldrake in der Diskussion (Mithrsg.).
    Scherz Verlag, 1997.
Elemente des Lebens (Mithrsg.). Graue Edition, 2000.
What is Life? (Mithrsg.). World Scientific Publishing, 2002.

1 Neugierig auf das Leben
Bereits in sehr jungen Jahren interessierte sich Hans-Peter Dürr für die Naturwissenschaften. Dass er diese zu seinem Beruf machen würde, stellte sich jedoch erst nach den Kriegsjahren heraus (1941).

2 »Meine Mutter war der Mittelpunkt der Familie.«
Eva und Dr. Rupert Dürr und ihre Kinder (von links) Hans-Peter, Christa, Margarethe, Rupert, Eva-Maria und Anneliese (1935).

3 Ankunft in New York
Dürr erinnert sich gerne an die Überfahrten: »Die Schiffsreisen waren lang genug. Man konnte sich eigentlich immer verlieben.« (1953)

4 Berkeley, Kalifornien
Was einst mit komplizierten Formeln und einer Doktorarbeit bei Edward Teller begann, mündete in ein umfangreiches Engagement für Frieden, Gerechtigkeit und eine intakte Natur (1957).

5 Unter der Haube
Im Oktober 1956 heiratet Hans-Peter Dürr die Amerikanerin Carol Sue Durham. Sie wird nicht nur bald Mutter von vier Kindern (Rosemarie, Michael, Carolyn, Peter), sondern engagiert sich – bis heute – in der Friedens- und Ökologiebewegung.

6 American Dream
Einmal quer durch die USA in einem Cadillac. Diesen Traum erfüllte sich Hans-Peter Dürr auf ganz einfache Weise: Er überführte den Wagen von Küste zu Küste. Das war es dann aber auch schon (1956).

7 Begegnung in Indien
Auf seiner Hochzeitsreise trifft Hans-Peter Dürr den Biologen und Rechtswissenschaftler und ersten Ministerpräsidenten Indiens Jawaharlal Nehru (1956).

8 Erstmals preiswürdig
Award of Merit – sein erster Preis, auf den noch viele folgen sollten. Der junge Doktorand Hans-Peter Dürr wird für sein Engagement im International House an der University of California ausgezeichnet (1956).

Zur Person Hans-Peter Dürr 183

9 »Mein unvergessener Lehrmeister«
Mit dem Physiker und Nobelpreisträger Werner Heisenberg
tauchte Hans-Peter Dürr tief in die Thematik
der Quantenphysik ein. Die tagelangen Forschungsgespräche
zwischen den beiden sind legendär (1960er-Jahre).

10 »Ich war einer, der den ganzen Tag über Physik nachdachte.«
Nach seiner Rückkehr aus den USA arbeitete Hans-Peter Dürr vor allem als Naturwissenschaftler. Gesellschaftspolitische Themen griff er erst später auf.

11 Im Garten zuhause
Lange Spaziergänge, Tanzabende mit Freunden und mit der Familie im Garten oder beim gemeinsamen Musizieren entspannen (Mitte der 1970er-Jahre).

12 Alternativer Nobelpreis
Hans-Peter Dürr (links im Bild) erhält 1987 »in Anerkennung seiner fundierten Kritik der Strategischen Verteidigungsinitiative (SDI) und seiner Arbeit, hochentwickelte Technologien für friedliche Zwecke nutzbar zu machen« den Alternativen Nobelpreis der Right-Livelihood-Foundation in Stockholm.

13 Gedankenaustausch unter Freunden
Mit der gesamten Weizsäcker-Familie, hier mit dem damaligen Bundespräsidenten Richard von Weizsäcker, verbindet Hans-Peter Dürr eine jahrzehntelange Freundschaft (Ende der 1980er-Jahre).

14 Verdienste für das Gemeinwohl
2004 erhält Hans-Peter Dürr das Große Verdienstkreuz des Bundesverdienstordens der Bundesrepublik Deutschland. Der damalige Bundesinnenminister Otto Schily war lange vor seiner Ministertätigkeit in regem Gedankenaustausch mit Hans-Peter Dürr.

15 In München angekommen
Seine Heimatstadt ehrt einen ihrer kritischsten Bürger. Münchens Oberbürgermeister Christian Ude betont in seiner Rede zur Ehrenbürgerschaft Hans-Peter Dürrs dessen Einsatz für ein ökologisches Umdenken und zivilgesellschaftliches Engagement (2008).

Zur Person Hans-Peter Dürr

Personenregister

Adenauer, Konrad 37–40
Arendt, Hannah 30–36, 53
Bacon, Francis 27
Bahr, Egon 53–55
Bardeen, John 91
Bohr, Aage 51
Bohr, Niels 24, 43, 47, 49–52,
    88–92, 94
Born, Max 39, 90 f.
Boutros-Ghali, Boutros 127
Brandt, Willy 53–55
Brecht, Bertolt 27
Clausewitz, Carl von 68
Cooper, Leon N. 91
Curie, Marie 90
de Broglie, Louis 88
Darwin, Charles 65, 170
Descartes, René 85
Dirac, Paul 89 f., 92
Dürr, Sue 35 f., 182
Dyson, Freeman 43
Feinberg, Eugen 52
Fischer, Joschka 70
Galilei, Galileo 85
Gamow, George 93
Gerlach, Walther 38
Goethe, Johann Wolfgang von 171–173
Gorbatschow, Michail 61–64, 125, 129
Hahn, Otto 39, 48, 50
Haxel, Otto 37
Heidegger, Martin 31
Heisenberg, Werner 24 f., 30, 37–40,
    43–53, 56, 89–94, 98, 101, 184
Hitler, Adolf 15, 19 f., 31, 48, 52, 93
Husserl, Edmund 31
Jaspers, Karl 31

Jordan, Pasqual 91
Kennedy, John F. 30
Kepler, Johannes 137
Kipphardt, Heinar 29
Kohl, Helmut 59
Kraepelin, Emil 16
Maier-Leibnitz, Heinz 37
Markl, Hubert 79–81
Maxwell, James C. 89
McCarthy, Joseph 29 f.
Newton, Isaac 85, 91, 137
Oppenheimer, Robert 24–26, 29 f.
Pauli, Wolfgang 47, 89–94
Pais, Abraham 49
Planck, Max 89 f., 94
Reagan, Ronald 28, 58, 63, 128
Rechenberg, Helmut 50–52
Rozenal, Stefan 49
Rubin, Edgar J. 160
Rutherford, Ernest 88
Sacharow, Andrej 62 f.
Schmid, Carlo 39
Schmidt, Helmut 55 f.
Schrieffer, John R. 91
Sommerfeld, Arnold 89
Strassmann, Fritz 50
Strauß, Franz Josef 37–40, 43
Teller, Edward 22–30, 37 f., 43, 93
Velikhov, Evgeniy Pavlovitch 63
von der Laue, Max 39
Weizsäcker, Carl Friedrich von
    40, 51 f., 65
Yukawa, Hideki 93

Bildquellen

Abbildungen Kapitel I
1 Hugo Werner, Stadtarchiv Stuttgart
2 Lawrence Livermore National Laboratory, Wikimedia Commons
3 Courtesy of the Hannah Arendt Bluecher Literary Trust
4 picture-alliance/dpa

Abbildungen Kapitel II
1 Archiv Hans-Peter Dürr
2 Niels Bohr Archive, Copenhagen
3 picture-alliance/akg-images
4 United States Missile Defense Agency, Wikimedia Commons
5 Archiv Hans-Peter Dürr
6 picture-alliance/dpa/dpaweb
7 picture-alliance/united archives
8 picture-alliance/dpa/dpaweb

Abbildungen Kapitel III
1 picture-alliance/KPA/TopFoto
2 Benjamin Couprie, Institut International de Physique de Solvay, Wikimedia Commons
3 Archiv Hans-Peter Dürr
4 Uwe Graf, Archiv Hans-Peter Dürr
5 Uwe Graf, Archiv Hans-Peter Dürr
6 Uwe Graf, Archiv Hans-Peter Dürr
7 picture-alliance/dpa
8 Global Challenges Network e.V.

Abbildungen Kapitel IV
1 Archiv Hans-Peter Dürr
2 Archiv Hans-Peter Dürr
3 Florentine Kotter, Archiv Hans-Peter Dürr
4 Espermüller / CCC, www.c5.net
5 Ines Swoboda, oekom verlag
6 eigene Darstellung, oekom verlag
7 eigene Darstellung, oekom verlag
8 eigene Darstellung, oekom verlag

Abbildungen Anhang
1–11 Archiv Hans-Peter Dürr
12 Right Livelihood Award Foundation
13 Archiv Hans-Peter Dürr
14 BMI / Grünewald
15 Archiv Hans-Peter Dürr